2주 만에 정복

스파르타 OPIc

IM 공략

English&북스

2주 만에 정복

스파르타 OPIc

IM 공략

초판 1쇄 발행 2019년 5월 12일
초판 6쇄 발행 2024년 4월 11일

저 자 김소연
펴낸이 박성호
펴낸곳 잉글리쉬앤 (주)

편 집 박고우니, 장서원
마케팅 여주형, 김성윤, 방성출, 박훈효, 조민형, 이달님, 강정구, 이진희, 조병운
변중구, 조예선, 조광민, 이현정, 김정민, 최희성, 최인태, 윤종철, 엄주아
신현수, 오지현, 최유미, 최가연, 김정호, 안혜연, 이현숙

주 소 서울 특별시 관악구 쑥고개로 67-1
대표전화 (02) 878-1945
출판등록 2002년 3월 3일 제 320-2002-00045호

ISBN 978-89-6715-121-8 13740

Preface

Hello!

어릴 때부터 각종 시험에 단련된 사람이라도, OPIc 시험에는 익숙하지 않을 수 있습니다. OPIc은 지식 평가 위주의 영어 시험들과 다른 방식으로 채점되는 시험이기 때문입니다. 따라서 지식 위주로만 학습했던 사람들은 어떻게 시험을 준비해야 할지 감이 잡히지 않을 수도 있습니다.

OPIc 시험에서는 단순히 영어만 잘해야 하는 것이 아니라 의견과 부연 설명을 포함하여 답변을 구성할 줄 알아야 합니다. 따라서 이를 제대로 연습할 수 있도록 최신 기출 트렌드가 반영된 답안들을 본 교재에 수록했습니다. 이를 참고해서 자신만의 답변을 만들고 표현을 다듬은 후, 유창하게 말할 수 있을 만큼 연습하면 목표하는 등급을 달성할 수 있을 것입니다.

이 책에는 현장 강의에서 다뤄지는 요령과 전략들도 담겨 있으니, OPIc의 기본기뿐만 아니라 고득점을 목표로 하는 사람들에게도 유용할 것입니다. 또한, 말하기 시험인 만큼 듣고 말하는 연습이 중요합니다. 그러니 함께 제공되는 음원 파일을 듣고 따라하면서 영어로 자연스럽게 말할 수 있도록 연습하세요.

OPIc은 영어 실력과 상관없이 시험을 제대로 파악한 사람이 고득점을 달성하는 경우가 많으므로 영어로 말하는 것에 너무 스트레스를 받을 필요 없습니다. 앞으로 향상될 영어 회화 실력을 상상하면서 꾸준히 연습하면 OPIc 고득점에 도달할 수 있을 것입니다.

OPIc 시험 준비를 어떻게 시작해야 할지 모르겠거나, 시험에 대한 기본적인 정보와 전략이 필요한 모든 분들이 이 책을 통해 고득점에 한 걸음 더 다가갈 수 있길 바랍니다.

I wish you the best of luck!

김 소 연

현) OPIc 전문 강사
삼성 계열 포함 다수 기업 OPIc 출강
삼성생명 OPIc 인강

Contents

Chapter 2 돌발 주제

Chapter 3 롤플레이

온라인 모의고사 3회분

http://books.english.co.kr

이 책의 구성

1 스토리라인

스토리라인을 보고 각각의 주제와 질문에 맞는 답변 구성을 파악한다.

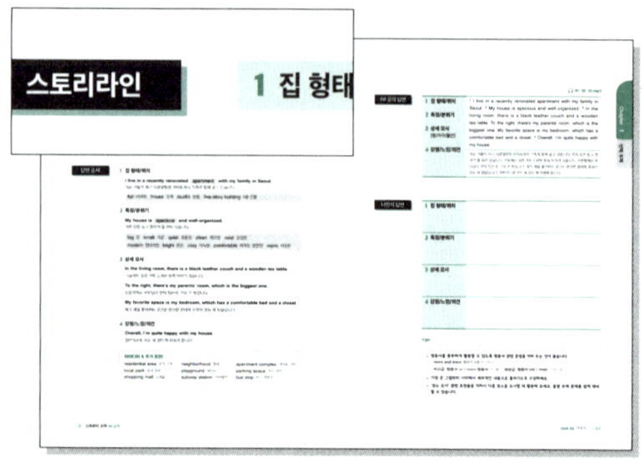

2 답변 순서

스토리라인에 맞게 답변 문장을 순서대로 연습한다.

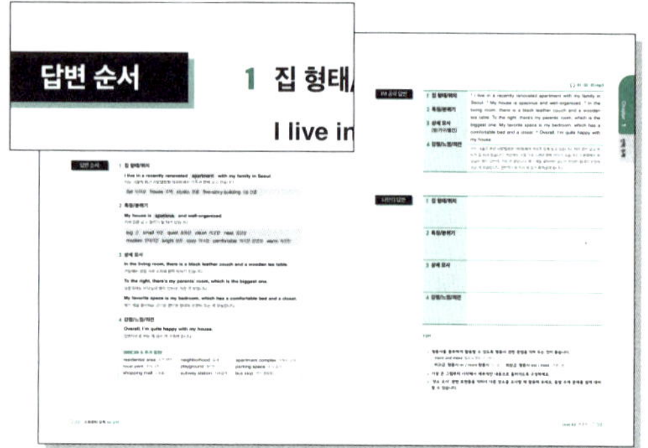

3 IM 공략 답변

답변 순서에서 익힌 문장을 연결하여 하나의 완성된 답변을 연습한다. 여기서 나의 영어 레벨 UP!

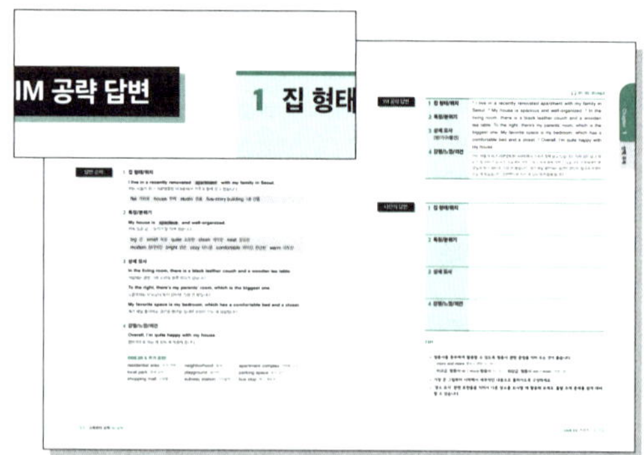

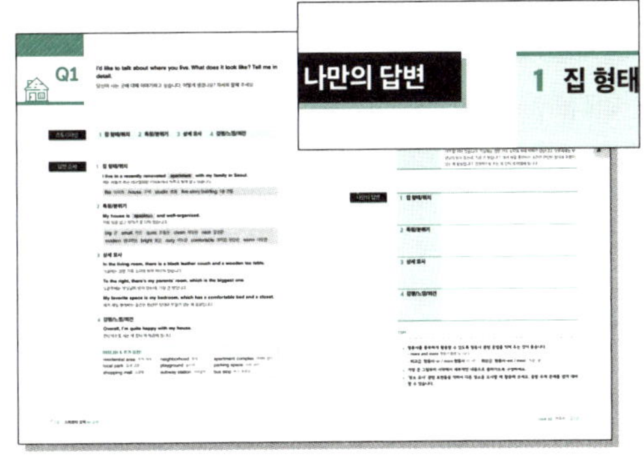

4 나만의 답변

앞서 배운 스토리라인과 답변 문장들을 응용하여, 나만의 답변을 구성한다. 여기서 나의 오픽 점수와 자신감 UP! UP!

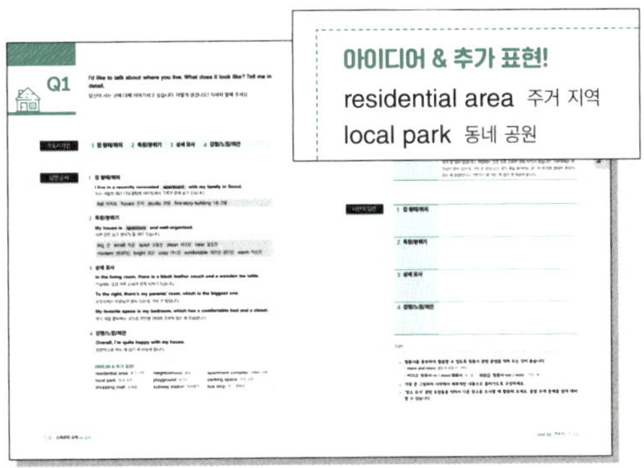

5 아이디어 & 추가 표현!

답변에 활용할 수 있는 아이디어를 학습하고 발화량을 늘리기 위한 추가 표현을 익힌다.

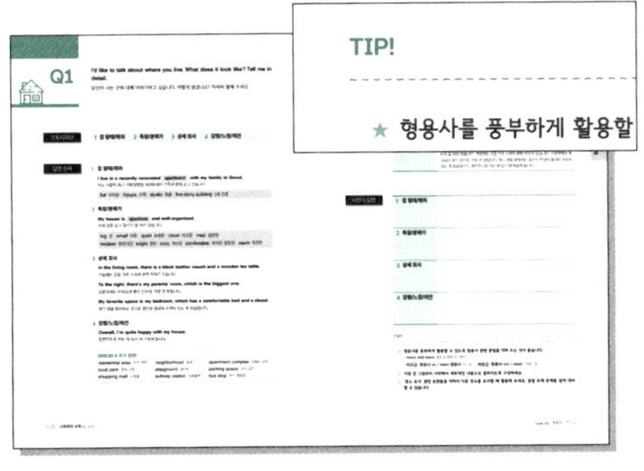

6 TIP!

해당 주제에서 주목해야 할 TIP을 익히면 오픽 학습의 화룡점정!

MP3 음원 + 핵심 표현 정리
온라인 모의고사 [http://books.english.co.kr 에서 교재 인증 후 응시 가능]

OPIc 소개

OPIc이란?

OPIc(Oral Proficiency Interview-computer)은 컴퓨터를 통해 언어 구사 능력을 인터뷰 형식으로 측정하는 시험입니다. 여기에서 주목할 것은, **INTERVIEW!** 영어 면접과 비슷한 조건으로 진행된다고 생각하면 됩니다. **실생활에서 언어를 얼마나 효율적이고 적절하게 사용**할 수 있는지 평가합니다.

시험 일정

- 거의 매일 응시 가능하며, 희망 응시일 2일 전까지 신청해야 함
- 응시 후, 25일 뒤 재응시 가능함
- 원하는 날짜에 응시할 수 있는 면제권(Waiver)이 150일(5개월)마다 주어짐
- 시험 접수 및 성적 확인은 오픽 공식 사이트인 www.opic.or.kr에서 가능함

시험 구성

- **문항 수**: 총 12~15문제
- **시험 시간**: 총 60분 (오리엔테이션 20분 + 시험 40분)
  오리엔테이션 20분 동안 감독관과 함께 시험 방식과 샘플 확인
- **난이도 선택**: 본 시험 전에 6개의 샘플 답변을 듣고 난이도 결정
  난이도 재선택: 첫 번째 세션이 끝난 후 쉬운 질문, 비슷한 질문, 어려운 질문 중 하나를 선택하여 난이도 재설정

시험 특징

1. 개인 맞춤 시험

배경 설문조사(Background Survey)에서 응시자가 원하는 주제를 선택하고, 난이도 선택(Self-Assessment)에서 질문의 난이도를 결정한다.

2. 문항당 답변 제한 시간 없음

시험 시간 40분 동안 총 15문제를 응시하는데, 각 문항별 답변 제한 시간은 없다. 따라서 응시자가 스스로 문항 별 답변 시간을 조정해 40분 안에 끝내면 된다. 보통 한 문제당 2분 이내로 답변하는 것이 적절하다.

3. 질문 두 번 반복 청취 가능

Play 버튼을 누르고 질문을 한 번 들은 다음, 5초 내에 Replay 버튼을 클릭하면 다시 들을 수 있다. 질문을 다시 듣는 동안 답변을 준비할 시간을 벌 수 있다.

시험 주제

공통 주제 신분 + 거주지
선택 주제 설문 조사에서 체크한 항목
돌발 주제 설문 조사에서 나오지 않은 항목

- 하고 싶은 말보다 할 수 있는 말로 답하기
- 원어민이 바로 이해할 수 있도록 특정 문화 관련 내용은 피해서 답하기

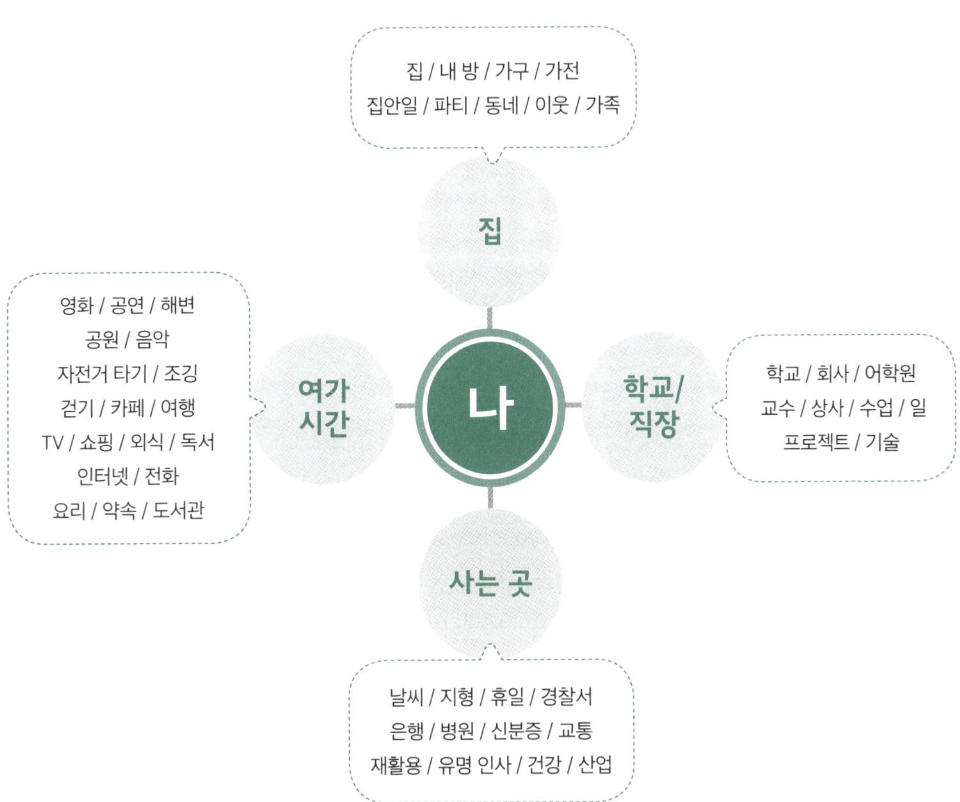

문제 구성

- 자기소개는 항상 1번 문제로 출제
- 한 주제에 대한 랜덤 문제 2~3개가 연속으로 출제
- 전체 구성: 자기소개 1문제 + (3콤보 x 4문제) + (2콤보 x 1문제)
  (콤보 형태 → 2콤보: 연속 문제 2개, 3콤보: 연속 문제 3개)

	자기소개	주제 1	주제 2	주제 3	주제 4	주제 5
문항 번호	1	2	5	8	11	14
		3	6	9	12	15
		4	7	10	13	

문제 예시

1. 자기소개

Tell me about yourself.

2. 선택 주제 + 돌발 주제

Combo Q1 유형: 묘사(형용사+현재형) / 습관(현재형)

1 Describe your house(school/favorite park).

1 You indicated that you enjoy jogging. How often do you go jogging? Where, when and with whom do you like to go jogging?

Combo Q2 유형: 설명 / 세부 절차(현재형) / 최근(과거형)

2 What kind of items do you take(need/wear) to the beach? What do you have to prepare before you go there?

2 Tell me about things you do before and after a movie from beginning to end.

2 When was the last time you went to a park?

2 When was the first time you played baseball? How did you initially become interested in playing baseball?

2 How has your interest in movies changed over the last several years? What kind of movies did you like about five years ago? And what kind of movies do you like to watch these days?

Combo Q3 **유형: 경험 / 비교 / 변화(과거형)**

3 Tell me about a memorable(special/interesting) event(experience/episode) you've had(experienced) while traveling.

3 I'd like to know about a special restaurant that you went to when you were a child. Why was it special? What happened?

3 Name two books and compare the contents and the authors. Which one is better?

3 I'd like to know about some of the issues that the movie industry has been faced with. How and when did these issues first emerge? How have they affected people? Please tell me about them in as much detail as possible.

3. 롤플레이

Asking Ava

1 I like shopping. Ask me three or four questions to learn more about what I like to shop for.

Role play

1 I'd like to give you a situation and ask you to act it out. Let's say that your friend and you want to go to a sporting event. Call the ticket office and ask three or four questions to find out about the event.

2 I'm sorry, but you have a problem which you need to resolve. On the day when your family and you are scheduled to have a party, something has happened. Call your family members, explain the situation, and offer two or three alternatives to solve this issue.

채점 기준

1. Functions / Tasks (기능 / 과제 수행)

☑ 주제에 대한 지식이 없어도 침묵 없이 대답할 수 있는 능력

2. Text Type (문장 구성 능력)

☑ 단답형보다 길고 체계적으로 대답할 수 있는 능력

3. Contents / Context (내용 / 문맥)

☑ 주제에서 벗어나지 않는 내용을 대답할 수 있는 능력

4. Comprehensibility (의사 전달 능력)

☑ 상대방이 이해할 수 있도록 논리적으로 대답할 수 있는 능력

5. Language Control (언어 구사 능력)

☑ 발음 (억양, 강세, 리듬감, 속도)

☑ 문법 (시제, 수 일치, 대명사 활용, 전치사, 어순)

☑ 어휘 (문맥에 맞는 어휘 사용)

※ 실제 OPIc 고득점자들은 이렇게!

☑ 목소리는 크고 당당하게! 또렷하게!

☑ 말투는 너무 과장할 필요 없이, 자연스럽게!

☑ 듣는 사람이 지루하지 않게! 배려하며 스토리텔링!

☑ 버벅거림이나 긴 침묵이 없도록!

OPIc 등급체계

OPIc 등급	내용
AL (Advanced LOW)	사건을 서술할 때 일관적으로 동사 시제를 관리하고, 사람과 사물을 묘사할 때 다양한 형용사를 사용한다. 적절한 위치에서 접속사를 사용하기 때문에 문장 간의 결속력도 높고, 문단의 구조를 능숙하게 구성할 수 있다. 익숙하지 않은 복잡한 상황에서도 문제를 설명하고 해결할 수 있다. 150 단어 이상(12문장 이상) / min.
IH (Intermediate HIGH)	익숙하지 않거나 예측하지 못한 복잡한 상황을 만날 때, 대부분의 상황에서 사건을 설명하고 문제를 효과적으로 해결한다. 발화량이 많고, 다양한 어휘를 사용한다. 100~149 단어(10~12 문장) / min.
IM (Intermediate MID) IM3 / IM2 / IM1	일상적인 소재뿐 아니라 개인적으로 익숙한 상황에서 문장을 나열하며 자연스럽게 말할 수 있다. 다양한 문장 형식이나 어휘를 사용하려고 하며, 상대방이 조금만 배려해 주면 오랜 시간 대화가 가능하다. IM3: 80~99 단어(7~9 문장) / min. IM2: 65~79 단어(6~7 문장) / min. IM1: 50~64 단어(5~6 문장) / min.
IL (Intermediate LOW)	일상적인 소재에 대해 문장으로 말할 수 있다. 선호하는 소재를 자신감을 가지고 말할 수 있다. 30~49 단어 / min.
NH (Novice HIGH)	대부분의 일상적인 소재에 대해 문장으로 말할 수 있다. 개인 정보에 대해 질문하고 응답할 수 있다. 20~29 단어 / min.
NM (Novice MID)	이미 암기한 단어나 문장을 말할 수 있다.
NL (Novice LOW)	제한적인 수준이지만 영어 단어를 나열하며 말할 수 있다.

※ IM(Intermediate Mid)의 경우 Mid1 < Mid2 < Mid3로 세분화하여 제공합니다.

OPIc 진행 순서

- 오리엔테이션

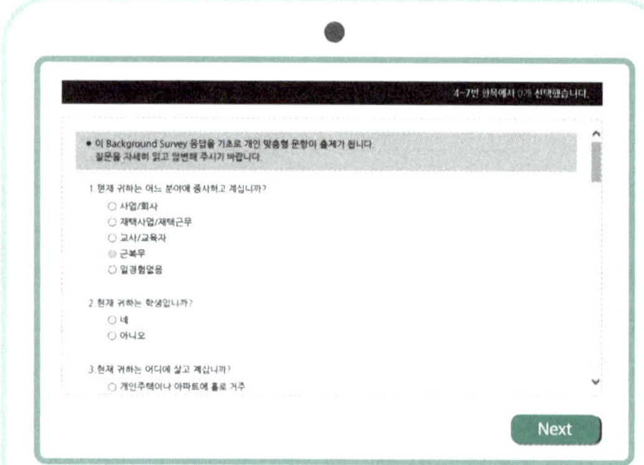

Background Survey > 배경 설문조사

평가 문항을 위한 사전 설문을 진행합니다. 응시자가 선택한 항목에 맞춰 문제가 출제됩니다.

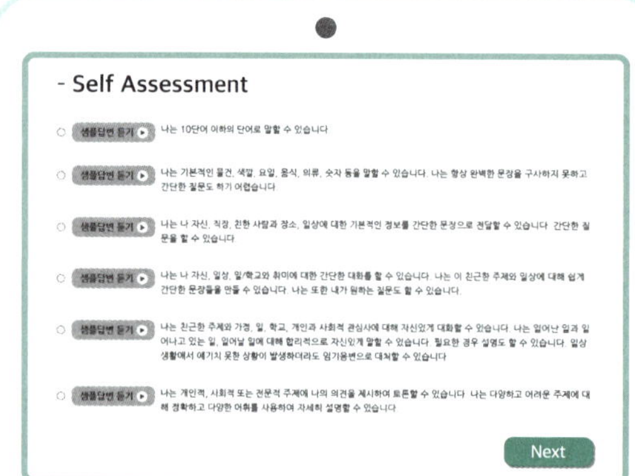

Self-Assessment > 난이도 선택

총 6가지의 시험 난이도 샘플 답변을 듣고 시험에 출제될 문제의 난이도를 결정합니다.

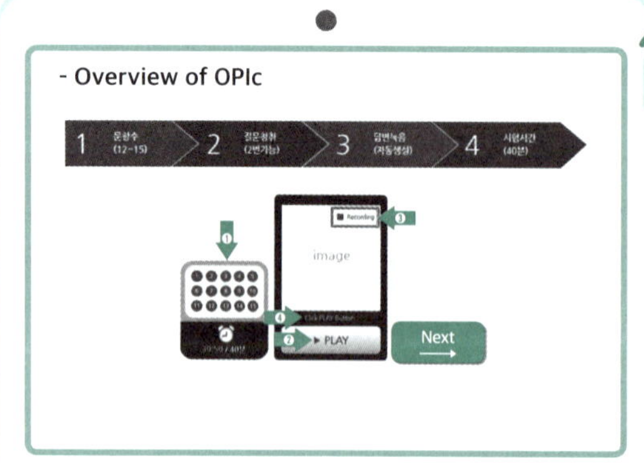

Overview of OPIc > 시험 진행 안내

화면 구성과 문제 청취 및 답변 방법이 안내됩니다.

- 본 시험

1st Session > 첫 번째 세션

선택한 주제와 난이도를 바탕으로 약 7문제가 출제됩니다. 질문은 총 2번 들을 수 있으며 문항별 답변 시간은 제한 없습니다.

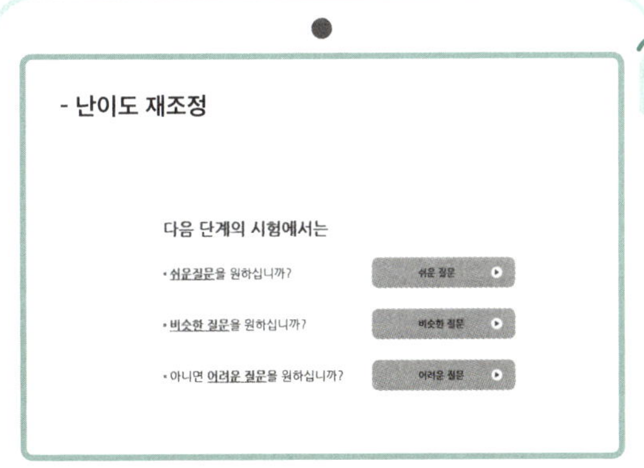

난이도 재조정

시험의 난이도를 다시 설정할 수 있는 2차 난이도 설정입니다. 쉬운 질문, 비슷한 질문, 어려운 질문 중에서 선택합니다.

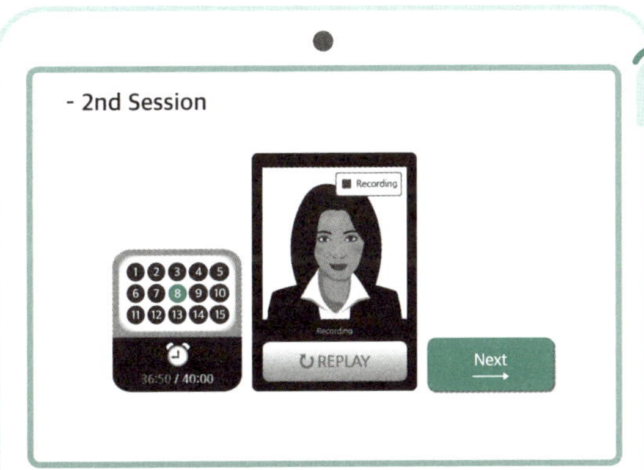

2nd Session > 두 번째 세션

재조정된 난이도로 약 8문제가 출제됩니다. 시험 방식은 첫 번째 세션과 동일합니다.

OPIc 공략 TIP!

Background Survey 배경 설문조사

오리엔테이션 시간에 작성하는 설문조사입니다. 시험에 반영되기 때문에 요령이 필요합니다.

[공통 주제] 신분과 거주지 관련 사항

1. 현재 귀하는 어느 분야에 종사하고 계십니까?

☐ 사업/회사
☐ 가사
☐ 교사/교육자
☐ 군복무
☐ 일 경험 없음

TIP! 실제로 직장인들이 '사업/회사'를 많이 선택하는데요. 이런 경우 출제되는 모든 문제들을 준비하기 어렵고, 예상치 못한 어려운 질문을 받을 수도 있어요! '일 경험 없음'을 선택하면 이 항목에 대한 질문을 아예 받지 않을 수 있으니 시험을 준비하기 훨씬 수월해요!

2. 현재 귀하는 학생이십니까?

☐ 네

2.1 현재 귀하가 강의를 듣는 목적은 무엇입니까?

☐ 학위 취득
☐ 전문 기술을 향상시키기 위한 평생 학습
☐ 어학 수업

☐ 아니오

2.1 예전에 귀하가 강의를 들었던 목적은 무엇입니까?

☐ 학위 취득
☐ 전문 기술을 향상시키기 위한 평생 학습
☐ 어학 수업
☐ 수강 후 5년 이상 지남

TIP! '네'와 '학위 취득'을 선택하는 학생이 많은데, 여기에서도 대답하기 힘든 질문들이 많이 포함되어 있어요. 어차피 체크 항목은 채점자에게 공개되지 않으니 '아니오'와 '수강 후 5년 이상 지남'을 체크하는 것이 좋아요.

3. 현재 귀하는 어디에 살고 계십니까?

☐ 독신자로서 주택이나 아파트에 거주
☐ 친구나 룸메이트와 함께 주택이나 아파트에 거주
☐ 가족(배우자/자녀/기타 가족 일원)과 함께 주택이나 아파트에 거주
☐ 학교 기숙사
☐ 군대 막사

TIP! 한눈에 봐도 '학교 기숙사'나 '군대 막사'는 까다로운 질문들이 있을 것 같죠? '독신자' 혹은 '가족과 함께 거주'를 체크하는 것이 유리해요. 그 중 가장 좋은 선택은 '가족과 함께 거주'예요. 혼자 사는 사람들도 대답할 수 있는 무난한 질문들이 출제됩니다.

[선택 주제] 여가활동, 취미, 관심사 관련 사항

※ 아래의 4~7번 문항에서 12개 이상을 선택해 주시기 바랍니다.

4. 귀하는 여가활동으로 주로 무엇을 하십니까? (두 개 이상 선택)

☐ 영화 보기
☐ 클럽/나이트클럽 가기
☐ 공연 보기
☐ 콘서트 보기
☐ 박물관 가기
☐ 공원 가기
☐ 캠핑하기
☐ 해변 가기
☐ 스포츠 관람
☐ 주거 개선
☐ 술집/바에 가기
☐ 카페/커피전문점에 가기
☐ 게임하기 (비디오, 카드, 보드, 휴대폰 등)
☐ 당구 치기
☐ 체스 하기
☐ SNS에 글 올리기
☐ 친구와 대화하기
☐ 시험 대비 과정 수강하기
☐ 뉴스를 보거나 듣기
☐ 요리 관련 프로그램 시청하기
☐ 차로 드라이브하기
☐ 스파/마사지숍 가기
☐ 구직 활동하기
☐ 자원봉사 하기
☐ TV 시청
☐ 리얼리티 쇼 시청
☐ 쇼핑하기

TIP! 자신이 실제로 관심 있는 항목을 체크하시는 분들이 많아요. 물론, 정말 좋아한다면 그 주제에 대해 할 말이 많을 테니 따로 준비해도 나쁘진 않아요. 단, 어떤 주제든 문제는 응시자 개인에 맞춰서 출제되지 않는다는 점을 기억하세요. 좋아하는 주제이지만, 잘 알지 못하는 내용이 나오면 당황할 수밖에 없어요. 따라서 좋아하는 항목보다 영어로 말하기 쉬운 항목을 선택하는 것이 좋아요.

5. 귀하의 취미나 관심사는 무엇입니까? (한 개 이상 선택)

☐ 아이에게 책 읽어 주기
☐ 음악 감상하기
☐ 악기 연주하기
☐ 혼자 노래 부르거나 합창하기
☐ 춤추기
☐ 글쓰기 (편지, 단문, 시 등)
☐ 그림 그리기
☐ 요리하기
☐ 애완동물 기르기
☐ 주식 투자하기
☐ 신문 읽기
☐ 여행 관련 잡지나 블로그 읽기
☐ 사진 촬영하기
☐ 독서

TIP! 여기서도 마찬가지로 관심이 있다고 섣불리 항목을 선택하면, 대답하기 곤란한 질문을 받을 수 있어요. 그러면 고득점을 받기 힘들겠죠? **좋아하는 항목보다 영어로 말하기 쉬운 항목을 선택하기!**

6. 귀하는 주로 어떤 운동을 즐기십니까? (한 개 이상 선택)

☐ 농구
☐ 야구/소프트볼
☐ 축구
☐ 미식축구
☐ 하키
☐ 크리켓
☐ 골프
☐ 배구
☐ 테니스
☐ 배드민턴
☐ 탁구
☐ 수영
☐ 자전거
☐ 스키/스노보드

☐ 아이스 스케이트
☐ 조깅
☐ 걷기
☐ 요가
☐ 하이킹/트레킹
☐ 낚시
☐ 헬스
☐ 태권도
☐ 운동 수업 수강하기
☐ 운동을 전혀 하지 않음

TIP! 구기 종목을 선택하는 사람들이 많은데, '보는' 스포츠가 아니라 '즐기는' 스포츠에 대한 질문이기 때문에 다소 전문적인 내용을 물어 볼 수 있어요. 예를 들어 친구들과 가볍게 농구하는 것을 좋아해서 '농구'를 선택했는데, 문제에서 소속팀에서 맡은 포지션을 묻는다면 대답하기 곤란해질 거예요. 대답하기 쉬운 항목을 잘 고민하고 선택해야 해요!

7. 귀하는 어떤 휴가나 출장을 다녀온 경험이 있습니까? (한 개 이상 선택)

☐ 국내 출장
☐ 해외 출장
☐ 집에서 보내는 휴가
☐ 국내 여행
☐ 해외 여행

TIP! 간혹 여행과 출장을 같이 준비하는 사람들이 있는데, 그런 경우 출장 주제가 문제로 나올 수 있어요. 출장에서 처리한 업무와 관련된 질문이 나오면 영어로 대답하기 어려울 수 있으므로 되도록이면 국내 출장과 해외 출장은 제외하는 것이 좋아요.

Self-Assessment 자기평가

○	샘플답변 듣기	나는 10개 이하의 단어로 말할 수 있습니다.
○	샘플답변 듣기	나는 기본적인 물건, 색깔, 요일, 음식, 의류, 숫자 등을 말할 수 있습니다. 나는 완벽한 문장을 구사하지 못하며 간단한 질문도 하기 어렵습니다.
○	샘플답변 듣기	나는 나 자신, 직장, 친한 사람, 장소, 일상에 대한 기본적인 정보를 간단한 문장으로 전달할 수 있습니다. 간단한 질문을 할 수 있습니다.
○	샘플답변 듣기	나는 나 자신, 일상, 일/학교, 취미에 대한 간단한 대화를 할 수 있습니다. 나는 친숙한 주제와 일상에 대한 간단한 문장들을 쉽게 만들 수 있습니다. 또한, 내가 원하는 질문도 할 수 있습니다.
○	샘플답변 듣기	나는 친숙한 주제와 가정, 일, 학교, 개인적/사회적 관심사에 대해 자신 있게 대화할 수 있습니다. 나는 일어난 일과 일어나고 있는 일, 일어날 일에 대해 합리적이고 자신 있게 말할 수 있습니다. 필요한 경우 설명도 덧붙일 수 있습니다. 일상 생활에서 예기치 못한 상황이 발생하더라도 임기응변으로 대처할 수 있습니다.
○	샘플답변 듣기	나는 개인적, 사회적 또는 전문적 주제에 대해 나의 의견을 제시하면서 토론할 수 있습니다. 나는 다양하고 어려운 주제에서도 정확하고 다양한 어휘를 사용하여 자세히 설명할 수 있습니다.

TIP! 오픽 공식 홈페이지에서 샘플테스트를 실행하면 각 난이도별로 샘플 음성을 들어볼 수 있습니다. 난이도 선택과 상관없이 응시자의 실력대로 등급이 주어지지만, 질문의 난이도가 다르기 때문에 원하는 점수대에 맞춰서 문제를 준비해야 합니다. IM 등급을 목표로 한다면 세 번째와 네 번째를, 그리고 IH 등급 이상을 목표로 한다면 다섯 번째 항목을 추천합니다.

쓸데없는 시간 낭비를 줄이기 위한 쓸모 있는 TIP!

1 영어를 말할 때 최대한 한국어와 다른 소리를 낸다는 마음으로, 미국 드라마의 주인공이 된 것처럼 말하는 연습을 해야 합니다. 교재에 있는 스크립트를 고스란히 암기하여 질문에 기계적으로 답하면 NH라는 페널티 점수를 받게 됩니다. 이러한 이유로 같은 스크립트를 외워도 사람마다 다른 등급을 받는 것입니다.

2 단순 영어 실력이 아닌 '의사소통을 위한 언어 구사력'을 평가하는 시험이기 때문에 내용을 조리 있게 구성해야 합니다. 발화량만 많으면 되는 시험이 아닙니다. 횡설수설하거나 동문서답을 하면, 오류 없이 길게 말했음에도 불구하고 감점을 받습니다. 즉, 내용의 구성 때문에 감점될 수 있음을 명심해야 합니다.

3 항상 올바른 영어 문장을 말하는 습관을 가지세요. 해외 경험이 있는 경우, 단순 회화 시험으로 여겼다가 원하는 등급을 받지 못하는 경우가 있습니다. 실생활에서는 상대방과 대화를 주고받을 때 단어 위주로만 말해도 큰 문제 없이 의사소통을 할 수 있습니다. 하지만 오픽 시험에서는 응시자의 목소리만 녹음되기 때문에 평소 회화할 때 의사소통에 문제가 없었던 것들이 감점 요소가 됩니다.

4 오류가 있더라도 외운 티가 나지 않게 자연스러운 영어가 나오도록 신경 쓰면 그만큼 실력이 향상됩니다. 역지사지를 기억하세요. 한국어가 서툰 외국인들이 나에게 말하면 어떤 점이 답답할지, 어떤 표현을 사용할 때 내가 감탄할지 생각해 보면 감이 잡힐 것입니다. 그때 가장 먼저 깨닫는 점은 "아, 오류가 있어도 자연스러운 리듬에 큰 목소리로 또박또박 말하면 알아듣기 쉽구나"일 것입니다. 이 점을 신경 쓰면서 영어 회화를 연습해 보세요.

그럼 우리 이제, 본격적으로 시험을 준비해 봅시다!

Let's get this show on the road!

학습 플랜

2주 만에 정복

1일	2일	3일	4일	5일
자기소개/거주지 Unit 01 Unit 02-04	선택 주제 3~4개	선택 주제 3~4개	선택 주제 3~4개	돌발 주제 Unit 01-05

6일	7일	8일	9일	10일
돌발 주제 Unit 06-10	돌발 주제 Unit 11-15	롤플레이 Unit 01-02	롤플레이 Unit 03	최종 복습 위기 대처 표현 온라인 모의고사

2 WEEKS

4주 만에 정복

1일	2일	3일	4일	5일
자기소개 Unit 01	거주지 Unit 02-04	선택 주제 2~3개	선택 주제 2~3개	선택 주제 2~3개

6일	7일	8일	9일	10일
선택 주제 2~3개	선택 주제 2~3개	선택 주제 2~3개	돌발 주제 Unit 01-03	돌발 주제 Unit 04-06

11일	12일	13일	14일	15일
돌발 주제 Unit 07-09	돌발 주제 Unit 10-12	돌발 주제 Unit 13-15	롤플레이 Unit 01	롤플레이 Unit 02

16일	17일	18일	19일	20일
롤플레이 Unit 03	최종 복습 위기 대처 표현	온라인 모의고사	온라인 모의고사	온라인 모의고사

4 WEEKS

1
Chapter

스파르타
OPIc
IM 공략

선택 주제

Unit 01

자기소개

Self-Introduction

자기소개는 가장 먼저 나오는 질문으로, 실제로 등급에 영향을 주려고 나온 문제라기보다는 응시자들의 과한 긴장을 완화하기 위한 문제입니다. 내용이 너무 길지 않도록 간략하게 말하는 것이 좋습니다. 오픽 시험뿐만 아니라 영어 면접 혹은 회화 실력 향상을 위해 연습할 수도 있습니다. 배경 설문조사에서 선택한 항목들과 무관한 대답을 해도 괜찮습니다.

브레인스토밍

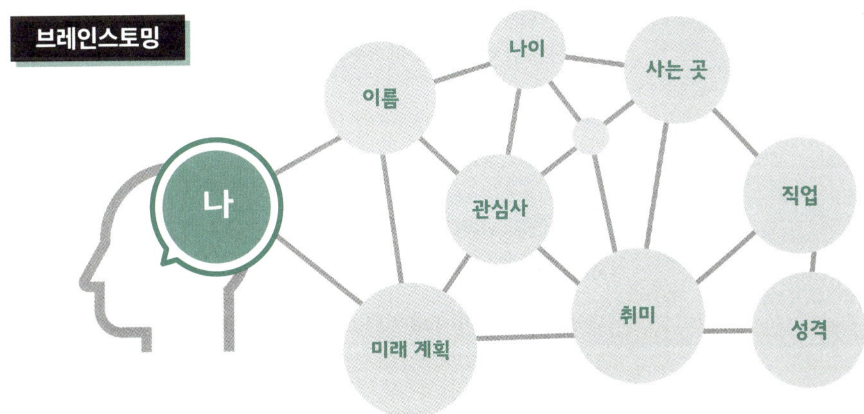

빈출 문제

Let's start the interview now. Tell me something about yourself.

Q1

Let's start the interview now. Tell me something about yourself.
이제 인터뷰를 시작하겠습니다. 자신에 대해 소개해 보세요.

스토리라인

1 인사 2 기본 사항 3 성격 4 취미 및 관심사 5 마무리

답변 순서

1 인사

Hello, Ava! My name is 이름 . 안녕하세요, Ava! 제 이름은 ~입니다.

You can just call me 이름 . ~라고 불러 주셔도 됩니다.

▶ 영어 이름이 있는 경우 영어 이름을 말하세요.

2 기본 사항

[나이]

I'm 나이 years old. 저는 ~살입니다.

I'm 나이 . 저는 ~살입니다. ▶ 구어체로 축약 형태인 "I'm ~"을 많이 사용해요.

in my early-twenties 20대 초반 in my mid-twenties 20대 중반
in my late twenties 20대 후반

[사는 곳]

I'm living in 사는 곳 . 저는 ~에 살고 있습니다.

My hometown is 고향 , but I live in 사는 곳 now.
제 고향은 ~이지만, 지금은 ~에 삽니다.

[신분/직업]

I work for 회사명/업체명 . 저는 ~에서 일합니다.

I am a(an) 직업/학년 . 제 직업은 ~입니다. / 저는 ~학년입니다.

student 학생 graduate student 대학원생
freshman 1학년 sophomore 2학년 junior 3학년 senior 4학년

I graduated from university this[last] year, and I am currently looking for a job. 저는 올해[작년]에 대학교를 졸업했고, 현재는 취업 준비 중입니다.

I am in between jobs. 지금은 구직 중입니다.

I am currently a part-timer. 저는 현재 아르바이트를 하고 있습니다.

아이디어 & 추가 표현!

전공을 말하는 표현

I study 전공 . 저는 ~을 공부합니다.
I major in 전공 . 저는 ~을 전공합니다.
My major is 전공 . 제 전공은 ~입니다.
I am currently studying 전공 . 저는 현재 ~을 공부하고 있습니다.
I am studying 전공 at 대학교명 University. 저는 ~대학교에서 ~을 공부하고 있습니다.

직업을 말하는 표현

My job is to 하는 일(V) . 제가 하고 있는 일은 ~입니다.

▶ 직업명이 아니라 구체적으로 무슨 일을 하는지 동사로 말하세요.

3 성격

I am usually 성격 , but sometimes I can be 성격 .
저는 보통 ~하지만, 가끔은 ~할 때도 있습니다.

I see myself as a 성격 person.
제 생각에는 저는 ~한 사람입니다.

I used to be 성격 , but now I try to be more 성격 .
저는 원래 ~했던 사람이지만, 지금은 좀 더 ~해지려고 노력합니다.

긍정적인 성격	부정적인 성격
good / nice / good-natured 착한	stubborn 고집이 센
kind-hearted 다정한	timid 소심한, 겁이 많은
quiet / reserved 조용한 / 얌전한	picky 까다로운
easygoing 느긋한	sensitive 예민한
kind / friendly 친절한	pessimistic 비관적인
hard-working / diligent 부지런한	quick-tempered 화를 잘 내는
sincere / genuine 성실한 / 진실된	short-tempered 성미가 급한
generous 너그러운	lazy 게으른
positive 긍정적인	indecisive 우유부단한
active / outgoing 활동적인	clumsy 어설픈, 칠칠하지 못한
patient 인내심이 있는	small-minded / petty 속이 좁은
responsible 책임감이 있는	impatient (불쾌한 것을) 못 견디는
soft-hearted 상냥한	a loner (n) 혼자 있기를 좋아하는 사람

4 취미 및 관심사

My favorite 종류 is 대상 . 제가 가장 좋아하는 ~는 ~입니다.

I'm a big fan of 대상 . 저는 ~을 아주 좋아합니다.

These days, I'm crazy about 대상 . 요즘에 저는 ~에 푹 빠져 있습니다.

Lately, I've been into 대상 . 요즘에 저는 ~에 푹 빠져 있습니다.

종류: singer 가수 movie 영화 place 장소 season 계절 food 음식 sports 스포츠
대상: Jason Mraz 제이슨 므라즈(가수) Harry Potter 해리포터 beach 해변 spring 봄

I like to go out and socialize with other people.
저는 밖에서 다른 사람들과 어울리는 것을 좋아합니다.

I usually hang out with my friends.
저는 주로 친구들과 함께 어울려 놉니다.

Whenever I have time, I go out to get a breath of fresh air.
시간이 있을 때마다 저는 바람을 쐬러 외출합니다.

On weekends, I go hiking with my family.
주말에는 가족과 함께 등산하러 갑니다.

I love traveling to different places.
저는 다양한 곳을 여행하는 것을 좋아합니다.

I've recently taken up golf.
저는 최근에 골프를 시작했습니다.

5 마무리

In the future, I'm planning to 계획(V) . 미래에 저는 ~할 계획입니다.

I will 계획(V) in five years. 저는 5년 후에 ~할 것입니다.

Hopefully, I'll 계획(V) by the end of this year. 올해 안으로 제가 ~하길 바랍니다.

be an architect 건축가가 되다 visit New York 뉴욕에 가다 get a job 취업하다
go to graduate school 대학원에 진학하다 go on a diet 다이어트하다

Chapter 1 선택 주제

아이디어 & 추가 표현!

1. 전공

English language & literature 영어영문학
Korean language & literature 국어국문학
linguistics 언어학
psychology 심리학
humanities 인문학
sociology 사회학
philosophy 철학
political science 정치학
anthropology 인류학
architecture 건축학
business administration 경영학
accounting 회계학
physics 물리학
electrical engineering 전자 공학
econ/economics 경제학
chemistry 화학
food engineering 식품 공학
bio/biology 생물학
statistics 통계학
civil engineering 토목 공학
mathematics 수학
fine arts 미술학
graphic design 그래픽 디자인
computer science 컴퓨터 공학
minor 부전공
double major 복수 전공

2. 취미

read fashion magazines 패션 잡지 읽기
listen to K-pop music 한국 대중 음악 듣기
watch movies 영화 보기
paint 그림 그리기
grow flowers 꽃 키우기
play mobile games 휴대폰 게임하기
go swimming 수영하기
learn sports dancing 스포츠 댄스 배우기
go shopping 쇼핑하기
do yoga 요가하기
have a talk with my friends 친구와 수다 떨기
walk the dog 개 산책시키기
play soccer 축구하기
watch a sports game 스포츠 경기 보기
look for good restaurants 맛집 찾기
surf the Internet 인터넷 서핑하기
cook 요리하기
play a musical instrument 악기 연주하기
post about my life on social media 일상을 SNS에 올리기

3. 학위

bachelor's degree 학사 학위
master's degree 석사 학위
doctor's degree 박사 학위

4. 하는 일

be in between jobs 구직 중이다
do an internship 인턴으로 일하다
take classes abroad 해외 연수를 가다
take a management role 관리자 직을 맡다
start a business 창업하다
work for a design company 디자인 회사에서 일하다
continue my studies 공부를 계속하다
take some time off and travel 휴가를 내고 여행을 가다

01_01_01.mp3

IM 공략 답변 1

[학생]

1 인사 **2 기본 사항** **3 성격** **4 취미 및 관심사** **5 마무리**	[1] Hello, Ava. My name is Minsu, and I'm currently a student. [2] I'm a junior at Hanguk University, double majoring in English and business. I live in Seoul with my parents. [3] I think I'm sociable and outgoing. [4] I love hanging out with my friends. So, whenever I have free time, I like to go out and socialize with other people. Traveling is another thing I love to do. [5] One day, I'd really love to travel around the world. 안녕하세요, Ava. 제 이름은 민수이고, 저는 현재 학생입니다. 한국 대학교 3학년이며 영문학과 경영학을 복수 전공하고 있습니다. 저는 부모님과 함께 서울에 삽니다. 제 생각에 저는 사교적이고 활발한 편입니다. 저는 친구들과 어울리는 것을 좋아합니다. 그래서 여유 시간이 날 때마다, 나가서 사람들과 어울리는 것을 좋아합니다. 제가 좋아하는 또 다른 것은 여행입니다. 언젠가, 꼭 세계 여행을 하고 싶습니다.

나만의 답변 1

1 인사	
2 기본 사항	
3 성격	
4 취미 및 관심사	
5 마무리	

01_01_02.mp3

IM 공략 답변 2

[취업 준비생]

1 인사 **2 기본 사항** **3 성격** **4 취미 및 관심사** **5 마무리**	[1] Hello, Ava, my name is Minhee, and I'm 29 years old. [2] I graduated from university last winter, and I'm currently looking for a job. Since I majored in business administration, I'd like to get a position at a large company. [3] My friends all say that I'm mostly easygoing. [4] In my free time, I usually like to watch movies, listen to music, or read books. These days, however, I've been busy looking for a job, so I'm putting in a lot of hours on the Internet. [5] Hopefully, I'll be working by the end of this year. 안녕하세요, Ava. 제 이름은 민희이고, 저는 29살입니다. 작년 겨울에 대학교를 졸업했고 지금은 취업 준비 중입니다. 저는 경영학을 전공했기 때문에 대기업에 취업하고 싶습니다. 제 친구들은 다들 제가 대체로 원만한 성격이라고 합니다. 여유 시간이 날 때에는 보통 영화를 보거나, 음악을 듣거나, 책을 읽습니다. 하지만 요즘은 취업 준비로 바빠서 인터넷에 많은 시간을 할애하고 있습니다. 올해 말에는 제가 일하고 있었으면 좋겠습니다.

나만의 답변 2

1 인사	
2 기본 사항	
3 성격	
4 취미 및 관심사	
5 마무리	

01_01_03.mp3

IM 공략 답변 3

[직장인]

1 인사 **2 기본 사항** **3 성격** **4 취미 및 관심사** **5 마무리**	[1] Hello, Ava. My name is Minji, and I'm 25 years old. [2] I work nine to five at ABC as an engineer. I've been working for two years, and I'm satisfied with my job. I live alone in a studio apartment near my office. [3] I consider myself a bit reserved, but that doesn't mean I don't like to be around people. [4] When I have some time to spare on the weekends, I like to invite some of my best friends over and cook something for them. [5] In the future, I'm planning to travel to different parts of the world. 안녕하세요, Ava. 제 이름은 민지고, 저는 25살입니다. 저는 ABC라는 회사에서 9시부터 5시까지 엔지니어로 일하고 있습니다. 2년째 근무 중이며 제 직업에 만족합니다. 저는 회사 근처 원룸에서 혼자 살고 있습니다. 제가 생각하기에 저는 약간 내성적인데, 그렇다고 해서 사람들과 어울리는 것을 싫어하지는 않습니다. 주말에 여유 시간이 나면 친한 친구들을 초대해서 그들에게 요리해 주는 것을 좋아합니다. 미래에는 세계 여러 곳을 여행할 계획입니다.

나만의 답변 3

1 인사	
2 기본 사항	
3 성격	
4 취미 및 관심사	
5 마무리	

01_01_04.mp3

IM 공략 답변 4

[취업 준비생]

1 인사 2 기본 사항 3 성격 4 취미 및 관심사 5 마무리	[1] Hello, Ava. My name is Minsung. [2] I'm a senior in college, and I'll be graduating next year with a degree in Computer Science. Like most of my friends, I've just started to look for a job. I'd love to get a job at a software company, but so far, it doesn't look that easy. I'm spending most of my time on finding a job. [3] I see myself as a very sociable person. [4] And, when I get too stressed, I try to give myself a break and travel around the country. I love taking photos while traveling. [5] I've been thinking about backpacking in Europe for a while now. I'll probably do that before I graduate and get a job. 안녕하세요, Ava. 제 이름은 민성입니다. 저는 대학교 4학년이고 내년에는 컴퓨터 공학과를 전공으로 졸업합니다. 다른 친구들처럼, 저는 이제 구직 활동을 시작했습니다. 소프트웨어 회사에서 일하고 싶지만 그리 쉬워 보이진 않습니다. 저는 대부분의 시간을 구직 활동하는 데 쓰고 있습니다. 제 생각에 저는 매우 사교적인 사람입니다. 그리고 너무 스트레스를 받을 때에는 스스로에게 휴식을 주고 국내 여행을 하려고 합니다. 여행하면서 사진 찍는 것을 좋아합니다. 요즘 한동안 유럽 배낭 여행에 대해 생각 중입니다. 아마도 졸업하고 취업하기 전에 그렇게 할 것입니다.

나만의 답변 4

1 인사	
2 기본 사항	
3 성격	
4 취미 및 관심사	
5 마무리	

Chapter 1

선택 주제

TIP! 자기소개할 때 피해야 할 표현

1 상투적이고 진부한 표현

★ 너무 전형적이거나 인위적인 표현은 되도록이면 피하도록 해요.
오류는 아니지만, 대답을 암기해 온 티가 나기 때문이에요.

Let me introduce myself. 제 소개를 시작하겠습니다.

2 요점에서 벗어난 내용

★ '가족' 소개가 아니라 '자기'소개라는 것을 명심하세요!
문법적인 오류가 생길 수 있으니 가족 구성원에 대한 구체적인 소개는 마음 속으로만 간직하도록 해요.

My family consists of... 제 가족 구성원은…

My father, my mother, my brother, and I... 아버지, 어머니, 형 그리고 저는…

3 마무리

★ 마지막에 할 말이 "I like to ride a bike.(저는 자전거 타는 것을 좋아합니다.)"라면, 마지막 단어 bike의 음을 명확하게 내려서 할 말이 끝났다는 것을 알려 주는 것이 좋아요.

★ 아래의 표현들을 지양하고, 마무리는 깔끔하게 필요한 말만 하도록 해요.

Thank you for listening. 들어 주셔서 감사합니다.

Thank you! 감사합니다!

Bye! 안녕히 계세요!

The end. 끝입니다.

That's about it. / That's it. 이상입니다.

Unit 02

거주지

House

출제율이 가장 높은 주제이기 때문에 다양한 내용의 답변을 준비해 둬야 합니다. 실제로 사는 집을 잘 둘러보고 어떻게 생겼는지, 무엇이 있는지 생각해 두면 도움이 됩니다.

브레인스토밍

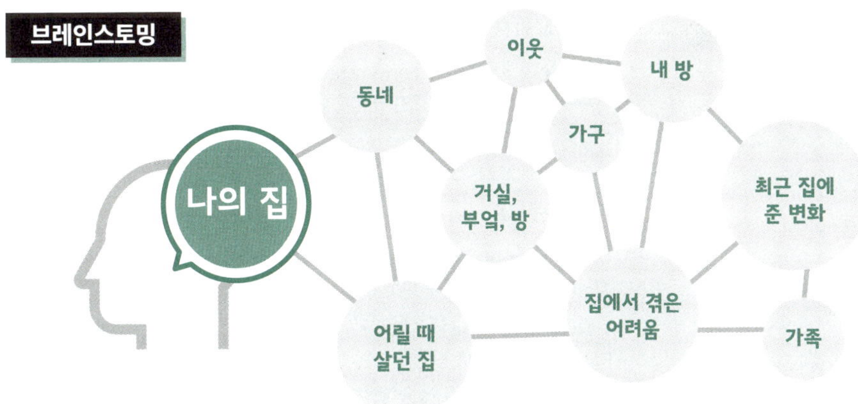

빈출 문제

Q1 I'd like to talk about where you live. What does it look like? Tell me in detail.

Q2 What do you usually do with your family during the weekdays and on the weekends?

Q3 Can you tell me about the house you used to live in when you were a child? What did it look like? How was it different from your current house? Please tell me about the similarities and differences in detail.

Q4 Have there been any changes you've made to your house? What kind of changes have you made? Tell me in detail.

Q1

I'd like to talk about where you live. What does it look like? Tell me in detail.

당신이 사는 곳에 대해 이야기하고 싶어요. 어떻게 생겼나요? 자세히 말해 주세요.

스토리라인

1 집 형태/위치 **2** 특징/분위기 **3** 상세 묘사 **4** 감정/느낌/의견

답변 순서

1 집 형태/위치

I live in a recently renovated apartment with my family in Seoul.

저는 서울의 최근 리모델링된 아파트에서 가족과 함께 살고 있습니다.

flat 아파트 house 주택 five-story building 5층 건물

2 특징/분위기

My house is spacious and well-organized.

저희 집은 넓고 정리가 잘 되어 있습니다.

big 큰 small 작은 quiet 조용한 clean 깨끗한 neat 깔끔한
modern 현대적인 bright 밝은 cozy 아늑한 comfortable 쾌적한, 편안한 warm 따뜻한

3 상세 묘사

In the living room, there is a black leather couch and a wooden tea table.

거실에는 검정 가죽 소파와 원목 탁자가 있습니다.

To the right, there's my parents' room, which is the biggest one.

오른쪽에는 부모님의 방이 있는데, 가장 큰 방입니다.

My favorite space is my bedroom, which has a comfortable bed and a closet.

제가 제일 좋아하는 공간은 편안한 침대와 옷장이 있는 제 침실입니다.

4 감정/느낌/의견

Overall, I'm happy with my house.

전반적으로 저는 제 집이 마음에 듭니다.

아이디어 & 추가 표현!

residential area 주거 지역
local park 동네 공원
shopping mall 쇼핑몰
neighborhood 동네
playground 놀이터
subway station 지하철역
apartment complex 아파트 단지
parking space 주차 공간
bus stop 버스 정류장

01_02_01.mp3

IM 공략 답변

1 집 형태/위치 2 특징/분위기 3 상세 묘사 [방/가구/물건] 4 감정/느낌/의견	[1] I live in a recently renovated apartment with my family in Seoul. [2] My house is spacious and well-organized. [3] In the living room, there is a black leather couch and a wooden tea table. To the right, there's my parents' room, which is the biggest one. My favorite space is my bedroom, which has a comfortable bed and a closet. [4] Overall, I'm happy with my house. 저는 서울의 최근 리모델링된 아파트에서 가족과 함께 살고 있습니다. 저희 집은 넓고 정리가 잘 되어 있습니다. 거실에는 검정 가죽 소파와 원목 탁자가 있습니다. 오른쪽에는 부모님의 방이 있는데, 가장 큰 방입니다. 제가 제일 좋아하는 공간은 편안한 침대와 옷장이 있는 제 침실입니다. 전반적으로 저는 제 집이 마음에 듭니다.

나만의 답변

1 집 형태/위치	
2 특징/분위기	
3 상세 묘사	
4 감정/느낌/의견	

TIP!

★ 형용사를 풍부하게 활용할 수 있도록 형용사 관련 문법을 익혀 두는 것이 좋습니다.
- more and more 형용사 점점 더 ~하다
- 비교급: 형용사-er / more 형용사 더 ~한 최상급: 형용사-est / most 형용사 가장 ~한

★ 큰 그림부터 시작해서 세부적인 내용으로 흘러가도록 구성하세요.

★ '장소 묘사' 관련 표현들을 익혀서 다른 장소를 묘사할 때 활용해 보세요. 돌발 주제를 쉽게 대비할 수 있습니다.

Q2

What do you usually do with your family during the weekdays and on the weekends?

당신은 주중과 주말에 가족과 주로 무엇을 하나요?

스토리라인

1 주중에 하는 일 2 주말에 하는 일 3 감정/느낌/의견

답변 순서

1 주중에 하는 일

During the weekdays, my family and I watch TV or movies.

주중에 저희 가족과 저는 TV나 영화를 봅니다.

Sometimes we have breakfast or dinner together.

가끔은 아침이나 저녁을 함께 먹습니다.

2 주말에 하는 일

On the other hand, we have more time on the weekends.

반면에, 주말에는 시간이 더 있습니다.

So, we go out to get some fresh air .

그래서 우리는 바람을 쐬러 외출합니다.

eat out 외식하다 do household chores 집안일을 하다
do a big cleanup 대청소를 하다 go on a day trip 당일치기 여행하다
get some exercise 운동하다 enjoy a day out 외출하다
go camping 캠핑을 가다 visit a museum 박물관에 가다

Plus, we occasionally go grocery shopping.

그리고, 가끔씩 장 보러 갑니다.

3 감정/느낌/의견

Overall, I think it's important to spend time with my family.

전반적으로, 저는 가족과 함께 시간을 보내는 것이 중요하다고 생각합니다.

fun 재밌는 enjoyable 즐거운

아이디어 & 추가 표현! ▶ 활동과 어울리는 기간 또는 빈도 표현을 익혀 두세요.

during ~동안에	while ~하는 동안에	sometimes 가끔
from time to time 때때로	occasionally 간혹	once in a while 어쩌다 한 번씩
whenever we can 우리가 할 수 있을 때마다		almost every week 거의 매주

01_02_02.mp3

IM 공략 답변

1 주중에 하는 일 **2 주말에 하는 일** **3 감정/느낌/의견**	[1] During the weekdays, my family and I watch TV or movies. Sometimes we have breakfast or dinner together. [2] On the other hand, we have more time on the weekends. So, we go out to get some fresh air. Plus, we occasionally go grocery shopping. [3] Overall, I think it's important to spend time with my family. 주중에 저희 가족과 저는 TV나 영화를 봅니다. 가끔은 아침이나 저녁을 함께 먹습니다. 반면에, 주말에는 시간이 더 있습니다. 그래서 우리는 바람을 쐬러 외출합니다. 그리고, 가끔씩 장 보러 갑니다. 전반적으로, 저는 가족과 함께 시간을 보내는 것이 중요하다고 생각합니다.

나만의 답변

1 주중에 하는 일	
2 주말에 하는 일	
3 감정/느낌/의견	

TIP!

★ 다양한 접속사를 사용해서 말하는 연습을 하세요.

★ 여러 가지 행동을 나열할 때 항목별로 나눠서 정리하면 좋습니다. 주중과 주말로 나눠서 말하는 방법을 익혔다면, 다른 장소 주제들에서도 주중과 주말로 나눠서 말할 수 있습니다.

Q3

Can you tell me about the house you used to live in when you were a child? What did it look like? How was it different from your current house? Please tell me about the similarities and differences in detail.

당신이 어린 시절에 살던 집에 대해서 말해 줄 수 있나요? 어떻게 생겼나요? 현재 사는 집과 어떻게 달랐나요? 비슷한 점과 다른 점을 자세히 말해 주세요.

스토리라인

1 과거의 집 2 현재의 집 3 감정/느낌/의견

답변 순서

1 과거의 집

In the past, I used to live in the suburbs.
예전에 저는 교외에서 살았습니다.

My house was not that big, but I liked the quiet neighborhood.
저희 집은 그렇게 크진 않았지만, 조용한 동네가 마음에 들었습니다.

I didn't have my own bedroom.
저는 저의 방을 가지지 못했습니다.

It didn't have a great view. 전망이 훌륭하지 않았습니다.
There was no subway station nearby. 근처에 지하철역이 없었습니다.
As I remember, it was on the second floor. 제가 기억하기로는, 저희 집은 2층에 있었습니다.

2 현재의 집

But now, I live in a high-rise apartment in the middle of the city.
하지만 지금은 도시 한가운데에 있는 고층 아파트에서 살고 있습니다.

a low-rise apartment 저층 아파트 a recently renovated house 최근에 리모델링된 주택
a newly-built studio 새로 지은 원룸 a five-story building 5층 건물

It's more crowded, but it's more convenient.
그곳은 더 복잡하지만, 더 편리합니다.

Also, I've got my own room, and it's cozy and comfortable.
또한, 저는 제 방을 가지게 되었고 그곳은 아늑하고 편안합니다.

3 감정/느낌/의견

Overall, I'm happy with my current house.
전반적으로, 저는 지금 저의 집에 만족합니다.

01_02_03.mp3

IM 공략 답변

1 과거의 집 2 현재의 집 3 감정/느낌/의견	[1] In the past, I used to live in the suburbs. My house was not that big, but I liked the quiet neighborhood. I didn't have my own bedroom. [2] But now, I live in a high-rise apartment in the middle of the city. It's more crowded, but it's more convenient. Also, I've got my own room, and it's cozy and comfortable. [3] Overall, I'm happy with my current house.
	예전에 저는 교외에서 살았습니다. 저희 집은 그렇게 크진 않았지만, 조용한 동네가 마음에 들었습니다. 저는 저의 방을 가지지 못했습니다. 하지만 지금은 도시 한가운데에 있는 고층 아파트에서 살고 있습니다. 그곳은 더 복잡하지만, 더 편리합니다. 또한, 저는 제 방을 가지게 되었고 그곳은 아늑하고 편안합니다. 전반적으로, 저는 지금 저의 집에 만족합니다.

나만의 답변

1 과거의 집	
2 현재의 집	
3 감정/느낌/의견	

TIP!

★ 동사 시제에 오류 나지 않도록 주의하세요.

★ 과거와 현재를 왔다 갔다 하는 것보다 과거에서 현재의 흐름으로 말하는 것이 좋아요.

★ 묻는 내용이 유사한 질문의 경우 같은 내용의 대답을 반복해도 됩니다. 한 시험에서 답변 내용의 일부가 겹치는 것은 전혀 문제되지 않아요.

★ 질문에 나온 대로 '비슷한 점'과 '다른 점'을 모두 말하지 못해도 괜찮습니다. 한 가지라도 자세히 말하는 것이 좋아요.

Q4

Have there been any changes you've made to your house? What kind of changes have you made? Tell me in detail.

당신의 집에 변화를 준 적이 있었나요? 어떤 변화를 주었나요? 자세히 말해 주세요.

스토리라인

1 서론　2 배경/상황　3 경험　4 결말　5 마무리

답변 순서

1 서론

It was a few weeks ago when I moved some furniture in my room.
몇 주 전에 제 방의 가구를 재배치했습니다.

2 배경/상황

My bookcase was blocking the window, so I decided to move it.
책장이 창문을 가리고 있어서 그것을 옮기기로 결정했습니다.

3 경험

It took almost an hour!
거의 한 시간이 걸렸습니다!

I had to take out all the books, push the bookcase next to the desk, and then put the books back in place.
책들을 전부 꺼내고, 책상 옆으로 책장을 옮기고, 그러고 나서 다시 책들을 제자리에 넣어야 했습니다.

I was exhausted! ▶ 본인의 실제 경험담처럼 들리도록 말투에 신경쓰세요!
저는 정말 지쳤습니다!

4 결말

Now I can see outside the window and get some fresh air.
이제 저는 창문 밖을 볼 수 있고, 시원한 바람도 쐴 수 있습니다.

5 마무리

I feel much better now. 지금은 기분이 훨씬 좋습니다.

아이디어 & 추가 표현!

I moved all my belongings to my brother's room because he moved out.
형이 이사를 나갔기 때문에 제 모든 물건들을 형의 방으로 옮겼습니다.

I changed the whole interior of my room, which was my New Year's resolution.
새해에 계획한 대로 제 방 전체의 인테리어를 바꿨습니다.

I bought a new curtain for the living room and added a rug to my room.
거실에 달 새 커튼을 샀고 제 방에는 러그를 깔았습니다.

01_02_04.mp3

IM 공략 답변

1 서론 2 배경/상황 3 경험 4 결말 5 마무리	[1] It was a few weeks ago when I moved some furniture in my room. [2] My bookcase was blocking the window, so I decided to move it. [3] It took almost an hour! I had to take out all the books, push the bookcase next to the desk, and then put the books back in place. I was exhausted! [4] Now I can see outside the window and get some fresh air. [5] I feel much better now. 몇 주 전에 제 방의 가구를 재배치했습니다. 책장이 창문을 가리고 있어서 그것을 옮기기로 결정했습니다. 거의 한 시간이 걸렸습니다! 책들을 전부 꺼내고, 책상 옆으로 책장을 옮기고, 그러고 나서 다시 책들을 제자리에 넣어야 했습니다. 저는 정말 지쳤습니다! 이제 저는 창문 밖을 볼 수 있고, 시원한 바람도 쐴 수 있습니다. 지금은 기분이 훨씬 좋습니다.

나만의 답변

1 서론	
2 배경/상황	
3 경험	
4 결말	
5 마무리	

TIP!

★ '집에서 겪은 경험 / 휴가 때 집에서 한 일 / 지난 명절에 한 일 등'을 묻는 질문에서도 활용할 수 있는 스토리를 준비하는 것이 좋아요.

★ 경험 유형을 대답할 때에는 시제에 오류가 발생하지 않도록 주의해야 해요!

자기평가

자신의 OPIc 레벨을 확인하세요! 질문에 대한 답변을 녹음한 후 어떤 답변과 가장 비슷한지 판단하고 약점을 보완하세요.

Q: What do you usually do with your family?

I and family we watch movie. We… go park, go park to… and… ride my bike.

완벽한 문장을 만들지 못하고 말투도 딱딱하게 느껴져요. 문장을 만드는 속도가 느리네요.

I usually watch movies with my family. We like action movies. Our favorite movie is *Mission Impossible*. It's exciting and fun.

질문에서 너무 벗어난 답을 했네요. 그리고 문장들이 짧고 연결되지 않아요!

We watch movies, action movies, usually in the living room. And sometimes we go to park and ride a bike. Uh… also we do housework such as… doing the dishes, doing the laundry and so on.

말을 술술 하는 것 같지만 세부 사항이 약간 부족하고 접속사가 다양하지 않아요.

To be honest, everyone is so busy these days during the weekdays ... It's hard to get together, but on the weekends, we go out and get some fresh air at the local park. Whatever we do, I love spending time with my family.

말을 이어 가려고 노력하고 있고 답변에 시작, 중간, 끝이 있어요!

※ 답변 샘플들은 간소화한 버전이며, 실제 시험에서는 더 많은 발화량이 요구됩니다.

Unit 03

동네
Neighborhood

선택 주제는 아니지만 출제율이 높은 '거주지' 주제와 밀접하게 연관되어 있으므로 같이 준비해 두면 좋습니다.

브레인스토밍

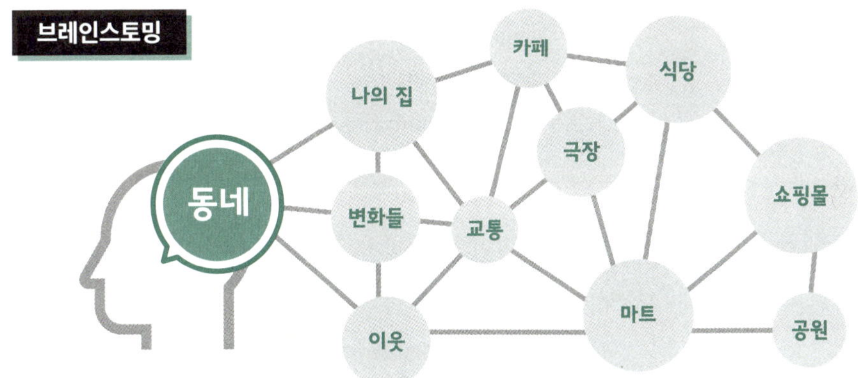

빈출 문제

Q1 What is your neighborhood like? Where is it located? What kind of amenities are there in your neighborhood? Tell me about the area around your house in detail.

Q2 I'd like to know about the neighborhood from your childhood. What was it like? How has the place changed over the years?

Q3 Tell me a story that happened in your neighborhood. When and where did it happen? Why was it so memorable?

Q1

What is your neighborhood like? Where is it located? What kind of amenities are there in your neighborhood? Tell me about the area around your house in detail.

당신의 동네는 어떤가요? 어디에 위치해 있나요? 동네에 어떤 종류의 편의시설들이 있나요? 집 주변의 장소에 대해 자세히 말해 주세요.

스토리라인

1 위치 2 분위기 3 상세 묘사 4 감정/느낌/의견

답변 순서

1 위치

I live in the middle of Seoul.

저는 서울 중심부에 살고 있습니다.

in the eastern[western / southern / northern] part of 동[서/남/북]쪽에
in downtown 도심에 in the center of ~의 중앙에 in the suburbs of ~의 교외에

2 분위기

My neighborhood is clean and quiet .

제 동네는 깔끔하고 조용합니다.

remote 외진 crowded 붐비는 noisy 시끌벅적한 safe 안전한

3 상세 묘사

Near my area, there are many amenities like shopping malls and public transportation systems.

집 주변에는, 쇼핑몰과 대중 교통수단과 같은 여러 편의시설들이 있습니다.

I often go to a café which is located inside the mall.

저는 쇼핑몰에 있는 카페에 자주 갑니다.

It's a great place to hang out with my friends.

그곳은 친구들과 놀기 좋은 장소입니다.

4 감정/느낌/의견

Overall, I'm happy with my neighborhood.

전반적으로 제 동네가 마음에 듭니다.

아이디어 & 추가 표현!

movie theater 영화관 local park 동네 공원 grocery store 식료품점
bakery 빵집 convenience store 편의점 bank 은행

01_03_01.mp3

IM 공략 답변

1 위치 2 분위기 3 상세 묘사 [장소] 4 감정/느낌/의견	[1] I live in the middle of Seoul. [2] My neighborhood is clean and quiet. [3] Near my area, there are many amenities like shopping malls and public transportation systems. I often go to a café which is located inside the mall. It's a great place to hang out with my friends. [4] Overall, I'm happy with my neighborhood. 저는 서울 중심부에 살고 있습니다. 제 동네는 깔끔하고 조용합니다. 집 주변에는, 쇼핑몰과 대중 교통수단과 같은 여러 편의시설들이 있습니다. 저는 쇼핑몰에 있는 카페에 자주 갑니다. 그곳은 친구들과 놀기 좋은 장소입니다. 전반적으로 제 동네가 마음에 듭니다.

나만의 답변

1 위치	
2 분위기	
3 상세 묘사	
4 감정/느낌/의견	

TIP!

★ 형용사를 풍부하게 활용하세요.

★ 큰 그림부터 시작해서 세부적인 내용으로 흘러가도록 구성하세요.

★ 한 시험에 '거주지' 주제와 '동네' 주제가 한번에 출제되는 경우는 드물어요. 유형이 비슷하기 때문에 익숙한 표현 및 답변 구성을 활용하면 조금 더 쉽게 준비할 수 있어요.

Q2

I'd like to know about the neighborhood from your childhood. What was it like? How has the place changed over the years?

당신의 어린 시절의 동네에 대해 알고 싶어요. 그곳은 어땠나요? 그 동네는 수년 간 어떻게 변했나요?

스토리라인

1 과거의 동네 **2** 현재의 동네 **3** 감정/느낌/의견

답변 순서

1 과거의 동네

In the past, there were not many facilities in my neighborhood.

과거에 우리 동네에는 편의시설들이 많지 않았습니다.

buildings 건물 places to visit 가 볼 만한 곳 green spaces 녹지 공간

It was very quiet and peaceful.

아주 조용하고 평화로웠습니다.

2 현재의 동네

But now, there are lots of places to go.

하지만 지금은 갈 만한 장소가 많습니다.

They've built a subway station, so it's more convenient to go somewhere.

지하철역이 생겨서 어디든지 가기 더 편합니다.

It has become more crowded, but I like the lively vibe.

훨씬 붐비지만 활기찬 분위기가 마음에 듭니다.

3 감정/느낌/의견

These are the changes in my neighborhood, and I'm happy living in my town.

우리 동네에는 이런 변화가 있었고 저는 이 동네에 사는 것에 만족합니다.

아이디어 & 추가 표현!

There are many cafés and restaurants where I can hang out with my friends.
친구들과 어울릴 수 있는 카페와 음식점이 많습니다.

There are a lot more apartment complexes.
아파트 단지가 훨씬 더 많습니다.

They've renovated the local park.
동네 공원을 수리했습니다.

01_03_02.mp3

IM 공략 답변

1 과거의 동네 2 현재의 동네 3 감정/느낌/의견	[1] In the past, there were not many facilities in my neighborhood. It was very quiet and peaceful. [2] But now, there are lots of places to go. They've built a subway station, so it's more convenient to go somewhere. It has become more crowded, but I like the lively vibe. [3] These are the changes in my neighborhood, and I'm happy living in my town. 과거에 우리 동네에는 편의시설들이 많지 않았습니다. 아주 조용하고 평화로웠습니다. 하지만 지금은 갈 만한 장소가 많습니다. 지하철역이 생겨서 어디든지 가기 더 편합니다. 훨씬 붐비지만 활기찬 분위기가 마음에 듭니다. 우리 동네에는 이런 변화가 있었고 저는 이 동네에 사는 것에 만족합니다.

나만의 답변

1 과거의 동네	
2 현재의 동네	
3 감정/느낌/의견	

TIP!

★ 동사의 시제에 오류가 발생하지 않도록 유의해 주세요.

★ 과거와 현재 부분을 동일한 발화량으로 말할 필요는 없습니다. 정해진 분량이 없는 시험이니, 하고 싶은 이야기가 많은 부분에서 발화량을 늘려 보세요.

★ 고득점을 위해서 'They've built'나 'It has become'과 같이 현재완료 시제 표현을 활용해 보세요!

Q3

Tell me a story that happened in your neighborhood. When and where did it happen? Why was it so memorable?

당신의 동네에서 있었던 일에 대해 이야기해 보세요. 언제, 어디에서 일어났나요? 왜 그 일이 기억에 남나요?

스토리라인

1 배경/상황 2 경험 3 마무리

답변 순서

1 배경/상황

It was about a few years ago when my family and I moved to a new apartment.
몇 년 전 저희 가족과 제가 새로운 아파트로 이사했을 때였습니다.

2 경험

We didn't know how to recycle, so we made a mistake. We put the recyclables near a neighbor's house.
우리는 분리수거를 어떻게 하는지 몰라서 실수를 저질렀습니다. 우리는 이웃집 근처에 재활용품을 놓았습니다.

We didn't know exactly where we could park our car. We left it somewhere near the entrance of the apartment. But, that was a no-parking zone.
우리는 차를 어디에 주차해야 하는지 정확히 몰랐습니다. 우리는 아파트 입구 근처에 차를 세워 두었습니다.
하지만 그곳은 주차금지 구역이었습니다.

We didn't know until our neighbors complained about it.
이웃들이 그것에 관해 항의할 때까지 우리는 몰랐습니다.

3 마무리

Fortunately, they accepted our apology, and we're on good terms now.
다행히 그들은 우리의 사과를 받아들였고 지금은 사이가 좋습니다.

아이디어 & 추가 표현!

I ran into an old friend of mine.
옛 친구를 마주쳤습니다.

I saw the most amazing sunset in the local park.
동네 공원에서 가장 멋있는 일몰을 봤습니다.

There was a huge music festival in the local park.
동네 공원에 아주 큰 뮤직 페스티벌이 있었습니다.

01_03_03.mp3

IM 공략 답변

1 배경/상황 **2 경험** **3 마무리**	[1] It was about a few years ago when my family and I moved to a new apartment. [2] We didn't know how to recycle, so we made a mistake. We put the recyclables near a neighbor's house. We didn't know until our neighbors complained about it. [3] Fortunately, they accepted our apology, and we're on good terms now. 몇 년 전 저희 가족과 제가 새로운 아파트로 이사했을 때였습니다. 우리는 분리수거를 어떻게 하는지 몰라서 실수를 저질렀습니다. 우리는 이웃집 근처에 재활용품을 놓았습니다. 이웃들이 그것에 관해 항의할 때까지 우리는 몰랐습니다. 다행히 그들은 우리의 사과를 받아들였고 지금은 사이가 좋습니다.

나만의 답변

1 배경/상황	
2 경험	
3 마무리	

TIP!

★ 동네에서 겪은 일에 대한 스토리를 다른 주제의 경험에 대한 답변으로 활용할 수도 있어요.

★ '재활용'(돌발 Unit 15) 주제에서 경험을 묻는 문제를 대비할 수 있는 스토리라인이에요.

자기평가

자신의 OPIc 레벨을 확인하세요! 질문에 대한 답변을 녹음한 후 어떤 답변과 가장 비슷한지 판단하고 약점을 보완하세요.

Q: Describe your neighborhood.

My neighborhood friendly. Nice kind and we meet.

완벽한 문장을 만들지 못하고 어휘도 헷갈렸나 봐요.

My neighborhood is nice. There is shopping mall, bank, subway, and bakery and park and... My neighborhood is quiet neighborhood.

간단한 문장을 만들 수는 있지만 어휘 및 문장 구조가 단순하게 반복돼요.

I live in a quiet neighborhood. There are many facilities such as... parks, cafés, transportation, and shopping malls.

말을 술술 하는 것 같지만 세부 사항이 약간 부족하고 접속사가 다양하지 않아요.

I live in the middle part of Seoul. My apartment is located near downtown, so it's quite noisy and crowded. But I like it because there are lots of places for my convenience. Plus, there's a small local park behind my house, and it's very quiet and peaceful since it's not a famous place. Overall, I love living in my town.

말을 이어 가려고 노력하고 있고 답변에 시작, 중간, 끝이 있어요!

※ 답변 샘플들은 간소화한 버전이며, 실제 시험에서는 더 많은 발화량이 요구됩니다.

Unit 04

집안일
Responsibilities at Home

'집안일' 주제는 원래 선택 주제였고 배경 설문조사에 있는 항목 중 하나였으나, 현재는 배경 설문조사에 포함되지 않는 돌발 주제입니다. 하지만 '거주지' 주제와 연계되어 자주 출제되므로 함께 대비하면 좋습니다.

브레인스토밍

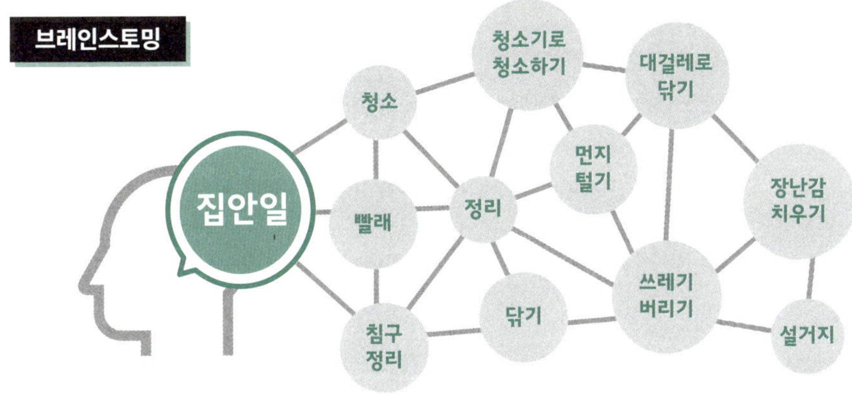

빈출 문제

Q1 What kind of chores do you usually do at home? Tell me about them in detail.

Q2 Tell me about the household chores you had to do as a child. What were they?

Q3 Have you ever put off chores? Why couldn't you do that? Tell me all the details.

Q1 What kind of chores do you usually do at home? Tell me about them in detail.

집에서 주로 어떤 집안일을 하나요? 자세히 말해 주세요.

스토리라인

1 서론　2 집안일①　3 집안일②　4 집안일③　5 마무리

답변 순서

1 서론

When I am at home, I do lots of chores. 저는 집에 있을 때 여러 가지 집안일을 합니다.

2 집안일①

First, I have to clean my room.
우선, 저는 제 방을 청소해야 합니다.

I vacuum the floor, tidy up the desk, and dust the windows and furniture.
바닥을 진공 청소기로 청소하고, 책상을 정리하고, 창문과 가구의 먼지를 텁니다.

I think I do the general cleaning once a week or so.
대청소는 일주일에 한 번 정도 하는 것 같습니다.

3 집안일②

And then, I help my mom do some other chores around the house.
그러고 나서 엄마가 하시는 다른 집안일들을 도와 드립니다.

I wash the dishes from time to time, which doesn't take long.
저는 때때로 설거지를 하는데, 그건 오래 걸리지 않습니다.

And also, I try to lend a hand whenever my mom has to do the laundry .
그리고 또한, 엄마가 빨래하실 때마다 도와 드리려고 노력합니다.

cook breakfast[dinner] 아침밥[저녁밥]을 요리하다　do grocery shopping 장을 보다
fold the laundry 빨래를 개다　water the plants 식물에 물을 주다

4 집안일③

I take out the garbage once a week. 저는 일주일에 한 번 쓰레기를 내다 버립니다.

It was actually my dad's responsibility, but he's quite busy these days, so I took over. 사실 그건 아빠가 맡으신 일이었는데, 요즘 꽤 바쁘시기 때문에 제가 맡았습니다.

5 마무리

I think sharing household chores is important.
집안일을 분담하는 것은 중요하다고 생각합니다.

01_04_01.mp3

IM 공략 답변

1 서론 **2 집안일①** [청소] **3 집안일②** [설거지/빨래] **4 집안일③** [쓰레기 버리기] **5 마무리**	[1] When I am at home, I do lots of chores. [2] First, I have to clean my room. I vacuum the floor, tidy up the desk, and dust the windows and furniture. I think I do the general cleaning once a week or so. [3] And then, I help my mom do some other chores around the house. I wash the dishes from time to time, which doesn't take long. And also, I try to lend a hand whenever my mom has to do the laundry. [4] I take out the garbage once a week. It was actually my dad's responsibility, but he's quite busy these days, so I took over. [5] I think sharing household chores is important. 저는 집에 있을 때 여러 가지 집안일을 합니다. 우선, 저는 제 방을 청소해야 합니다. 바닥을 진공 청소기로 청소하고, 책상을 정리하고, 창문과 가구의 먼지를 텁니다. 대청소는 일주일에 한 번 정도 하는 것 같습니다. 그러고 나서 엄마가 하시는 다른 집안일들을 도와 드립니다. 저는 때때로 설거지를 하는데, 그건 오래 걸리지 않습니다. 그리고 또한, 엄마가 빨래하실 때마다 도와 드리려고 노력합니다. 저는 일주일에 한 번 쓰레기를 내다 버립니다. 사실 그건 아빠가 맡으신 일이었는데, 요즘 꽤 바쁘시기 때문에 제가 맡았습니다. 집안일을 분담하는 것은 중요하다고 생각합니다.

나만의 답변

1 서론	
2 집안일①	
3 집안일②	
4 집안일③	
5 마무리	

TIP!

★ '가족들이 하는 집안일'에 대한 질문도 출제된 적이 있으므로 가사 분담에 관한 내용도 준비해 두세요.

★ '집안일'(Unit 4) 주제를 함께 준비해 두면 빈출 돌발 주제인 '집안일'에도 활용할 수 있어요!

Q2

Tell me about the household chores you had to do as a child. What were they?

어린 시절 해야 했던 집안일을 이야기해 보세요. 무엇이었나요?

스토리라인

1 서론 2 집안일① 3 집안일② 4 마무리

답변 순서

1 서론

As a child, I didn't have to do much.
저는 어린 시절에 집안일을 많이 할 필요 없었습니다.

However, there were some things that my mom had told me to do.
하지만, 엄마가 시키셨던 일이 몇 가지 있었습니다.

2 집안일①

First, I always had to make my bed. 일단, 제 침대를 항상 정리해야 했습니다.

My mom showed me how to do it, and it was my responsibility from then on.
엄마가 어떻게 하는지 보여 주셨고, 그 후로는 제가 해야 하는 일이었습니다.

So, I remember doing that first thing in the morning.
그래서 아침에 일어나면 가장 먼저 했던 기억이 납니다.

3 집안일②

Another thing I had to do was putting away the toys I played with.
제가 해야 했던 또 다른 일은 가지고 논 장난감을 치우는 것이었습니다.

I had one small box with all my toys.
제게는 장난감이 모두 들어 있는 작은 상자가 하나 있었습니다.

After I played with them, I had to put them back in the box.
그것들을 가지고 놀고 나서 다시 상자에 넣어야 했습니다.

4 마무리

That's all I remember for now. 지금 기억나는 것은 이것이 전부입니다.

아이디어 & 추가 표현!

I sometimes got in trouble for making a mess in my room with toys everywhere.
가끔 방 여기저기를 장난감으로 어지럽혀서 혼이 나기도 했습니다.

I guess I occasionally helped my mom with some other chores like folding the laundry or setting the table before dinner.
때때로 빨래를 개거나 저녁 식사 전에 상을 차리는 일과 같은 다른 집안일로 엄마를 도와 드렸던 것 같습니다.

I used to get some pocket money for that. 그 일로 약간의 용돈을 받곤 했습니다.

01_04_02.mp3

IM 공략 답변

1 서론 **2 집안일①** [이불 정리] **3 집안일②** [장난감 치우기] **4 마무리**	[1] As a child, I didn't have to do much. However, there were some things that my mom had told me to do. [2] First, I always had to make my bed. My mom showed me how to do it, and it was my responsibility from then on. So, I remember doing that first thing in the morning. [3] Another thing I had to do was putting away the toys I played with. I had one small box with all my toys. After I played with them, I had to put them back in the box. [4] That's all I remember for now. 저는 어린 시절에 집안일을 많이 할 필요 없었습니다. 하지만, 엄마가 시키셨던 일이 몇 가지 있었습니다. 일단, 제 침대를 항상 정리해야 했습니다. 엄마가 어떻게 하는지 보여 주셨고, 그 후로는 제가 해야 하는 일이었습니다. 그래서 아침에 일어나면 가장 먼저 했던 기억이 납니다. 제가 해야 했던 또 다른 일은 가지고 논 장난감을 치우는 것이었습니다. 제게는 장난감이 모두 들어 있는 작은 상자가 하나 있었습니다. 그것들을 가지고 놀고 나서 다시 상자에 넣어야 했습니다. 지금 기억나는 것은 이것이 전부입니다.

나만의 답변

1 서론	
2 집안일①	
3 집안일②	
4 마무리	

TIP!

★ 이미 앞 문제에서 언급한 '청소, 설거지, 빨래'를 제외한 내용을 준비하세요. 특히 어린 시절에 했을 법한 집안일로 내용을 구성하면 좋아요.

★ 과거의 일을 설명하기 때문에 동사의 시제에 오류가 발생하지 않도록 유의하세요.

★ 지난 일을 떠올리는 척 연기하면 좋습니다.

Q3

Have you ever put off chores? Why couldn't you do that? Tell me all the details.

집안일을 미룬 적이 있나요? 왜 할 수 없었나요? 자세히 말해 주세요.

스토리라인

1 배경/상황 2 경험 3 결말 4 마무리

답변 순서

1 배경/상황

A few years ago, my parents went on a month-long trip for their wedding anniversary.

몇 년 전에 부모님께서 결혼기념일을 맞이하여 한 달 간 여행을 가신 적이 있습니다.

2 경험

I was too busy with my schoolwork, so I just couldn't make time to wash the dishes or clean up the house.

저는 학업으로 너무 바빠서 집에서 설거지나 청소할 시간을 낼 수 없었습니다.

So, my house was a mess. 그래서 우리 집은 엉망이었습니다.

The bigger problem was I had invited my friends for dinner.

더 큰 문제는 제가 친구들을 저녁 식사에 초대한 것이었습니다.

3 결말

Fortunately, however, they came over and helped me out with the chores!

하지만 다행히도 그들이 우리 집에 와서 집안일 하는 것을 도와줬습니다!

4 마무리

After that, I never put off chores no matter what.

그 후로 저는 무슨 일이 있어도 집안일을 미루지 않습니다.

아이디어 & 추가 표현!

The dishes were piled up. 설거지가 쌓여 있었습니다.

All the trash cans were full. 모든 쓰레기통이 가득 찼습니다.

I had no clean socks to wear. 신을 양말이 없었습니다.

01_04_03.mp3

IM 공략 답변

1 배경/상황 **2 경험** **3 결말** **4 마무리**	[1] A few years ago, my parents went on a month-long trip for their wedding anniversary. [2] I was too busy with my schoolwork, so I just couldn't make time to wash the dishes or clean up the house. So, my house was a mess. The bigger problem was I had invited my friends for dinner. [3] Fortunately, however, they came over and helped me out with the chores! [4] After that, I never put off chores no matter what. 몇 년 전에 부모님께서 결혼기념일을 맞이하여 한 달 간 여행을 가신 적이 있습니다. 저는 학업으로 너무 바빠서 집에서 설거지나 청소할 시간을 낼 수 없었습니다. 그래서 우리 집은 엉망이었습니다. 더 큰 문제는 제가 친구들을 저녁 식사에 초대한 것이었습니다. 하지만 다행히도, 그들이 우리 집에 와서 집안일 하는 것을 도와줬습니다! 그 후로 저는 무슨 일이 있어도 집안일을 미루지 않습니다.

나만의 답변

1 배경/상황	
2 경험	
3 결말	
4 마무리	

TIP!

★ 과거의 일을 설명하기 때문에 동사의 시제에 오류가 발생하지 않도록 유의하세요.

★ 다소 생소한 질문이기 때문에 문제를 들을 때 주의해야 해요. 이런 질문들이 출제된다는 것을 알고만 있어도 질문을 알아듣는 데 도움이 됩니다.

자기평가

자신의 OPIc 레벨을 확인하세요! 질문에 대한 답변을 녹음한 후 어떤 답변과 가장 비슷한지 판단하고 약점을 보완하세요.

Q: What kind of responsibilities do your family members have in your house?

Clean... My room. I laundry. And...... my mom dishes.

완전한 문장의 형태가 아니라 단어들만 나열하네요. 또한, 중간에 말이 끊기고 오류 때문에 의도가 잘 전달되지 않아요.

I clean my room. My mom wash dishes. And my dad do laundry.

문장이 짧고 연결 없이 나열되네요. 구체적인 부연 설명이 없으며 인칭에 맞는 동사 사용이 힘든 단계예요.

Well... I clean my room. I do some vacuum and clean my desk and... I help my mom. She wash dishes and do laundry. My dad? Uh... my dad take out garbage.

말을 술술 하는 것 같으나 세부 사항이 약간 부족하고 접속사가 다양하지 않아요.
또한, 자잘하게 수 일치의 오류가 있어요.

Although I'm busy, I try to keep my room clean. I vacuum the floor, tidy up the desk, and dust the furniture. Also, I help my mom wash the dishes and do the laundry. What else... Oh, my dad is responsible for taking out the garbage.

접속사를 적극적으로 활용해요. 여러 단어로 이루어진 표현과 숙어를 적절하게 활용할 수 있네요.

※ 답변 샘플들은 간소화한 버전이며, 실제 시험에서는 더 많은 발화량이 요구됩니다.

Unit 05

영화 보기

Movie

Chapter 1 선택 주제

영화 보기는 주로 '집에서 보내는 휴가'에서 하는 활동이며, 친구들과 '약속'을 잡아서 하기도 하므로 다양한 주제들과 연계하여 준비하면 좋습니다.

브레인스토밍

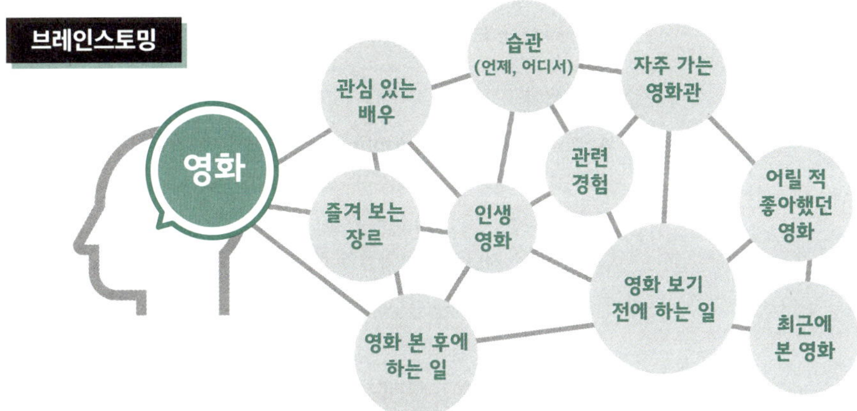

빈출 문제

Q1 You indicated in the survey that you like watching movies. What kind of movies do you like? Why do you like them?

Q2 Who's your favorite actor or actress? Why do you like him or her?

Q3 What do you usually do before and after the movie?

Q4 How has your taste in movies changed?

Q1

You indicated in the survey that you like watching movies. What kind of movies do you like? Why do you like them?

당신은 설문조사에서 영화 보는 것을 좋아한다고 했습니다. 어떤 영화를 좋아하나요? 왜 좋아하나요?

스토리라인

1 서론 2 부연 설명 3 예시 4 감정/느낌/의견

답변 순서

1 서론

My favorite kind of movies is action. 제가 제일 좋아하는 영화 장르는 액션입니다.

2 부연 설명

Action movies are exciting and fun.
액션 영화들은 신나고 재미있습니다.

I can relieve my stress when I watch them.
그것들을 보면 저는 스트레스가 풀립니다.

I can relate to the story. 이야기에 공감할 수 있습니다.
They lift my mood. 그것들은 제 기분을 좋게 만들어 줍니다.
It's a good way to relax. 휴식을 취하기 좋은 방법입니다.
These movies usually have incredible stunts.
이런 영화들은 주로 놀라운 고난이도 연기를 보여 줍니다.
They've got awesome soundtrack. 멋진 사운드트랙들을 가지고 있습니다.

3 예시

The most memorable movie was *Mission Impossible*.
가장 기억에 남는 영화는 <미션 임파서블>입니다.

I loved its special effects and scenes.
그 영화의 특수 효과와 장면들이 마음에 들었습니다.

All the actors were amazing. 모든 배우들이 멋있었습니다.
The storyline was simple and easy to understand. 내용이 단순하고 이해하기 쉬웠습니다.
It was a box office hit in Korea. 한국에서 히트작이었습니다.
I was fascinated by the beautiful music in the background.
아름다운 배경 음악에 푹 빠졌습니다.

4 감정/느낌/의견

So, I'm looking forward to a good action film.
그래서 저는 좋은 액션 영화를 보길 기대합니다.

아이디어 & 추가 표현!

fantasy 판타지 romantic comedy 로맨틱 코미디 drama 드라마
comedy 코미디 sci-fi movies 공상과학 영화 musical 뮤지컬 thriller 스릴러
horror movies 공포 영화 animated movies 애니메이션 blockbuster 대작
movies based on a real story 실화를 바탕으로 한 영화 documentary 다큐멘터리
film adaptations of books 책을 각색한 영화 movies with plot twists 반전이 있는 영화

Chapter 1 선택 주제

01_05_01.mp3

IM 공략 답변

1 서론 2 부연 설명 3 예시 4 감정/느낌/의견	[1] My favorite kind of movies is action. [2] Action movies are exciting and fun. I can relieve my stress when I watch them. [3] The most memorable movie was *Mission Impossible*. I loved its special effects and scenes. [4] So, I'm looking forward to a good action film. 제가 제일 좋아하는 영화 장르는 액션입니다. 액션 영화들은 신나고 재미있습니다. 그것들을 보면 저는 스트레스가 풀립니다. 가장 기억에 남는 영화는 <미션 임파서블>입니다. 그 영화의 특수 효과와 장면들이 마음에 들었습니다. 그래서 저는 좋은 액션 영화를 보길 기대합니다.

나만의 답변

1 서론	
2 부연 설명	
3 예시	
4 감정/느낌/의견	

TIP!

★ 장르를 말할 때는 genre보다 발음하기 쉬운 kind나 type을 써 주세요.
★ 예를 들 때는 유명한 작품을 말하는 게 좋아요. 듣는 사람에게 익숙한 내용일수록 전달력이 좋아져요.

Q2

Who's your favorite actor or actress? Why do you like him or her?

제일 좋아하는 배우는 누구인가요? 왜 그 배우를 좋아하나요?

스토리라인

1 배우 이름 2 부연 설명 3 감정/느낌/의견

답변 순서

1 배우 이름

I think Tom Cruise is one of the best actors.

저는 톰 크루즈가 최고의 배우 중 한 명이라고 생각합니다.

2 부연 설명

He starred in many box office hits like *Mission Impossible*.

그는 <미션 임파서블>과 같은 많은 흥행작에 출연했습니다.

His performance was excellent.

그의 연기는 훌륭했습니다.

I think it was a perfect fit for him. 그에게 딱 맞는 역할이었다고 생각합니다.

You can never go wrong with the movies he starred in.

그 배우가 출연한 영화는 절대 실패할 일이 없습니다.

His movies never disappoint me. 그의 영화는 저를 절대 실망시키지 않습니다.

He's in his late fifties, and he's very good-looking.

그는 지금 50대 후반이며 매우 잘생겼습니다.

He's also popular because of his friendly smile and deep voice.

그는 친근한 미소와 저음의 목소리로도 인기가 있습니다.

3 감정/느낌/의견

So, I'm looking forward to his next movie.

그래서, 그의 다음 영화가 기대됩니다.

아이디어 & 추가 표현!

He can play many different character types.

그는 다양한 캐릭터를 연기할 수 있습니다.

Last year, he visited Korea to promote his new movie.

작년에, 그는 새로운 영화를 홍보하러 한국을 방문했습니다.

01_05_02.mp3

IM 공략 답변

1 배우 이름 **2 부연 설명** [작품/연기/외모 등] **3 감정/느낌/의견**	[1] I think Tom Cruise is one of the best actors. [2] He starred in many box office hits like *Mission Impossible*. His performance was excellent. He's in his late fifties, and he's very good-looking. He's also popular because of his friendly smile and deep voice. [3] So, I'm looking forward to his next movie. 저는 톰 크루즈가 최고의 배우 중 한 명이라고 생각합니다. 그는 <미션 임파서블>과 같은 많은 흥행작에 출연했습니다. 그의 연기는 훌륭했습니다. 그는 지금 50대 후반이며, 매우 잘생겼습니다. 그는 친근한 미소와 저음의 목소리로도 인기가 있습니다. 그래서, 그의 다음 영화가 기대됩니다.

나만의 답변

1 배우 이름	
2 부연 설명	
3 감정/느낌/의견	

TIP!

★ 세계적으로 유명한 배우로 답변을 준비하는 것이 내용을 구성하고 전달하기 쉬워요.

★ 발음하기 쉬운 이름의 배우로 준비하세요. 한국에 방문했던 배우라면, 관련 내용으로 부연 설명을 덧붙일 수 있어요.

Q3

What do you usually do before and after the movie?

영화를 보기 전후에 주로 무엇을 하나요?

스토리라인

1 영화 보는 빈도 2 영화 보기 전 3 영화 본 후 4 마무리

답변 순서

1 영화 보는 빈도

I watch movies two or three times a month. 저는 한 달에 두세 번 영화를 봅니다.

2 영화 보기 전

First, I pick a movie after checking out the trailers.
일단, 예고편을 본 후에 영화를 고릅니다.

When I go to the theater, I usually buy some popcorn and soda before the movie. 극장에 가면 저는 보통 영화 시작 전에 팝콘과 탄산 음료를 삽니다.

pick them up at the kiosk 매표소에서 티켓을 받다 go to the bathroom 화장실에 가다
read leaflets about the movie 영화 전단지를 읽다 buy some coffee 커피를 사다
read online movie reviews 온라인 영화 리뷰를 읽다
check the seats on the seating layout 좌석배치도에서 자리를 확인하다

3 영화 본 후

After the movie, I usually go home, but sometimes I hang out with my friends at a café and talk about the movie .
영화가 끝난 후에 주로 집에 가지만, 가끔은 친구들과 함께 카페에서 영화에 대해 이야기하기도 합니다.

go to a restaurant with my friends 친구들과 식당에 가다
have a late dinner 늦은 저녁을 먹다

4 마무리

I guess this is a typical movie day. 이것이 영화를 보는 일반적인 하루입니다.

아이디어 & 추가 표현!

Before making a final decision, I tend to look at some reviews on the Internet.
결정을 내리기 전에, 인터넷에서 후기를 보는 편입니다.

I try not to read too much in case there are some spoilers in the movie reviews.
내용에 스포일러가 있을 경우를 대비해 영화 리뷰를 너무 많이 읽지 않으려고 합니다.

What I do afterwards depends on who I go with.
나중에 무엇을 할지는 제가 누구와 함께 갔는지에 따라 다릅니다.

01_05_03.mp3

IM 공략 답변

1 영화 보는 빈도 2 영화 보기 전 3 영화 본 후 4 마무리	[1] I watch movies two or three times a month. [2] First, I pick a movie after checking out the trailers. When I go to the theater, I usually buy some popcorn and soda before the movie. [3] After the movie, I usually go home, but sometimes I hang out with my friends at a café and talk about the movie. [4] I guess this is a typical movie day. 저는 한 달에 두세 번 영화를 봅니다. 일단, 예고편을 본 후에 영화를 고릅니다. 극장에 가면 저는 보통 영화 시작 전에 팝콘과 탄산 음료를 삽니다. 영화가 끝난 후에 주로 집에 가지만, 가끔은 친구들과 함께 카페에서 영화에 대해 이야기하기도 합니다. 이것이 영화를 보는 일반적인 하루입니다.

나만의 답변

1 영화 보는 빈도	
2 영화 보기 전	
3 영화 본 후	
4 마무리	

TIP!

★ 시간 순서대로 말할 때는 시간을 나타내는 접속사(first, and then, next, finally 등)을 활용하세요.

★ 이 답변은 '약속'(돌발 Unit 7) 주제에서 약속을 잡는 과정을 설명할 때 활용하기 좋습니다.

Q4

How has your taste in movies changed?

당신의 영화 취향이 어떻게 변했나요?

스토리라인

1 과거의 취향 2 현재의 취향 3 변화의 이유

답변 순서

1 과거의 취향

When I was a kid, I used to love animated movies.
어렸을 때 저는 만화영화를 좋아했습니다.

I remember watching animated movies after I finished my homework.
저는 숙제를 끝낸 후 만화영화를 봤던 것으로 기억합니다.

I loved all the characters in the movie.
영화의 모든 등장인물들이 마음에 들었습니다.

2 현재의 취향

Now, I prefer action films. They are more interesting and exciting.
지금은 액션 영화를 선호합니다. 그것들은 더 재미있고 신납니다.

They have incredible special effects. 놀라운 특수 효과들이 나옵니다.
They have more interesting plot lines. 더 흥미로운 줄거리로 구성됩니다.

3 변화의 이유

As for the reason of the change, I guess some of the animated movies are childish.
변화의 이유를 말하자면, 몇몇 만화영화들은 유치한 것 같기 때문입니다.

boring 지루한 monotonous 단조로운 uninteresting 재미없는 silly 바보 같은

아이디어 & 추가 표현!

I remember singing along to the soundtrack.
영화 노래를 따라 불렀던 것이 기억납니다.

I don't watch them as often as I did before.
예전만큼 자주 보지 않습니다.

01_05_04.mp3

IM 공략 답변

1 과거의 취향 **2 현재의 취향** **3 변화의 이유**	[1] When I was a kid, I used to love animated movies. I remember watching animated movies after I finished my homework. I loved all the characters in the movie. [2] Now, I prefer action films. They are more interesting and exciting. [3] As for the reason of the change, I guess some of the animated movies are childish. 어렸을 때 저는 만화영화를 좋아했습니다. 저는 숙제를 끝낸 후 만화영화를 봤던 것으로 기억합니다. 영화의 모든 등장인물들이 마음에 들었습니다. 지금은 액션 영화를 선호합니다. 그것들은 더 재미있고 신납니다. 변화의 이유를 말하자면, 몇몇 만화영화들은 유치한 것 같기 때문입니다.

나만의 답변

1 과거의 취향	
2 현재의 취향	
3 변화의 이유	

TIP!

★ 어릴 적 좋아했던 장르와 현재 좋아하는 장르가 크게 다르지 않다고 답변하면, 길고 자세하게 말하기 힘들 수도 있습니다. 과거와 현재 좋아하는 장르를 따로 정하여 답변을 만들어 두세요.

자기평가

자신의 OPIc 레벨을 확인하세요! 질문에 대한 답변을 녹음한 후 어떤 답변과 가장 비슷한지 판단하고 약점을 보완하세요.

Q: What kind of movies do you like?

I like action movies. fun. My favorite *Avengers*.

완벽한 문장을 만들지 못하고 말투도 딱딱하게 느껴져요. 문장을 만드는 속도가 느리네요.

I like all kind of action movie. Action movies are exciting. My favorite movie is *Avengers*.

수 일치/어순 등의 자잘한 오류가 많고, 짤막한 문장들로 말이 계속 끊겨요.

I like all kinds of action movies. They are exciting and fun. My all-time favorite is *Avengers*. It is popular in Korea.

말을 술술 잘하는 것 같지만 자잘한 오류나 시제 오류가 들리네요.

Actually... I like all kinds of action movies. They are exciting, fun, and help me get rid of stress. Let's see… my all-time favorite would be *Avengers*. It was a huge box office hit in Korea.

말을 이어 가려고 노력하고 있고 시제 오류도 없네요!

※ 답변 샘플들은 간소화한 버전이며, 실제 시험에서는 더 많은 발화량이 요구됩니다.

Unit 06

공연/콘서트 보기

Play/ Concert

여가 활동 주제에서 '공연 보기'와 '콘서트 보기' 항목은 같이 준비하는 것이 편합니다. 실제로 관심 있는 분야라면 이 주제의 빈출 문제 위주로 학습하는 것이 좋습니다.

브레인스토밍

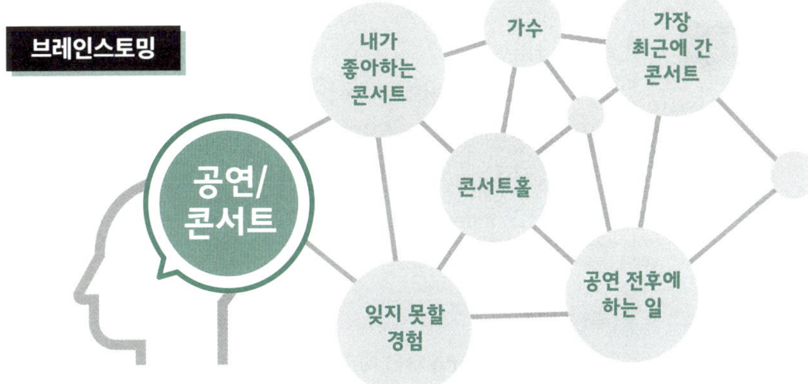

빈출 문제

Q1 You indicated in the survey that you enjoy seeing a performance. What kind of performance do you like?

Q2 What do you usually do before and after a concert? Tell me about a typical concert day.

Q3 Tell me about the last time you went to a concert. When was it? Where did you go? Who did you go with?

Q4 Please tell me about the most memorable or impressive concert you have been to. What was so special about the concert? Please describe it in detail.

Q1

You indicated in the survey that you enjoy seeing a performance. What kind of performance do you like?

당신은 설문조사에서 공연을 보는 것을 즐긴다고 했습니다. 어떤 공연을 좋아하나요?

스토리라인

1 서론 2 부연 설명 3 예시 4 마무리

답변 순서

1 서론

I love watching all kinds of performances and concerts, including musicals.

저는 뮤지컬을 포함한 모든 종류의 공연과 콘서트를 보는 것을 아주 좋아합니다.

I prefer musicals, actually. 저는 사실 뮤지컬을 선호합니다.

I go to a concert or a musical once or twice a month with my friends.

저는 친구들과 함께 한 달에 한두 번 콘서트나 뮤지컬을 보러 갑니다.

2 부연 설명

They are exciting and fun. 그것들은 신나고 재미있습니다.

I can relieve my stress when I watch them. 그것들을 보면 저는 스트레스가 풀립니다.

It's a great chance to see my favorite singers live on stage.

제가 좋아하는 가수들을 무대에서 라이브로 볼 수 있는 좋은 기회입니다.

3 예시

The most memorable musical was *The Phantom of the Opera*.

가장 기억에 남는 뮤지컬은 <오페라의 유령>입니다.

The performance was excellent, and the music was amazing.

배우들의 연기는 훌륭했고 음악도 굉장했습니다.

4 마무리

So, whenever a new musical is released, I look forward to it.

그래서 새 뮤지컬이 나올 때마다 저는 그것을 고대합니다.

아이디어 & 추가 표현!

I can never forget *Cats* in Korea. 저는 <캣츠>의 내한 공연을 절대 잊을 수 없습니다.

It was just what I needed to get refreshed. 기분 전환을 위해 딱 필요했던 것이었습니다.

One of my favorite actors played one small but important role in the play.

제가 좋아하는 배우들 중 한 명이 그 연극에서 작지만 중요한 역할을 맡았습니다.

01_06_01.mp3

IM 공략 답변

1 서론 2 부연 설명 3 예시 4 마무리	[1] I love watching all kinds of performances and concerts, including musicals. [2] They are exciting and fun. I can relieve my stress when I watch them. [3] The most memorable musical was *The Phantom of the Opera*. The performance was excellent, and the music was amazing. [4] So, whenever a new musical is released, I look forward to it. 저는 뮤지컬을 포함한 모든 종류의 공연과 콘서트를 보는 것을 아주 좋아합니다. 그것들은 신나고 재미있습니다. 그것들을 보면 저는 스트레스가 풀립니다. 가장 기억에 남는 뮤지컬은 <오페라의 유령>입니다. 배우들의 연기는 훌륭했고 음악도 굉장했습니다. 그래서 새 뮤지컬이 나올 때마다 저는 그것을 고대합니다.

나만의 답변

1 서론	
2 부연 설명	
3 예시	
4 마무리	

TIP!

★ 전 세계적으로 유명한 공연이나 가수의 콘서트를 말하는 게 유리해요. 듣는 사람에게 익숙한 내용일수록 전달력이 좋아져요.

★ '영화, 음악, 공연, 콘서트 등' 문화 생활에 관한 주제의 부연 설명을 한번에 준비할 수 있어요.

Q2

What do you usually do before and after a concert? Tell me about a typical concert day.

콘서트 관람 전후에 주로 무엇을 하나요? 콘서트를 보러 가는 일반적인 하루에 대해 말해 주세요.

스토리라인

1 공연 보는 빈도　2 공연 보기 전　3 공연 본 후　4 마무리

답변 순서

1 공연 보는 빈도

I go to concerts two or three times a month.

저는 한 달에 두세 번 콘서트에 갑니다.

once a week 일주일에 한 번　twice a year 일 년에 두 번
whenever I have spare time 여유 시간이 날 때마다

2 공연 보기 전

First, I check out some reviews on the Internet.

일단, 인터넷으로 후기들을 확인합니다.

And then, I book the tickets and pick them up at the concert hall.

그 다음에 표를 예매하고 콘서트홀에 가서 받습니다.

3 공연 본 후

After the concert, I usually go home, but sometimes I hang out with my friends at a café and grab a bite.

콘서트가 끝난 후에 주로 집에 가지만, 때때로 카페에서 친구들과 놀면서 간단히 음식을 먹습니다.

4 마무리

I guess this is a typical concert day for me.

이것이 제가 콘서트를 보러 가는 일반적인 하루입니다.

아이디어 & 추가 표현!

I tend to prefer to go to concerts on the weekend.
저는 주말에 콘서트 보는 것을 선호하는 편입니다.

I make sure to turn off our phones during the concert.
저는 콘서트 중에 반드시 휴대폰을 꺼 둡니다.

I prefer seats in the front row because I can see the stage up close.
무대를 가까이에서 볼 수 있기 때문에 저는 앞줄의 자리를 선호합니다.

01_06_02.mp3

IM 공략 답변

1 공연 보는 빈도 **2 공연 보기 전** **3 공연 본 후** **4 마무리**	[1] I go to concerts two or three times a month. [2] First, I check out some reviews on the Internet. And then, I book the tickets and pick them up at the concert hall. [3] After the concert, I usually go home, but sometimes I hang out with my friends at a café and grab a bite. [4] I guess this is a typical concert day for me. 저는 한 달에 두세 번 콘서트에 갑니다. 일단, 인터넷으로 후기들을 확인합니다. 그 다음에 표를 예매하고 콘서트홀에 가서 받습니다. 콘서트가 끝난 후에 주로 집에 가지만, 때때로 카페에서 친구들과 놀면서 간단히 음식을 먹습니다. 이것이 제가 콘서트를 보러 가는 일반적인 하루입니다.

나만의 답변

1 공연 보는 빈도	
2 공연 보기 전	
3 공연 본 후	
4 마무리	

TIP!

★ 앞서 배운 '영화 보기'(Unit 5) 문장을 활용해서 '공연/콘서트 보기'에 해당하는 나만의 답변을 만들어 보세요.

Q3

Tell me about the last time you went to a concert. When was it? Where did you go? Who did you go with?

마지막으로 콘서트에 갔던 때에 대해 말해 주세요. 언제였나요? 어디로 갔나요? 누구와 갔나요?

스토리라인

1 언제/어디서/누구와/무엇을　2 어땠는지　3 마무리

답변 순서

1 언제/어디서/누구와/무엇을

I went to a music festival last summer .

저는 지난여름에 뮤직 페스티벌에 갔습니다.

a concert with my best friend two months ago 2달 전에 친한 친구와 콘서트에
a performance of live music with my family 가족과 라이브 음악 공연에

It took place at Haeundae Beach in Busan .

그것은 부산의 해운대 해수욕장에서 열렸습니다.

at the town square 마을 광장에서　at a concert hall 콘서트홀에서
at Olympic Stadium 올림픽 경기장에서　at an outdoor stage 야외 무대에서

2 어땠는지

Lots of popular musicians and performers sang their hearts out.
많은 인기 뮤지션들과 공연자들이 열창했습니다.

The place was crowded with people excited about the show.
그 장소는 공연에 열광하는 사람들로 가득 찼습니다.

I also sang along to the songs and enjoyed the event.
저도 노래를 따라 불렀고 행사를 즐겼습니다.

I almost lost my voice!
저는 목소리가 거의 나오지 않았습니다!

3 마무리

It was one of the best and most exciting moments of my life.
제 인생에서 최고이자 가장 신났던 순간 중 하나였습니다.

아이디어 & 추가 표현!

The energy of the audience at the concert was unbelievable.
콘서트 관객들의 에너지는 믿을 수 없을 정도였습니다.

We were fascinated by their electrifying performance.
우리는 전율을 느끼게 하는 공연에 빠져들었습니다.

To be honest, I was disappointed because the song didn't meet my expectations.
솔직히 말하자면, 기대에 못 미치는 노래에 실망했습니다

01_06_03.mp3

IM 공략 답변

1 언제/어디서/누구와/무엇을 **2 어땠는지** **3 마무리**	[1] I went to a music festival last summer. It took place at Haeundae Beach in Busan. [2] Lots of popular musicians and performers sang their hearts out. The place was crowded with people excited about the show. I also sang along to the songs and enjoyed the event. I almost lost my voice! [3] It was one of the best and most exciting moments of my life. 저는 지난여름에 뮤직 페스티벌에 갔습니다. 그것은 부산의 해운대 해수욕장에서 열렸습니다. 많은 인기 뮤지션들과 공연자들이 열창했습니다. 그 장소는 공연에 열광하는 사람들로 가득 찼습니다. 저도 노래를 따라 불렀고 행사를 즐겼습니다. 저는 목소리가 거의 나오지 않았습니다! 제 인생에서 최고이자 가장 신났던 순간 중 하나였습니다.

나만의 답변

1 언제/어디서/누구와/무엇을	
2 어땠는지	
3 마무리	

TIP!

★ '공연/콘서트 보기' 주제뿐만 아니라, '공원 가기'나 '해변 가기'(선택 Unit 7, 8) 주제에서도 활용할 수 있는 답안 구성입니다. 더 나아가 '지리/야외 활동'(돌발 Unit 14) 주제에서도 사용할 수 있어요.

Q4

Please tell me about the most memorable or impressive concert you have been to. What was so special about the concert? Please describe it in detail.

당신이 갔던 가장 기억에 남거나 인상 깊었던 콘서트에 대해서 말해 주세요. 콘서트의 무엇이 특별했나요? 자세히 묘사해 주세요.

스토리라인

1 언제/누구와　2 좋았던 이유　3 마무리

답변 순서

1 언제/누구와

I went to a musical concert a few years ago with my family.

몇 년 전에 가족과 함께 뮤지컬 콘서트에 갔습니다.

2 좋았던 이유

Most of the singers sang songs from famous musicals like *Cats* and *The Lion King*.

대부분의 가수들이 <캣츠>와 <라이언킹>과 같은 유명한 뮤지컬 노래들을 불렀습니다.

Because I knew most of the words of the songs, I had a lot of fun singing along with them.

저는 대부분의 노래 가사를 알고 있었기 때문에 따라 부르는 것이 재미있었습니다.

3 마무리

And at the end of the show, they let people take photos with the performers, which was awesome!

공연이 끝났을 때 공연자들과 사진을 찍을 수 있게 해 주었는데 정말 좋았습니다!

아이디어 & 추가 표현!

Their live performance was one of a kind.

그들의 라이브 공연은 독보적이었습니다.

I even loved all the guest performances.

심지어 게스트의 모든 공연들도 아주 좋았습니다.

My favorite singer impressed the whole audience with his perfect high notes.

제가 가장 좋아하는 가수는 완벽한 고음으로 모든 관객들을 감탄하게 했습니다.

01_06_04.mp3

IM 공략 답변

1 언제/누구와 **2 좋았던 이유** **3 마무리**	[1] I went to a musical concert a few years ago with my family. [2] Most of the singers sang songs from famous musicals like *Cats* and *The Lion King*. Because I knew most of the words of the songs, I had a lot of fun singing along with them. [3] And at the end of the show, they let people take photos with the performers, which was awesome! 몇 년 전에 가족과 함께 뮤지컬 콘서트에 갔습니다. 대부분의 가수들이 <캣츠>와 <라이언킹>과 같은 유명한 뮤지컬 노래들을 불렀습니다. 저는 대부분의 노래 가사를 알고 있었기 때문에 따라 부르는 것이 재미있었습니다. 공연이 끝났을 때 공연자들과 사진을 찍을 수 있게 해 주었는데 정말 좋았습니다!

나만의 답변

1 언제/누구와	
2 좋았던 이유	
3 마무리	

TIP!

★ 경험을 말할 때는 감정 표현을 최대한 많이 하세요.

★ 기계로 녹음된 목소리는 실제 목소리보다 더 가라앉은 목소리로 들리므로, 약간 과장해서 말해야 유리해요.

Chapter 1 선택 주제

자기평가

자신의 OPIc 레벨을 확인하세요! 질문에 대한 답변을 녹음한 후 어떤 답변과 가장 비슷한지 판단하고 약점을 보완하세요.

Q: When was the last time you went to a concert?

I concert... before... six months.

완벽한 문장을 만들지 못하고 말투도 딱딱하게 느껴져요. 한 문장을 만드는 속도가 느리네요.

Two months before, I go to the concert. 성시경 concert. Concert was good.

수 일치/어순 등의 자잘한 오류가 많고, 짤막한 문장들로 말이 계속 끊겨요. 억양도 별로 없어서 감정 전달이 잘 안 되는 것 같아요.

Last time I went is last month. Last month, I went to musical gala concert at a park. I go with my friends. There are many people enjoying wonderful performances. It was a lot of fun.

말을 술술 잘하는 것 같지만 자잘한 오류나 시제 오류가 들리네요.

I went to a musical concert last month with my friends. It was held at a park, so it was an outdoor concert, which I like. I saw so many singers and enjoyed the live gigs. So, I had a lot of fun there, and I think I'll remember this concert for a very long time.

말을 이어 가려고 노력하고 있고 시제 오류도 없네요!

※ 답변 샘플들은 간소화한 버전이며, 실제 시험에서는 더 많은 발화량이 요구됩니다.

Unit 07

공원 가기
Park

Chapter 1 선택 주제

'공원'은 야외 활동과 관련된 모든 오픽 주제들과 연계하여 준비할 수 있습니다. '해변 가기' 주제와 함께 연습할 수 있고, '날씨' 혹은 '지리'와 같은 돌발 주제에서도 활용할 수 있습니다. 따라서 다양한 내용으로 준비해 두면 실전에서 활용하기 좋습니다.

브레인스토밍

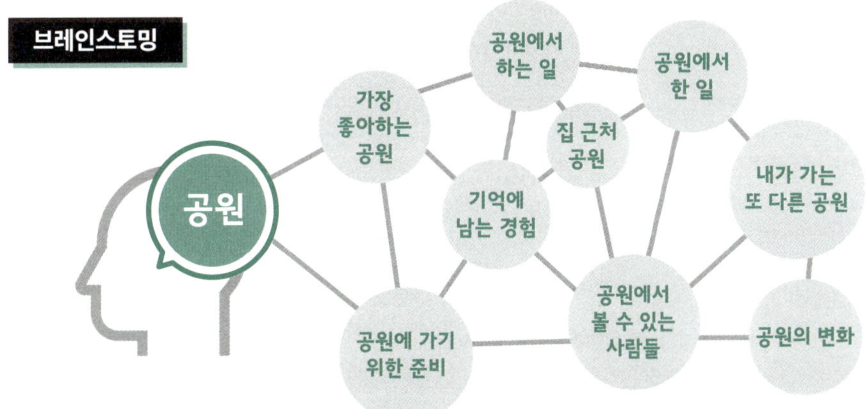

빈출 문제

Q1 **You indicated in the survey that you like going to parks. What kind of parks do you like? What do they look like? Describe your favorite park in detail.**

Q2 **What do you usually do at the park? How often do you go? Tell me about the routine of a typical day at the park.**

Q3 **Tell me about an interesting experience you've had at the park. What happened? Tell me all the details.**

Q4 **Tell me about the last time you went to the park. What did you do?**

Q1

You indicated in the survey that you like going to parks. What kind of parks do you like? What do they look like? Describe your favorite park in detail.

당신은 설문조사에서 공원에 가는 것을 좋아한다고 했습니다. 어떤 공원을 좋아하나요? 어떻게 생겼나요? 가장 좋아하는 공원에 대해서 자세히 묘사해 주세요.

스토리라인

1 이름/위치　2 분위기　3 상세 묘사　4 감정/느낌/의견

답변 순서

1 이름/위치

I often go to Han River Park. 저는 한강 공원에 자주 갑니다.

It's located near my house. 그곳은 저의 집 근처에 있습니다.

It's not that far from my house. 그곳은 저의 집에서 그리 멀지 않습니다.
It's close to the downtown area. 그곳은 번화가 근처에 있습니다.
It takes ten minutes on foot. 그곳까지 걸어서 10분 걸립니다.

2 분위기

This park is very big, quiet, and beautiful. 이 공원은 굉장히 크고 조용하며 아름답습니다.

huge and crowded 크고 붐비는　small and peaceful 작고 평화로운

3 상세 묘사

There are a lot of facilities like a bicycle path, jogging tracks and exercise equipment.

그곳에는 자전거 전용 도로, 조깅 트랙 그리고 운동 기구 같은 여러 가지 시설들이 있습니다.

You can find lots of benches for people.
사람들을 위해 마련된 많은 벤치를 볼 수 있습니다.
It even has a convenience store and a café so people can grab a bite.
그곳에는 심지어 편의점과 카페가 있어서 사람들은 간단히 음식을 먹을 수 있습니다.

4 감정/느낌/의견

I think it's a great place to get some fresh air.

저는 그곳이 바람 쐬기 좋은 장소라고 생각합니다.

아이디어 & 추가 표현!

They have a river cruise, which seems to be extremely popular.
그곳에는 강 유람선이 있는데 엄청 인기 있는 것 같습니다.

You can sometimes enjoy some live music if you're lucky!
운이 좋으면 때때로 라이브 음악을 즐길 수 있습니다!

01_07_01.mp3

IM 공략 답변

1 이름/위치 2 분위기 3 상세 묘사 [시설] 4 감정/느낌/의견	[1] I often go to Han River Park. It's located near my house. [2] This park is very big, quiet, and beautiful. [3] There are a lot of facilities like a bicycle path, jogging tracks and exercise equipment. [4] I think it's a great place to get some fresh air. 저는 한강 공원에 자주 갑니다. 그곳은 저의 집 근처에 있습니다. 이 공원은 굉장히 크고 조용하며 아름답습니다. 그곳에는 자전거 전용 도로, 조깅 트랙 그리고 운동 기구 같은 여러 가지 시설들이 있습니다. 저는 그곳이 바람 쐬기 좋은 장소라고 생각합니다.

나만의 답변

1 이름/위치	
2 분위기	
3 상세 묘사	
4 감정/느낌/의견	

TIP!

★ 유형이 '묘사하기'에 속하므로 다양한 형용사를 써 주세요. 되도록이면 같은 단어가 반복되지 않도록 어휘력을 늘려 두세요.

Q2

What do you usually do at the park? How often do you go? Tell me about the routine of a typical day at the park.

공원에 가서 주로 무엇을 하나요? 얼마나 자주 가나요? 공원에서 보내는 일반적인 하루에 대해 말해 주세요.

스토리라인

1 공원에 가는 빈도　2 공원 가는 준비　3 공원에서 하는 일　4 마무리

답변 순서

1 공원에 가는 빈도

I think I go to Han River Park about twice a week.

저는 일주일에 두 번 정도 한강 공원에 갑니다.

2 공원 가는 준비

I take some water and my phone to the park.

저는 물과 휴대폰을 들고 공원에 갑니다.

3 공원에서 하는 일

First, I go for a jog along the river.

먼저, 강가를 따라 조깅을 합니다.

After about an hour, I take a break on a bench while listening to music.

한 시간 정도 후에, 음악을 들으며 벤치에서 휴식을 취합니다.

Next, I jog some more or come home to take a shower.

그 다음에는 조금 더 뛰거나 집으로 돌아가 샤워합니다.

4 마무리

This is my typical day at the park.

이것이 제가 공원에서 보내는 일반적인 하루입니다.

아이디어 & 추가 표현!

I enjoy the beautiful night view. It is especially beautiful in the evenings because of the lights from bridges and buildings.

저는 아름다운 야경을 즐깁니다. 저녁에는 다리들과 건물들에서 나오는 불빛으로 인해 특히 아름답습니다.

What I do depends. Sometimes, I hang out with my friends at a small café nearby, and other times, I just enjoy some alone time.

제가 무엇을 하는지는 매번 다릅니다. 가끔은 친구들과 근처의 작은 카페에서 놀기도 하고, 또 어떤 때는 그냥 혼자만의 시간을 즐기기도 합니다.

01_07_02.mp3

IM 공략 답변

1 공원에 가는 빈도 2 공원 가는 준비 3 공원에서 하는 일 4 마무리	[1] I think I go to Han River Park about twice a week. [2] I take some water and my phone to the park. [3] First, I go for a jog along the river. After about an hour, I take a break on a bench while listening to music. Next, I jog some more or come home to take a shower. [4] This is my typical day at the park. 저는 일주일에 두 번 정도 한강 공원에 갑니다. 저는 물과 휴대폰을 들고 공원에 갑니다. 먼저, 강가를 따라 조깅을 합니다. 한 시간 정도 후에, 음악을 들으며 벤치에서 휴식을 취합니다. 그 다음에는 조금 더 뛰거나 집으로 돌아가 샤워합니다. 이것이 제가 공원에서 보내는 일반적인 하루입니다.

나만의 답변

1 공원에 가는 빈도	
2 공원 가는 준비	
3 공원에서 하는 일	
4 마무리	

TIP!

★ 질문에 From beginning to end, typical day 또는 routine이라는 표현이 들어갔다면, 시간 순서를 나타내는 접속사(first, and then, next, finally 등)을 써서 답변하는 것이 좋아요.

Q3

Tell me about an interesting experience you've had at the park. What happened? Tell me all the details.

공원에서 겪은 흥미로운 경험에 대해 말해 주세요. 무슨 일이 있었나요? 자세히 말해 주세요.

스토리라인

1 배경/상황 2 경험 3 결말 4 마무리

답변 순서

1 배경/상황

A few months ago, I went to the park to go jogging.
몇 달 전, 저는 조깅하러 공원에 갔습니다.

2 경험

After jogging for about 20 minutes, I wanted to buy some water.
20분 정도 조깅을 하고 나자, 물을 사고 싶었습니다.

So, I went to the convenience store nearby.
그래서 저는 근처 편의점에 갔습니다.

When I got there, I realized my wallet was missing!
그곳에 도착했을 때, 저의 지갑이 없어졌다는 것을 깨달았습니다!

I panicked, and my mind went blank.
당황해서 아무 생각도 나지 않았습니다.

3 결말

I rushed outside and ran around the whole park, but I couldn't find it.
저는 서둘러 밖에 나가서 공원 전체를 뛰어다녔으나, 그것을 찾을 수 없었습니다.

4 마무리

It was so frustrating!
너무 좌절스러웠습니다!

Since then, I never take my wallet when I go jogging.
그 이후로는 조깅할 때 절대 지갑을 가지고 가지 않습니다.

아이디어 & 추가 표현!

I was sure I had put it in my back pocket, but it was gone!
뒷주머니에 확실히 넣었는데, 없었습니다!

I had to report the loss of it at the nearest police station.
가장 가까운 경찰서에서 분실 신고를 해야 했습니다.

After searching a bit more, I had no choice but to go home.
조금 더 찾아본 후에 집에 돌아올 수 밖에 없었습니다.

01_07_03.mp3

IM 공략 답변

1 배경/상황 [언제/어디에서] **2 경험** **3 결말** **4 마무리**	[1] A few months ago, I went to the park to go jogging. [2] After jogging for about 20 minutes, I wanted to buy some water. So, I went to the convenience store nearby. When I got there, I realized my wallet was missing! I panicked, and my mind went blank. [3] I rushed outside and ran around the whole park, but I couldn't find it. [4] It was so frustrating! Since then, I never take my wallet when I go jogging. 몇 달 전, 저는 조깅하러 공원에 갔습니다. 20분 정도 조깅을 하고 나자, 물을 사고 싶었습니다. 그래서 저는 근처 편의점에 갔습니다. 그곳에 도착했을 때, 저의 지갑이 없어졌다는 것을 깨달았습니다! 당황해서 아무 생각도 나지 않았습니다. 저는 서둘러 밖에 나가서 공원 전체를 뛰어다녔으나, 그것을 찾을 수 없었습니다. 너무 좌절스러웠습니다! 그 이후로는 조깅할 때 절대 지갑을 가지고 가지 않습니다.

나만의 답변

1 배경/상황	
2 경험	
3 결말	
4 마무리	

TIP!

★ 꼭 지갑이 아니더라도 무언가를 분실하는 경험은 꽤 흔합니다. 물건을 분실하는 상황은 장소에 구애받지 않기 때문에 대부분의 주제에서 활용될 수 있으니 준비해 두세요.

★ '당황스러운'이라는 뜻의 embarrassing은 창피할 때 사용하는 단어입니다. 지갑을 분실한 상황과 어울리지 않아요.

Q4

Tell me about the last time you went to the park. What did you do?
마지막으로 공원에 갔을 때에 대해서 말해 주세요. 무엇을 했나요?

스토리라인

1 언제/누구와 **2 무엇을** **3 마무리**

답변 순서

1 언제/누구와

I went to Han River Park last week with my family.
저는 지난주에 가족과 함께 한강 공원에 갔습니다.

It was Sunday, so there were a lot of people there.
일요일이라서 사람들이 많았습니다.

2 무엇을

Anyway, first, we rode a bike as usual along the river.
어쨌든, 일단 평소처럼 강가를 따라 자전거를 탔습니다.

ran 달렸다 drove 운전했다 took a stroll 산책했다

It was so refreshing! 매우 상쾌했습니다!

And, after about an hour, we took a short break on a bench while chatting about our daily lives.
그리고 한 시간 정도 후에, 벤치에서 일상에 대해 담소를 나누며 잠깐 휴식을 취했습니다.

looking at the peaceful view 평화로운 경치를 보면서
eating some sandwiches 샌드위치를 먹으면서
watching an outdoor performance 야외 공연을 보면서
watching people passing by 지나가는 사람들을 보면서

The night view of the river with bridges was beautiful.
다리가 있는 강의 야경은 아름다웠습니다.

And then, we took a walk along the path. 그 다음에, 길을 따라 산책했습니다.

3 마무리

Finally, we headed home. 마지막으로, 우리는 집으로 향했습니다.

아이디어 & 추가 표현!

I got to enjoy some live music there!
그곳에서 라이브 음악을 즐길 수 있었습니다!

I was able to recharge my batteries.
저는 재충전할 수 있었습니다.

01_07_04.mp3

IM 공략 답변

1 언제/누구와 2 무엇을 3 마무리	[1] I went to Han River Park last week with my family. It was Sunday, so there were a lot of people there. [2] Anyway, first, we rode a bike as usual along the river. It was so refreshing! And, after about an hour, we took a short break on a bench while chatting about our daily lives. The night view of the river with bridges was beautiful. And then, we took a walk along the path. [3] Finally, we headed home. 저는 지난주에 가족과 함께 한강 공원에 갔습니다. 일요일이라서 사람들이 많았습니다. 어쨌든, 일단 평소처럼 강가를 따라 자전거를 탔습니다. 매우 상쾌했습니다! 그리고 한 시간 정도 후에, 벤치에서 일상에 대해 담소를 나누며 잠깐 휴식을 취했습니다. 다리가 있는 강의 야경은 아름다웠습니다. 그 다음에, 길을 따라 산책했습니다. 마지막으로, 우리는 집으로 향했습니다.

나만의 답변

1 언제/누구와	
2 무엇을	
3 마무리	

TIP!

★ 여러 가지 행동을 나열할 때 항목별로 나눠서 정리하면 좋아요. 공원에서 하는 일을 주중과 주말로 나눠서 말하면 세부 사항을 더 풍부하게 말할 수 있어요.

자기평가

자신의 OPIc 레벨을 확인하세요! 질문에 대한 답변을 녹음한 후 어떤 답변과 가장 비슷한지 판단하고 약점을 보완하세요.

Q: What's your favorite park?

I like Han River Park. Han River very beautiful. Uh…Ride a bike.

완벽한 문장을 만들지 못하고 말투도 딱딱하게 느껴져요. 한 문장을 만드는 속도가 느리네요.

I like Han River Park the most. It's beautiful and quiet. It have many facility.

수 일치/어순 등의 자잘한 오류가 많고, 짤막한 문장들로 말이 계속 끊겨요.

My favorite park is Han River Park. It's a nice place, a very beautiful place and very, very popular. You can see many facilities for example, jogging tracks, bike path, cafés, convenience store.

말을 술술 잘하는 것 같지만 자잘한 오류가 있고 Advanced 등급에는 살짝 못 미치는 부분이 있네요.

I guess I often visit Han River Park, which is near my house. It's a beautiful place with green grass. It's got lots of facilities like riverside bike path and pretty little cafés. Personally, it makes a great place to spend a relaxing afternoon.

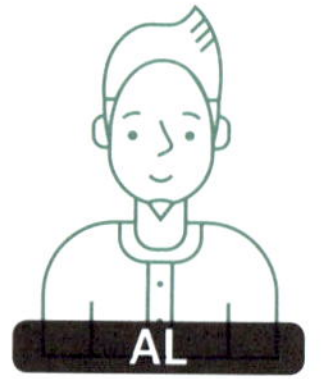

말을 이어 가려고 노력하고 있고 세부 사항이 풍부하네요!

※ 답변 샘플들은 간소화한 버전이며, 실제 시험에서는 더 많은 발화량이 요구됩니다.

Unit 08

해변 가기

Beach

대표적인 야외 및 여행 장소인 '해변'은 야외 활동과 관련된 모든 주제들과 연계하여 준비할 수 있습니다. 예를 들면 '공원 가기' 주제를 준비할 때 함께 연습할 수 있고, '날씨' 혹은 '지리'와 같은 돌발 주제에서도 활용하여 준비할 수 있습니다.

브레인스토밍

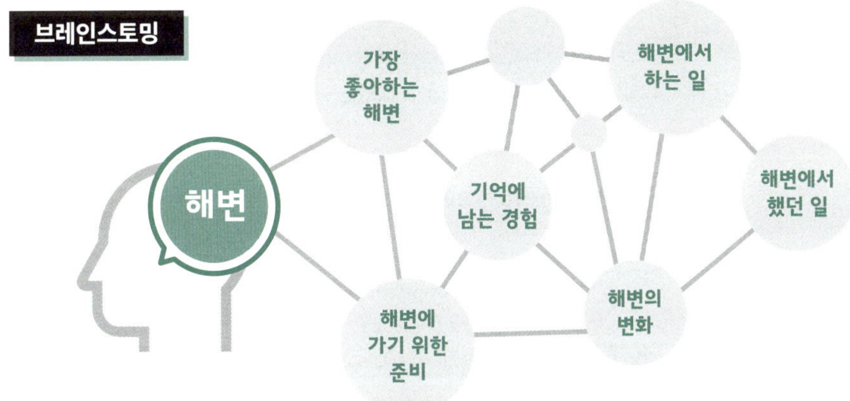

빈출 문제

Q1 You indicated in the survey that you like going to the beach. What kind of beach do you like? What does it look like? Describe your favorite beach in detail.

Q2 What kind of activities do you enjoy at the beach? Do you go swimming? Or sunbathe? What do you usually take when you go to the beach? Tell me everything in detail.

Q3 Tell me about an interesting experience you had at a beach as a child. What happened? Tell me all the details.

Q4 Tell me about the last time you went to the beach. What did you do?

Q1

You indicated in the survey that you like going to the beach. What kind of beach do you like? What does it look like? Describe your favorite beach in detail.

당신은 설문조사에서 해변에 가는 것을 좋아한다고 했습니다. 어떤 해변을 좋아하나요? 어떻게 생겼나요? 가장 좋아하는 해변에 대해서 자세히 묘사해 주세요.

스토리라인

1 이름/위치 2 분위기 3 상세 묘사 4 감정/느낌/의견

답변 순서

1 이름/위치

I visit Haeundae once or twice a year. 저는 일 년에 한두 번 정도 해운대에 갑니다.

I like Haeundae the best. 저는 해운대를 가장 좋아합니다.
My favorite beach in Korea would definitely be Haeundae Beach.
제가 한국에서 가장 좋아하는 해변은 단언컨대 해운대 해수욕장입니다.

It's located in Busan, which is the second-largest city in Korea.
그 해변은 한국에서 두 번째로 큰 도시인 부산에 있습니다.

It's pretty far from my house. 그곳은 우리 집에서 꽤 멀리 있습니다.
It takes three or four hours from my house by bus. 우리 집에서 버스로 3~4시간 걸립니다.

2 분위기

Haeundae Beach is a great place for swimming, since its water is shallow, and it has clean sand as well.
해운대 해수욕장은 물이 얕아서 수영하기 좋은 장소이며, 모래도 깨끗합니다.

The thing I love most about it is the energetic vibe of the place.
제가 가장 좋아하는 점은 그곳의 에너지 넘치는 분위기입니다.
It's always crowded with a lot of people. 그곳은 항상 많은 사람들로 붐빕니다.

3 상세 묘사

There are a lot of facilities like a tourist information center and convenience stores . 그곳에는 관광 안내소와 편의점 같은 여러 시설들이 있습니다.

barbecue areas 바비큐장 sun beds 선베드

4 감정/느낌/의견

I'd absolutely love to go there again this summer!
이번 여름에 꼭 다시 가고 싶습니다!

아이디어 & 추가 표현!

Actually, it's not just me, but it is considered the country's best beach.
실제로, 저만 그렇게 생각하는 게 아니라 그곳은 우리나라에서 최고의 해변으로 손꼽힙니다.

There are many cafés and restaurants located along the beach, from which you can enjoy spectacular views of the sea.
바다의 멋진 전망을 즐길 수 있는 많은 카페와 레스토랑이 해변가에 줄지어 있습니다.

01_08_01.mp3

IM 공략 답변

1 이름/위치 2 분위기 3 상세 묘사 [시설] 4 감정/느낌/의견	[1] I visit Haeundae once or twice a year. It's located in Busan, which is the second-largest city in Korea. [2] Haeundae Beach is a great place for swimming, since its water is shallow, and it has clean sand as well. [3] There are a lot of facilities like a tourist information center and convenience stores. [4] I'd absolutely love to go there again this summer! 저는 일 년에 한두 번 정도 해운대에 갑니다. 그 해변은 한국에서 두 번째로 큰 도시인 부산에 있습니다. 해운대 해수욕장은 물이 얕아서 수영하기 좋은 장소이며, 모래도 깨끗합니다. 그곳에는 관광 안내소와 편의점 같은 여러 시설들이 있습니다. 이번 여름에 꼭 다시 가고 싶습니다!

나만의 답변

1 이름/위치	
2 분위기	
3 상세 묘사	
4 감정/느낌/의견	

TIP!

★ 유형이 '묘사하기'에 속하므로 다양한 형용사를 써 주세요. 되도록이면 같은 단어가 반복되지 않도록 어휘력을 늘려 두세요.

★ '공원 가기'(선택 Unit 7) 주제와 비슷하게 전개할 수 있으니 같이 준비하면 좋아요.

Q2

What kind of activities do you enjoy at the beach? Do you go swimming? Or sunbathe? What do you usually take when you go to the beach? Tell me everything in detail.

해변에 가면 어떤 활동을 즐기나요? 수영을 하나요? 아니면 일광욕을 하나요? 해변에 주로 무엇을 가지고 가나요? 자세히 말해 주세요.

스토리라인

1 해변 가는 빈도 2 해변 가는 준비 3 해변에서 하는 일 4 마무리

답변 순서

1 해변 가는 빈도

I think I hit the beach once or twice a year.
저는 일 년에 한두 번 정도 해변에 가는 것 같습니다.

2 해변 가는 준비

I make sure to take my swimsuit and sunscreen.
저는 수영복과 자외선차단제를 반드시 챙깁니다.

I might listen to music, so I also need to pack my smartphone and earphones.
음악을 들을 수 있기 때문에 스마트폰과 이어폰도 챙겨야 합니다.

3 해변에서 하는 일

I enjoy all kinds of activities when I visit the beach.
해변에 가면, 저는 모든 활동을 즐깁니다.

Obviously, I love to swim in the water to cool off because the Korean summer is so sticky and stuffy.
확실히 한국의 여름은 너무 끈적거리고 답답하기 때문에, 저는 더위를 식히기 위해 바다에서 수영하는 것을 좋아합니다.

The beach is a great place to hold bonfire parties as well.
해변은 모닥불 파티를 하기에도 좋은 장소입니다.

It's always fun to chat and laugh while having some barbecue.
바비큐를 먹으면서 웃고 떠드는 건 항상 즐겁습니다.

If I just want to unwind, I lie down on the beach and simply relax.
그냥 쉬고 싶을 때는 해변에 누워서 그저 휴식을 취합니다.

4 마무리

Anyway, I love spending time at the beach.
어쨌든, 저는 해변에서 시간 보내는 것을 아주 좋아합니다.

01_08_02.mp3

IM 공략 답변

1 해변 가는 빈도 2 해변 가는 준비 3 해변에서 하는 일 4 마무리	[1] I think I hit the beach once or twice a year. [2] I make sure to take my swimsuit and sunscreen. I might listen to music, so I also need to pack my smartphone and earphones. [3] I enjoy all kinds of activities when I visit the beach. Obviously, I love to swim in the water to cool off because the Korean summer is so sticky and stuffy. The beach is a great place to hold bonfire parties as well. It's always fun to chat and laugh while having some barbecue. If I just want to unwind, I lie down on the beach and simply relax. [4] Anyway, I love spending time at the beach. 저는 일 년에 한두 번 정도 해변에 가는 것 같습니다. 저는 수영복과 자외선차단제를 반드시 챙깁니다. 음악을 들을 수 있기 때문에 스마트폰과 이어폰도 챙겨야 합니다. 해변에 가면, 저는 모든 활동을 즐깁니다. 확실히 한국의 여름은 너무 끈적거리고 답답하기 때문에, 저는 더위를 식히기 위해 바다에서 수영하는 것을 좋아합니다. 해변은 모닥불 파티를 하기에도 좋은 장소입니다. 바비큐를 먹으면서 웃고 떠드는 건 항상 즐겁습니다. 그냥 쉬고 싶을 때는 해변에 누워서 그저 휴식을 취합니다. 어쨌든, 저는 해변에서 시간 보내는 것을 아주 좋아합니다.

나만의 답변

1 해변 가는 빈도	
2 해변 가는 준비	
3 해변에서 하는 일	
4 마무리	

TIP!

★ 주제가 '해변 가기'인 경우 공원과 다르게 수영복이나 자외선차단제 같이 가져가야 하는 물품들이 따로 있어요. 자세히 설명할수록 고득점에 유리해요!

Q3

Tell me about an interesting experience you had at a beach as a child. What happened? Tell me all the details.

어린 시절 해변에서 겪은 흥미로운 경험에 대해 말해 주세요. 무슨 일이 있었나요? 자세히 말해 주세요.

스토리라인

1 서론　2 낮에 한 일　3 저녁에 한 일　4 마무리

답변 순서

1 서론

My family and I used to go camping at a beautiful beach.

저희 가족과 저는 아름다운 해변에 캠핑을 가곤 했습니다.

2 낮에 한 일

During the day, I built sandcastles and learned to swim from my dad.

낮에는 모래성을 쌓고 아빠에게서 수영을 배웠습니다.

But I felt scared of water, so I couldn't enjoy swimming that much.

하지만 물이 무서워서 수영을 그렇게 즐기지 못했습니다.

3 저녁에 한 일

And then in the evening, my parents made a bonfire.

그러고 나서 저녁에는 부모님께서 모닥불을 피워 주었습니다.

I remember having marshmallows and some barbecued meat.

마시멜로와 바비큐 고기를 먹은 기억이 납니다.

4 마무리

I had a great time!

저는 아주 즐거운 시간을 보냈습니다!

아이디어 & 추가 표현!

I spent the most wonderful time there.
저는 그곳에서 가장 멋진 시간을 보냈습니다.

That would be a day to remember, for sure.
그날은 확실히 기억에 남을 것입니다.

That's when I began to enjoy visiting the beach.
그때부터 해변 가는 것을 좋아하기 시작했습니다.

01_08_03.mp3

IM 공략 답변

1 서론 2 낮에 한 일 3 저녁에 한 일 4 마무리	[1] My family and I used to go camping at a beautiful beach. [2] During the day, I built sandcastles and learned to swim from my dad. But I felt scared of water, so I couldn't enjoy swimming that much. [3] And then in the evening, my parents made a bonfire. I remember having marshmallows and some barbecued meat. [4] I had a great time! 저희 가족과 저는 아름다운 해변에 캠핑을 가곤 했습니다. 낮에는 모래성을 쌓고 아빠에게서 수영을 배웠습니다. 하지만 물이 무서워서 수영을 그렇게 즐기지 못했습니다. 그러고 나서 저녁에는 부모님께서 모닥불을 피워 주었습니다. 마시멜로와 바비큐 고기를 먹은 기억이 납니다. 저는 아주 즐거운 시간을 보냈습니다!

나만의 답변

1 서론	
2 낮에 한 일	
3 저녁에 한 일	
4 마무리	

TIP!

★ 야외 활동 관련 문제는 '지리/야외 활동'(돌발 Unit 14) 주제에서도 출제되므로 이 답변을 활용할 수 있어요.

★ '공원 가기'보다 '해변 가기' 주제에서 '어린 시절 추억'에 관한 질문이 많이 출제되니 그에 맞게 준비해야 해요.

Q4

Tell me about the last time you went to the beach. What did you do?

마지막으로 해변에 갔을 때에 대해서 말해 주세요. 무엇을 했나요?

스토리라인

1 언제/누구와　2 무엇을　3 마무리

답변 순서

1 언제/누구와

I went to the beach last summer with my family.

저는 지난여름에 가족과 함께 해변에 갔습니다.

It was during summer break, so there were a lot of people there.

여름 방학이어서 사람들이 많았습니다.

2 무엇을

Anyway, first, we went swimming.

어쨌든, 일단 수영을 했습니다.

It was so refreshing!

아주 상쾌했습니다!

After about an hour, we took a short break on the beach while talking about our daily lives.

한 시간 정도 후에 해변에 앉아 일상에 대해 대화하며 잠깐 휴식을 취했습니다.

lying on the sand 모래 위에 누워서　grabbing a bite 간단히 음식을 먹으면서
taking selfies 셀카를 찍으면서　resting under the parasol 파라솔 아래에서 쉬면서
sunbathing 일광욕하면서　eating some food 음식을 먹으면서
playing the guitar 기타를 연주하면서　enjoying the breeze 산들바람을 즐기면서

The night view of the beach was beautiful.

해변의 야경은 아름다웠습니다.

3 마무리

And then, we took a walk along the shore before heading home.

그러고 나서, 집으로 돌아가기 전에 우리는 해안을 따라 산책했습니다.

01_08_04.mp3

IM 공략 답변

1 언제/누구와 2 무엇을 3 마무리	[1] I went to the beach last summer with my family. It was during summer break, so there were a lot of people there. [2] Anyway, first, we went swimming. It was so refreshing! After about an hour, we took a short break on the beach while talking about our daily lives. The night view of the beach was beautiful. [3] And then, we took a walk along the shore before heading home. 저는 지난여름에 가족과 함께 해변에 갔습니다. 여름 방학이어서 사람들이 많았습니다. 어쨌든, 일단 수영을 했습니다. 아주 상쾌했습니다! 한 시간 정도 후에 해변에 앉아 일상에 대해 대화하며 잠깐 휴식을 취했습니다. 해변의 야경은 아름다웠습니다. 그러고 나서, 집으로 돌아가기 전에 우리는 해안을 따라 산책했습니다.

나만의 답변

1 언제/누구와	
2 무엇을	
3 마무리	

TIP!

★ '마지막으로 특정 장소에서 한 일'이나 '기억에 남는 경험'을 묻는 질문에서 이 답변을 응용할 수 있어요.

자기평가

자신의 OPIc 레벨을 확인하세요! 질문에 대한 답변을 녹음한 후 어떤 답변과 가장 비슷한지 판단하고 약점을 보완하세요.

Q: What kind of items do you take to the beach?

Swimming clothes. I sunglass,.. sunblock...

완벽한 문장을 만들지 못하고 말투도 딱딱하게 느껴져요. 문장을 만드는 속도가 느리네요.

I take swimsuit, sunglass, and... sunblock. And... I take my phone. I take some musics in my phone also.

어휘/수 일치/어순 등의 자잘한 오류가 많고, 짤막한 문장들로 말이 계속 끊겨요.

I take my phone because I like to listen music. I take my swimsuit. I like swimming. Then, I take sunglass and sunscreen.

말을 술술 잘하는 것 같지만 자잘한 오류가 들리네요.

I take lots of stuff. The most important thing is my phone. It's important because I like to listen to music. I pack my swimsuit for swimming, and I also throw in sunglasses and sunscreen.

말을 이어 가려고 노력하고 세부 사항이 풍부하네요!

※ 답변 샘플들은 간소화한 버전이며, 실제 시험에서는 더 많은 발화량이 요구됩니다.

Unit 09

카페/커피 전문점 가기

Café

무난한 주제인 '카페'는 여러 주제에 활용될 수 있어서 미리 대비해 두면 유용합니다.

브레인스토밍

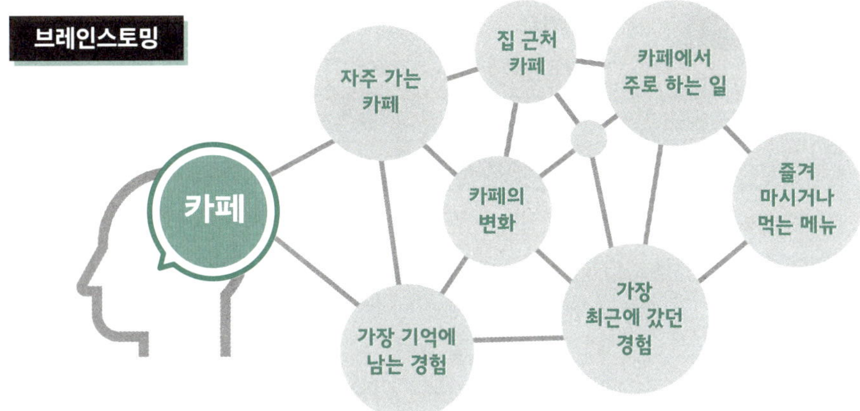

빈출 문제

Q1 You indicated in the survey that you like going to cafés. What kind of cafés do you like? What do they look like? Describe your favorite café in detail.

Q2 What do you usually do at the café? How often do you go? Tell me about the routine of a typical day at a café.

Q3 Tell me about an interesting experience you've had at a café. What happened? Tell me all the details.

Q1

You indicated in the survey that you like going to cafés. What kind of cafés do you like? What do they look like? Describe your favorite café in detail.

당신은 설문조사에서 카페에 가는 것을 좋아한다고 했습니다. 어떤 카페를 좋아하나요? 어떻게 생겼나요? 가장 좋아하는 카페에 대해서 자세히 묘사해 주세요.

스토리라인

1 이름/위치　2 분위기　3 상세 묘사　4 감정/느낌/의견

답변 순서

1 이름/위치

I often go to Brown Café. 저는 브라운 카페에 자주 갑니다.

It's located near my house. 그곳은 저의 집 근처에 있습니다.

my workplace 나의 직장　my school 나의 학교　the downtown area 번화가

2 분위기

This café is not that big, but it's cozy and quiet.

이 카페는 그다지 크진 않지만 아늑하고 조용합니다.

huge and amazing 크고 멋진　bright and peaceful 밝고 평화로운
modern and stylish 현대적이고 멋진

3 상세 묘사

There are comfortable seats by the window, which are my favorite spots.

창가에 편안한 자리들이 있는데, 제가 제일 좋아하는 자리입니다.

enough tables and chairs for everyone
모두에게 충분한 테이블과 의자
awesome photos of landscapes from around the world on the walls
벽에 세계 곳곳의 풍경이 담긴 근사한 사진들

4 감정/느낌/의견

I think it's a great place to spend a relaxing time.

그곳은 편안한 시간을 보내기 좋은 장소라고 생각합니다.

아이디어 & 추가 표현!

I'm always fully satisfied whenever I go there.
저는 그곳에 갈 때마다 언제나 만족합니다.

All the staff members are sweet and polite.
모든 직원들이 상냥하고 정중합니다.

I love the café because I can have some alone time.
혼자만의 시간을 가질 수 있기 때문에 저는 그 카페를 좋아합니다.

Next to the window, there are comfortable armchairs, so it feels cozy as well.
창문 옆에는 편안한 안락의자가 있어서 아늑함도 느낄 수 있습니다.

01_09_01.mp3

IM 공략 답변

1 이름/위치 2 분위기 3 상세 묘사 [시설] 4 감정/느낌/의견	[1] I often go to Brown Café. It's located near my house. [2] This café is not that big, but it's cozy and quiet. [3] There are comfortable seats by the window, which are my favorite spots. [4] I think it's a great place to spend a relaxing time. 저는 브라운 카페에 자주 갑니다. 그곳은 저의 집 근처에 있습니다. 이 카페는 그다지 크진 않지만 아늑하고 조용합니다. 창가에 편안한 자리들이 있는데, 제가 제일 좋아하는 자리입니다. 그곳은 편안한 시간을 보내기 좋은 장소라고 생각합니다.

나만의 답변

1 이름/위치	
2 분위기	
3 상세 묘사	
4 감정/느낌/의견	

TIP!

★ 유형이 '묘사하기'에 속하므로 다양한 형용사를 쓰세요. 같은 단어가 반복되지 않도록 어휘력을 늘리세요.

★ 부담스럽지 않은 발화량을 준비하되 자잘한 오류가 생기지 않도록 유의하세요.

Q2

What do you usually do at the café? How often do you go? Tell me about the routine of a typical day at a café.

카페에 가서 주로 무엇을 하나요? 얼마나 자주 가나요? 카페에서 보내는 일반적인 하루에 대해 말해 주세요.

스토리라인

1 카페 가는 빈도　2 카페에서 하는 일　3 마무리

답변 순서

1 카페 가는 빈도

Actually, I go to a café about three times a week.
사실 저는 일주일에 세 번 정도 카페에 갑니다.

I prefer to go alone because I go there to study.
저는 그곳에 공부하러 가기 때문에 혼자 가는 것을 선호합니다.

2 카페에서 하는 일

First, I order coffee and take a seat by the window.
우선, 커피를 주문하고 창가 자리를 잡습니다.

an iced tea 아이스 티　a beverage 음료
orange juice 오렌지 주스　a cup of black tea 홍차 한 잔

After getting my order, I study or do homework while listening to music.
주문한 것을 받은 후, 음악을 들으면서 공부하거나 숙제합니다.

Sometimes I hang out with my friends at the café, and in that case, we chat about our daily lives.
가끔은 카페에서 친구들과 함께 놀기도 하는데, 그런 경우에는 일상에 대해 수다를 떱니다.

3 마무리

I think I enjoy spending time at a café either alone or with friends.
저는 혼자 있을 때도, 친구들과 함께 있을 때도 카페에서 시간 보내는 것을 즐기는 것 같습니다.

아이디어 & 추가 표현!

If I get a bit bored or tired, I text my friends and invite them over.
조금 지루해지거나 피곤해지면, 친구들에게 카페로 오라고 문자를 보냅니다.

Some people say that they can't concentrate well at a café because of the noise.
어떤 사람들은 소음 때문에 카페에서 집중할 수 없다고 합니다.

01_09_02.mp3

IM 공략 답변

1 카페 가는 빈도 **2 카페에서 하는 일** **3 마무리**	[1] Actually, I go to a café about three times a week. I prefer to go alone because I go there to study. [2] First, I order coffee and take a seat by the window. After getting my order, I study or do homework while listening to music. Sometimes I hang out with my friends at the café, and in that case, we chat about our daily lives. [3] I think I enjoy spending time at a café either alone or with friends. 사실 저는 일주일에 세 번 정도 카페에 갑니다. 저는 그곳에 공부하러 가기 때문에 혼자 가는 것을 선호합니다. 우선, 커피를 주문하고 창가 자리를 잡습니다. 주문한 것을 받은 후, 음악을 들으면서 공부하거나 숙제합니다. 가끔은 카페에서 친구들과 함께 놀기도 하는데, 그런 경우에는 일상에 대해 수다를 떱니다. 저는 혼자 있을 때도, 친구들과 함께 있을 때도 카페에서 시간 보내는 것을 즐기는 것 같습니다.

나만의 답변

1 카페 가는 빈도	
2 카페에서 하는 일	
3 마무리	

TIP!

★ '내가 카페에서 실제로 하는 일'만 생각하면 내용이 한정적이어서 발화량이 부족할 수 있어요. 따라서 객관적으로 '다른 사람들이 하는 행동'을 떠올려 보고 자신의 행동으로 바꿔서 말하면 발화량을 늘릴 수 있어요.

Q3

Tell me about an interesting experience you've had at a café. What happened? Tell me all the details.

카페에서 겪은 흥미로운 경험에 대해 말해 주세요. 무슨 일이 있었나요? 자세히 말해 주세요.

스토리라인

1 배경/상황　2 경험　3 결말　4 감정/느낌/의견

답변 순서

1 배경/상황

About a year ago, I visited my favorite café.
일 년 전쯤, 제가 가장 좋아하는 카페를 방문했습니다.

I walked in, ordered my coffee, and sat down in my favorite spot with a book as usual.
평소처럼 들어가서 커피를 주문하고 책을 들고 제일 좋아하는 자리에 앉았습니다.

2 경험

When I was just getting into my book, someone called my name.
책을 읽기 시작할 무렵, 누군가가 제 이름을 불렀습니다.

I looked up, and realized it was one of my classmates from high school!
고개를 들어 보니 고등학교 때 같은 반 친구들 중 한 명이라는 걸 깨달았습니다!

We were not best friends, but it was definitely fascinating to run into her, especially in my neighborhood.
친한 친구는 아니었지만 제가 사는 동네에서 마주쳤다는 점이 특히 정말 신기했습니다.

3 결말

We talked for a while to catch up with each other, and still keep in touch.
서로 안부를 주고받느라 한동안 이야기를 했고, 우리는 아직도 연락하고 있습니다.

4 감정/느낌/의견

So, I can never forget that moment at the café.
그래서, 그 카페에서 그 순간을 잊을 수 없습니다.

아이디어 & 추가 표현!

I spilled coffee all over the floor.
저는 바닥에 커피를 다 쏟았습니다.

I said hello to a stranger once because I thought he was my friend.
한번은 제 친구인 줄 알고 모르는 사람에게 인사한 적이 있습니다.

01_09_03.mp3

IM 공략 답변

1 배경/상황 **2 경험** **3 결말** **4 감정/느낌/의견**	[1] About a year ago, I visited my favorite café. I walked in, ordered my coffee, and sat down in my favorite spot with a book as usual. [2] When I was just getting into my book, someone called my name. I looked up, and realized it was one of my classmates from high school! We were not best friends, but it was definitely fascinating to run into her, especially in my neighborhood. [3] We talked for a while to catch up with each other, and still keep in touch. [4] So, I can never forget that moment at the café. 일 년 전쯤, 제가 가장 좋아하는 카페를 방문했습니다. 평소처럼 들어가서 커피를 주문하고 책을 들고 제일 좋아하는 자리에 앉았습니다. 책을 읽기 시작할 무렵, 누군가가 제 이름을 불렀습니다. 고개를 들어 보니 고등학교 때 같은 반 친구들 중 한 명이라는 걸 깨달았습니다! 친한 친구는 아니었지만 제가 사는 동네에서 마주쳤다는 점이 특히 정말 신기했습니다. 서로 안부를 주고받느라 한동안 이야기를 했고, 우리는 아직도 연락하고 있습니다. 그래서, 그 카페에서 그 순간을 잊을 수 없습니다.

나만의 답변

1 배경/상황	
2 경험	
3 결말	
4 감정/느낌/의견	

TIP!

★ '카페' 주제에만 어울리는 특정 경험보다 다양한 상황에서 활용할 수 있는 경험담을 준비해 두면 다른 주제에서도 쓸 수 있어요.

자기평가

자신의 OPIc 레벨을 확인하세요! 질문에 대한 답변을 녹음한 후 어떤 답변과 가장 비슷한지 판단하고 약점을 보완하세요.

Q: What do you usually do at a café?

Café, yes. I like café. I go café many times.

완벽한 문장을 만들지 못하고 말투도 딱딱하게 느껴져요. 문장을 만드는 속도가 느리네요.

I drink coffee, I talk to my friends. I also do Internet and listen to music.

수 일치/어순 등의 자잘한 오류가 많고, 짤막한 문장들로 말이 계속 끊겨요.

I do many things. I have coffee and listen to music. And... I do my homework sometimes and study English.

말을 술술 잘하는 것 같지만 자잘한 오류가 있고 반복된 접속사나 문장 구조가 들리네요.

I do lots of things when I go to a café. First, I enjoy a cup of coffee while listening to music. Plus, I catch up on my reading if I have a lot of time. Sometimes I go with my friends... and in that case, I end up chatting about daily lives.

말을 이어 가려고 노력하고 있고 다양한 어휘 및 문장 구조의 시도가 들려요!

※ 답변 샘플들은 간소화한 버전이며, 실제 시험에서는 더 많은 발화량이 요구됩니다.

Unit 10

음악 감상하기
Music

오픽에서 가장 많이 출제되는 선택 주제 중 하나입니다. '음악 감상'은 거의 모든 상황 및 장소에서 할 수 있는 활동이므로, 여러 주제에서 활용될 수 있습니다.

브레인스토밍

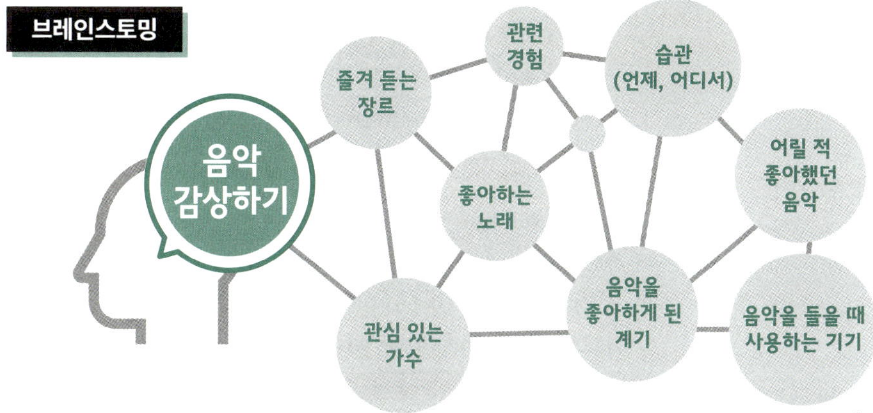

빈출 문제

Q1 You indicated in the survey that you enjoy listening to music. What kind of music do you like? Who's your favorite musician?

Q2 What kind of device do you use when listening to music?

Q3 Have you ever listened to live music? When was it? How was it? Tell me all the details.

Q4 How has your taste in music changed over the years?

Q1

You indicated in the survey that you enjoy listening to music. What kind of music do you like? Who's your favorite musician?

당신은 설문조사에서 음악 듣는 것을 좋아한다고 했습니다. 어떤 음악을 좋아하나요? 가장 좋아하는 가수는 누구인가요?

스토리라인

1 좋아하는 장르 **2** 부연 설명 **3** 좋아하는 가수 **4** 부연 설명

답변 순서

1 좋아하는 장르

My favorite kind of music is pop .

제가 제일 좋아하는 음악 장르는 팝입니다.

R&B 알앤비 rock 록 alternative rock 얼터너티브 록
dance 댄스 hip-hop 힙합 rap 랩 jazz 재즈

2 부연 설명

Most of the songs are exciting and fun.

대부분의 그 노래들은 신나고 재미있습니다.

I can relieve my stress when I listen to them.

이런 음악을 들으면 저는 스트레스가 풀립니다.

3 좋아하는 가수

These days, my favorite musician is Maroon 5 .

요즘에 제가 가장 좋아하는 음악가는 마룬5입니다.

I'm a big fan of Maroon 5 나는 마룬5의 열렬한 팬이다
I enjoy listening to Maroon 5's songs 나는 마룬5의 노래를 즐겨 듣는다
I think Maroon 5 is one of the best pop bands
나는 마룬5가 최고의 팝 밴드 중에 하나라고 생각한다
I've got lots of favorite singers and bands — Maroon 5, Beyoncé, and Bruno Mars, just to name a few
나는 좋아하는 가수가 여러 명 있는데, 그 중 몇몇 이름을 말하자면 마룬5, 비욘세, 브루노 마스다

4 부연 설명

The lead singer has a unique voice, and he writes their songs.

그 리드 보컬은 목소리가 독특하고 그들의 노래들을 직접 작곡합니다.

Some of my favorites are "Sugar" and "Maps".

제가 가장 좋아하는 노래는 'Sugar'와 'Maps'입니다.

아이디어 & 추가 표현!

I actually love all kinds of music. 저는 사실 모든 장르의 음악을 좋아합니다.

I listen to different music depending on my mood. 저는 기분에 따라 다른 음악을 듣습니다.

The groove and beat of the songs are amazing. 그 노래들의 리듬과 비트는 대단합니다.

He has what it takes to be a superstar. 그는 슈퍼스타가 될 자질을 갖추고 있습니다.

She has a large fan base. 그녀는 방대한 팬층을 보유하고 있습니다.

01_10_01.mp3

IM 공략 답변

1 좋아하는 장르 2 부연 설명 3 좋아하는 가수 4 부연 설명	[1] My favorite kind of music is pop. [2] Most of the songs are exciting and fun. I can relieve my stress when I listen to them. [3] These days, my favorite musician is Maroon 5. [4] The lead singer has a unique voice, and he writes their songs. Some of my favorites are "Sugar" and "Maps". 제가 제일 좋아하는 음악 장르는 팝입니다. 대부분의 그 노래들은 신나고 재미있습니다. 이런 음악을 들으면 저는 스트레스가 풀립니다. 요즘에 제가 가장 좋아하는 음악가는 마룬5입니다. 그 리드 보컬은 목소리가 독특하고 그들의 노래들을 직접 작곡합니다. 제가 가장 좋아하는 노래는 'Sugar'와 'Maps'입니다.

나만의 답변

1 좋아하는 장르	
2 부연 설명	
3 좋아하는 가수	
4 부연 설명	

TIP!

★ 좋아하는 '음악 장르'와 '가수'를 따로 묻기도 하고 한 문제로 출제되기도 해요. 따로 말하는 연습도 해 두세요.

Q2

What kind of device do you use when listening to music?

음악을 들을 때 어떤 기기를 사용하나요?

스토리라인

1 사용하는 기기 2 이유① 3 이유② 4 이유③ 5 마무리

답변 순서

1 사용하는 기기

Nowadays, I carry only a smartphone because I can download or stream music from it.

요즘에 저는 음악 다운로드나 스트리밍이 가능한 스마트폰만 들고 다닙니다.

2 이유①

I can put in hundreds of songs, and organize them into different folders.

수백 곡의 노래를 넣을 수 있고, 여러 폴더에 정리할 수도 있습니다.

3 이유②

It's portable, so I can even do other things while listening to music.

휴대가 가능해서 음악을 들으면서 다른 것도 할 수 있습니다.

4 이유③

It's very convenient, and I'm satisfied with the quality of sound as well.

아주 편리하고 음질도 만족스럽습니다.

5 마무리

I think it's the best gadget ever!

저는 그것이 최고의 기기라고 생각합니다!

아이디어 & 추가 표현!

Sometimes I tune into the radio for listening to music.

저는 음악을 듣기 위해 가끔 라디오를 청취합니다.

In my room, it's much better to listen to music with my Bluetooth speaker.

제 방에서 블루투스 스피커로 음악을 듣는 게 훨씬 좋습니다.

I rarely use MP3 players now.

저는 이제 MP3 플레이어를 거의 쓰지 않습니다.

01_10_02.mp3

IM 공략 답변

1 사용하는 기기 2 이유① 3 이유② 4 이유③ 5 마무리	[1] Nowadays, I carry only a smartphone because I can download or stream music from it. [2] I can put in hundreds of songs, and organize them into different folders. [3] It's portable, so I can even do other things while listening to music. [4] It's very convenient, and I'm satisfied with the quality of sound as well. [5] I think it's the best gadget ever! 요즘에 저는 음악 다운로드나 스트리밍이 가능한 스마트폰만 들고 다닙니다. 수백 곡의 노래를 넣을 수 있고, 여러 폴더에 정리할 수도 있습니다. 휴대가 가능해서 음악을 들으면서 다른 것도 할 수 있습니다. 아주 편리하고 음질도 만족스럽습니다. 저는 그것이 최고의 기기라고 생각합니다!

나만의 답변

1 사용하는 기기	
2 이유①	
3 이유②	
4 이유③	
5 마무리	

TIP!

★ 스마트폰 외에도 집에서 '컴퓨터 스피커'나 'AI 스피커'로 음악을 듣는다면 내용에 추가해 보세요. 한 가지를 자세하게 설명하는 것이 힘들다면 여러 가지를 간략하게 설명하는 것도 발화량을 늘리는 방법이에요.

Q3

Have you ever listened to live music? When was it? How was it? Tell me all the details.

라이브 음악을 들은 적이 있나요? 언제였나요? 어땠나요? 자세히 말해 주세요.

스토리라인

1 배경/상황 2 상세 묘사 3 마무리

답변 순서

1 배경/상황

The last time I listened to live music was a few months ago.

마지막으로 라이브 음악을 들은 것은 몇 달 전입니다.

2 상세 묘사

I saw a musical called *The Lion King*, and listened to a lot of live music there.

저는 <라이언킹>이라는 뮤지컬을 보았고, 거기서 많은 라이브 음악을 들었습니다.

It was my favorite Disney movie as a child, so I wanted to see the musical.

그건 제가 어린 시절 가장 좋아했던 디즈니 영화였기 때문에 저는 그 뮤지컬을 보고 싶었습니다.

So, I asked my friend to go to the show, and it was really amazing!

그래서 제 친구에게 그 공연을 보러 가자고 했고 그건 정말 멋있었습니다!

3 마무리

I've been streaming the soundtrack since then.

그때부터 저는 그 뮤지컬 음악을 스트리밍하고 있습니다.

아이디어 & 추가 표현!

That's when I got into this type of music.

그때부터 이런 음악에 빠졌습니다.

It was one of those performances that will go down in history.

그건 역사에 남을 공연 중 하나였습니다.

01_10_03.mp3

IM 공략 답변

1 배경/상황 **2 상세 묘사** **3 마무리**	[1] The last time I listened to live music was a few months ago. [2] I saw a musical called *The Lion King*, and listened to a lot of live music there. It was my favorite Disney movie as a child, so I wanted to see the musical. So, I asked my friend to go to the show, and it was really amazing! [3] I've been streaming the soundtrack since then. 마지막으로 라이브 음악을 들은 것은 몇 달 전입니다. 저는 <라이언킹>이라는 뮤지컬을 보았고, 거기서 많은 라이브 음악을 들었습니다. 그건 제가 어린 시절 가장 좋아했던 디즈니 영화였기 때문에 저는 그 뮤지컬을 보고 싶었습니다. 그래서 제 친구에게 그 공연을 보러 가자고 했고 그건 정말 멋있었습니다! 그때부터 저는 그 뮤지컬 음악을 스트리밍하고 있습니다.

나만의 답변

1 배경/상황	
2 상세 묘사	
3 마무리	

TIP!

★ '공연/콘서트 보기'(선택 Unit 6) 주제와 연계해서 준비할 수 있어요.

★ '뮤직 페스티벌'은 '공원 가기 / 해변 가기' (선택 Unit 7, 8) 주제와 함께 준비할 수 있는 아이디어입니다. 뮤직 페스티벌을 좋아한다면 같이 묶어서 준비해도 좋아요.

Q4

How has your taste in music changed over the years?

음악 취향이 수년 간 어떻게 변했나요?

스토리라인

1 과거에 좋아했던 음악 장르 2 현재 좋아하는 음악 장르

답변 순서

1 과거에 좋아했던 음악 장르

In the past, I used to love listening to classical music.
과거에 저는 클래식 음악을 좋아했습니다.

It helped me concentrate better, so I used to put on Beethoven or Mozart while studying.
그것이 집중을 더 잘 하는데 도움이 되었고, 그래서 공부할 때 베토벤이나 모차르트 음악을 틀곤 했습니다.

2 현재 좋아하는 음악 장르

But now, I've lost interest in that type of music.
하지만 지금은 그런 음악에 흥미를 잃었습니다.

It just makes me feel drowsy, so I prefer upbeat and lively music like dance or pop.
그건 저를 나른하게 만들어서 댄스나 팝처럼 신나고 활기찬 음악을 선호합니다.

I like songs that I can sing along to.
저는 따라 부를 수 있는 노래를 좋아합니다.

These days, I'm into a band called One Republic.
요즘에는, One Republic이라는 밴드에 관심이 있습니다.

Their songs have a great energy!
그들의 노래는 에너지가 넘칩니다!

아이디어 & 추가 표현!

I grew up in a world where boy bands dominated the charts.
저는 남성 밴드가 차트를 장악하는 시대에 컸습니다.

My taste in music has changed a lot of times.
제 음악 취향은 여러 번 변했습니다.

Personally, jazz was never my cup of tea.
개인적으로, 저는 재즈를 좋아한 적이 없습니다.

01_10_04.mp3

IM 공략 답변

1 과거에 좋아했던 음악 장르 **2 현재 좋아하는 음악 장르**	[1] In the past, I used to love listening to classical music. It helped me concentrate better, so I used to put on Beethoven or Mozart while studying. [2] But now, I've lost interest in that type of music. It just makes me feel drowsy, so I prefer upbeat and lively music like dance or pop. I like songs that I can sing along to. These days, I'm into a band called One Republic. Their songs have a great energy! 과거에 저는 클래식 음악을 좋아했습니다. 그것이 집중을 더 잘 하는데 도움이 되었고, 그래서 공부할 때 베토벤이나 모차르트 음악을 틀곤 했습니다. 하지만 지금은 그런 음악에 흥미를 잃었습니다. 그건 저를 나른하게 만들어서 댄스나 팝처럼 신나고 활기찬 음악을 선호합니다. 저는 따라 부를 수 있는 노래를 좋아합니다. 요즘에는, One Republic이라는 밴드에 관심이 있습니다. 그들의 노래는 에너지가 넘칩니다!

나만의 답변

1 과거에 좋아했던 음악 장르	
2 현재 좋아하는 음악 장르	

TIP!

★ '집에서 겪은 경험 / 휴가 때 집에서 한 일 / 지난 명절에 한 일' 등을 묻는 질문에서도 활용할 수 있는 스토리를 준비하는 것이 좋아요.

★ 발화량을 늘리려면 실제 자신의 경험이 아니더라도 다른 사람들이 할 만한 행동을 추가해서 말해 보세요. 내용에 오류가 많지 않고, 스토리가 질문에 대한 답변으로도 손색이 없다면 말하는 것이 좋아요.

자기평가

자신의 OPIc 레벨을 확인하세요! 질문에 대한 답변을 녹음한 후 어떤 답변과 가장 비슷한지 판단하고 약점을 보완하세요.

Q: What kind of device do you use when you listen to music?

I use smartphone. Uh... smartphone very... very... good and... comfortable.

완벽한 문장을 만들지 못하고 어휘의 선택에 오류가 나기도 해요.

I well... use the my phone. My phone is smartphone... so... my phone is convenient and when I, when I go to place, listening can easy.

수 일치/어순 등의 자잘한 오류가 많고, 짤막한 문장들로 말이 계속 끊겨요.

I usually use my phone. I can do lot of things with my phone. It's very convenient and easy and I can check new songs.

말을 술술 잘하는 것 같지만 자잘한 오류나 반복된 접속사가 들리네요.

When I'm at home, I use computer most of the time. But, when I'm outside, moving to other places, then I use my phone and that's because my phone can access the Internet, so I can download or stream new songs, too. It's very convenient.

말을 이어 가려고 노력하고 있고 발화량이나 속도감도 좋으며 시제 오류가 없네요!

※ 답변 샘플들은 간소화한 버전이며, 실제 시험에서는 더 많은 발화량이 요구됩니다.

Unit 11

요리하기
Cooking

요리하기는 '거주지 / 집안일'과 관련된 내용에서 활용하기 좋은 주제입니다.

Chapter 1 선택 주제

브레인스토밍

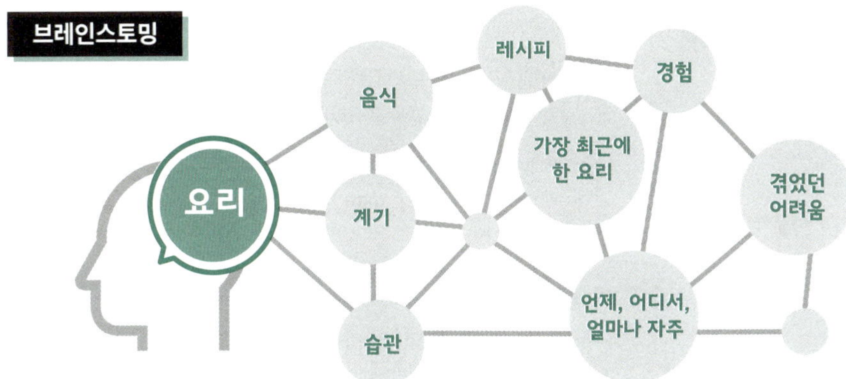

빈출 문제

Q1 You indicated in the survey that you like to cook. When do you usually cook? What kind of food do you like to cook? Tell me about your cooking routine in detail.

Q2 Let's talk about the first time you cooked. How did you develop your interest in cooking? Who taught you? Tell me about your first experience with cooking.

Q3 What was your most memorable experience you've had while cooking? When was it? What happened? Tell me all the details.

Q1

You indicated in the survey that you like to cook. When do you usually cook? What kind of food do you like to cook? Tell me about your cooking routine in detail.

당신은 설문조사에서 요리하는 것을 좋아한다고 했습니다. 주로 언제 요리를 하나요? 어떤 음식을 요리하는 것을 좋아하나요? 당신의 요리 습관에 대해서 자세히 말해 주세요.

스토리라인

1 언제 2 어디에서 누구에게 3 음식 4 감정/느낌/의견

답변 순서

1 언제

I usually cook when I'm not busy on the weekends.

저는 주말에 바쁘지 않을 때 주로 요리합니다.

I cook whenever I can. 저는 요리할 수 있을 때마다 요리합니다.

I don't cook often because my mom does most of it.
엄마가 대부분의 요리를 하시기 때문에 저는 자주 하진 않습니다.

2 어디에서 누구에게

I mostly cook for my family.

저는 주로 가족을 위해서 요리합니다.

My mom is the cook during the weekdays, so I try to help on the weekends.

주중에는 엄마가 요리를 하시기 때문에 주말에는 제가 도와 드리려고 합니다.

3 음식

My family loves the cream pasta I make.

우리 가족은 제가 만든 크림 파스타를 좋아합니다.

It's actually very easy and simple.

그건 사실 아주 쉽고 간단합니다.

Plus, I add some fresh ingredients, so it feels healthier.

그리고 저는 신선한 재료를 넣기 때문에 건강에 더 좋습니다.

4 감정/느낌/의견

I like cooking for my family, and it's a lot of fun.

저는 가족을 위해서 요리하는 것을 좋아하며, 그건 정말 재미있습니다.

01_11_01.mp3

IM 공략 답변

1 언제 2 어디에서 누구에게 3 음식 4 감정/느낌/의견	[1] I usually cook when I'm not busy on the weekends. [2] I mostly cook for my family. My mom is the cook during the weekdays, so I try to help on the weekends. [3] My family loves the cream pasta I make. It's actually very easy and simple. Plus, I add some fresh ingredients, so it feels healthier. [4] I like cooking for my family, and it's a lot of fun. 저는 주말에 바쁘지 않을 때 주로 요리합니다. 저는 주로 가족을 위해서 요리합니다. 주중에는 엄마가 요리를 하시기 때문에 주말에는 제가 도와 드리려고 합니다. 우리 가족은 제가 만든 크림 파스타를 좋아합니다. 그건 사실 아주 쉽고 간단합니다. 그리고 저는 신선한 재료를 넣기 때문에 건강에 더 좋습니다. 저는 가족을 위해서 요리하는 것을 좋아하며, 그건 정말 재미있습니다.

나만의 답변

1 언제	
2 어디에서 누구에게	
3 음식	
4 감정/느낌/의견	

TIP!

★ 예를 들 때, 영어로 설명하기 힘든 한국 음식보다 외국 음식으로 답변을 준비하는 것이 좋아요.

Q2

Let's talk about the first time you cooked. How did you develop your interest in cooking? Who taught you? Tell me about your first experience with cooking.

처음 요리했을 때에 대해서 말해 봅시다. 어떻게 요리에 관심을 가지게 되었나요? 누가 가르쳐 주었나요? 처음으로 요리했던 경험에 대해서 말해 주세요.

스토리라인

1 서론 2 세부 설명 3 마무리

답변 순서

1 서론

I first became interested in cooking a few years ago when I saw a TV program.

몇 년 전에 한 TV 프로그램을 보고 요리에 처음 관심을 가지게 되었습니다.

read a recipe book 요리책을 읽다
watched a cooking video on YouTube 유튜브에서 요리 방송을 보다

2 세부 설명

It showed how to cook some food, and I wanted to make it.

그것은 몇 가지 음식을 요리하는 것을 보여 주었고, 저도 만들어 보고 싶었습니다.

It was Korean food, and it looked easy to make.

그건 한국 음식이었고 만들기 쉬워 보였습니다.

My first dish was cream pasta. 저의 첫 요리는 크림 파스타였습니다.
I started with something small. 저는 작은 것부터 시작했습니다.

3 마무리

Cooking was so much fun.

요리하는 것은 정말 재미있었습니다.

So, that was my first cooking experience.

그래서 그것이 저의 첫 요리 경험이었습니다.

아이디어 & 추가 표현!

The first dish was embarrassing. 첫 요리는 창피했습니다.

It was difficult because I didn't know the basics of cooking.
저는 요리의 기초를 몰랐기 때문에 어려웠습니다.

01_11_02.mp3

IM 공략 답변

1 서론 **2 세부 설명** **3 마무리**	[1] I first became interested in cooking a few years ago when I saw a TV program. [2] It showed how to cook some food, and I wanted to make it. It was Korean food, and it looked easy to make. [3] Cooking was so much fun. So, that was my first cooking experience. 몇 년 전에 한 TV 프로그램을 보고 요리에 처음 관심을 가지게 되었습니다. 그것은 몇 가지 음식을 요리하는 것을 보여 주었고, 저도 만들어 보고 싶었습니다. 그건 한국 음식이었고 만들기 쉬워 보였습니다. 요리하는 것은 정말 재미있었습니다. 그래서 그것이 저의 첫 요리 경험이었습니다.

나만의 답변

1 서론	
2 세부 설명	
3 마무리	

TIP!

★ 요리 과정은 자세히 설명하기 어려운 내용이에요. 자세히 묘사하기 어렵다면 설명을 생략하고 시제에 오류가 발생하지 않도록 주의하세요.

★ 경험에 대한 내용은 감정 표현, 억양, 그리고 말투에 조금 더 신경을 써야 해요.

Q3

What was your most memorable experience you've had while cooking? When was it? What happened? Tell me all the details.

요리하다가 겪은 가장 기억에 남는 경험이 무엇인가요? 언제였나요? 무슨 일이 있었나요? 자세히 말해 주세요.

스토리라인

1 배경/상황 2 경험 3 결말 4 감정/느낌/의견

답변 순서

1 배경/상황

It was a few months ago.
몇 달 전이었습니다.

I invited some friends to have a small dinner party at home.
저는 집에서 작은 저녁 파티를 열기 위해 몇몇 친구들을 초대했습니다.

2 경험

I decided to make some food for them, but I didn't have enough time.
저는 그들을 위해 음식을 만들기로 했지만, 충분한 시간이 없었습니다.

I was in a hurry, so I put salt in my cake instead of sugar!
저는 서두르는 바람에 케이크에 설탕 대신 소금을 넣어 버렸습니다!

almost burned the kitchen down 부엌을 거의 태울 뻔 했다
tried to copy off a TV program, but it failed TV 프로그램에 나온 대로 만들려고 했지만 실패했다
made too much of it 너무 많은 양을 만들었다

3 결말

My friends and I laughed so hard when we found out.
우리가 알아챘을 때 친구들과 저는 엄청 웃었습니다.

4 감정/느낌/의견

It was an embarrassing moment.
그것은 창피한 순간이었습니다.

01_11_03.mp3

IM 공략 답변

1 배경/상황 2 경험 3 결말 4 감정/느낌/의견	[1] It was a few months ago. I invited some friends to have a small dinner party at home. [2] I decided to make some food for them, but I didn't have enough time. I was in a hurry, so I put salt in my cake instead of sugar! [3] My friends and I laughed so hard when we found out. [4] It was an embarrassing moment. 몇 달 전이었습니다. 저는 집에서 작은 저녁 파티를 열기 위해 몇몇 친구들을 초대했습니다. 저는 그들을 위해 음식을 만들기로 했지만, 충분한 시간이 없었습니다. 저는 서두르는 바람에 케이크에 설탕 대신 소금을 넣어 버렸습니다! 우리가 알아챘을 때 친구들과 저는 엄청 웃었습니다. 그것은 창피한 순간이었습니다.

나만의 답변

1 배경/상황	
2 경험	
3 결말	
4 감정/느낌/의견	

TIP!

★ 이 스토리를 익혀 두면 '명절에 겪은 경험' 혹은 '집에서 휴가를 보낼 때 겪은 경험'으로도 활용할 수 있어요. 기존에 준비했던 스토리를 여러 주제에서 대답할 수 있도록 응용하는 연습을 해 보세요.

자기평가

자신의 OPIc 레벨을 확인하세요! 질문에 대한 답변을 녹음한 후 어떤 답변과 가장 비슷한지 판단하고 약점을 보완하세요.

Q: How did you first become interested in cooking?

I cooking my home. Two months before. I live... by... I live alone.

완벽한 문장을 만들지 못하고, 한국어의 어순이 지배적이네요.

Well... I start cooking when I was elementary school. School class in cooking. It was really fun.

수 일치/어순 등의 자잘한 오류가 많고, 짤막한 문장들로 말이 계속 끊겨요.

I became interested in cooking a few years ago. I like cooking because it's fun. Cooking is really good for family and friends.

말을 술술 잘하는 것 같지만 자잘한 오류가 있고 반복된 접속사의 문장 구조가 들리네요.

I first became interested in cooking a few years ago when I saw a TV program. The program showed cooking some food, and I wanted to make it. So, that was my first dish. It was Korean food, and it was so much fun.

말을 이어 가려고 노력하고 있고 발화량이나 속도감도 좋으며 시제 오류가 없네요!

※ 답변 샘플들은 간소화한 버전이며, 실제 시험에서는 더 많은 발화량이 요구됩니다.

Unit 12

자전거 타기

Riding a Bike

일상에서 '자전거'를 주제로 대화할 때 나올 만한 질문들이 문제로 나옵니다. 자전거를 실제로 즐겨 타지 않더라도 쉽게 답변을 구성할 수 있는 주제이므로 미리 준비해 두면 좋습니다. 공원, 해변 등 야외에서 즐기는 활동과 서로 연계되므로 함께 준비하세요.

브레인스토밍

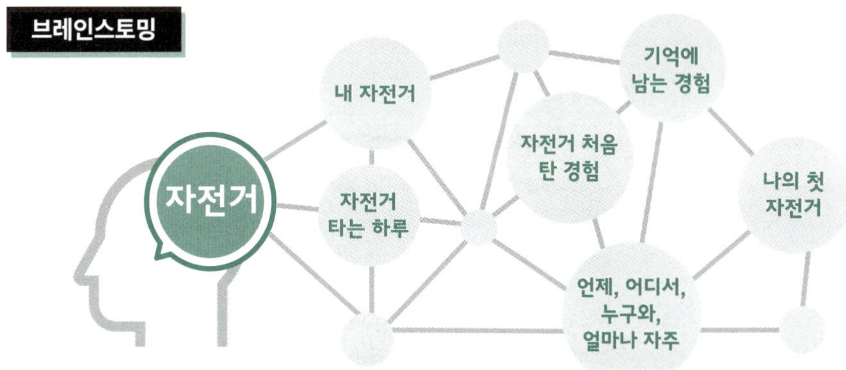

빈출 문제

Q1 You indicated in the survey that you like to ride a bike. I'd like to know about your bike. What does it look like? Describe your bike in detail.

Q2 How often do you ride a bike? Where do you usually go? Tell me about your typical day when you ride a bike.

Q3 Tell me about the first time you rode a bike. When was it? Who taught you? Tell me everything.

Q4 Tell me about a memorable experience you had while riding a bike. What happened?

Q1

You indicated in the survey that you like to ride a bike. I'd like to know about your bike. What does it look like? Describe your bike in detail.

당신은 설문조사에서 자전거 타는 것을 좋아한다고 했습니다. 당신의 자전거에 대해 알고 싶어요. 어떻게 생겼나요? 당신의 자전거에 대해 자세히 묘사해 주세요.

스토리라인

1 자전거의 종류 **2** 상세 묘사 **3** 어디에서 샀는지

답변 순서

1 자전거의 종류

My bike is a common road bike.
제 자전거는 흔한 도로용 자전거입니다.

2 상세 묘사

It's black with silver stripes, and quite new .
그것은 검정색이며 은색 줄무늬가 있고 꽤 새것입니다.

light blue with a small basket to carry things
열은 파란색이고 물건을 담을 수 있는 작은 바구니가 달려 있다

It's not that big, but I guess it's just the perfect size for me.
그다지 크진 않지만 저에게 딱 맞는 크기인 것 같습니다.

I like it because it is suitable for all kinds of trails .
모든 종류의 길에서 탈 수 있기 때문에 제 자전거가 마음에 듭니다.

the wheels are strong and reliable 바퀴가 튼튼하고 믿을 만하다
it doesn't cost much 많은 비용이 들지 않다

3 어디에서 샀는지

I got it as a birthday gift from my parents last year.
저는 그것을 부모님에게서 작년 생일 선물로 받았습니다.

They thought riding a bike was good for staying in shape.
그들은 자전거 타는 것이 건강 유지에 좋다고 생각하셨습니다.

I was really happy at the time.
그때 저는 정말 기뻤습니다.

아이디어 & 추가 표현!

It helps me lose weight. 살을 빼는 데 도움이 됩니다.

It's one of the easiest forms of exercise. 가장 쉬운 운동 중 하나입니다.

01_12_01.mp3

IM 공략 답변

1 자전거의 종류 **2 상세 묘사** **3 어디에서 샀는지**	[1] My bike is a common road bike. [2] It's black with silver stripes, and quite new. It's not that big, but I guess it's just the perfect size for me. I like it because it is suitable for all kinds of trails. [3] I got it as a birthday gift from my parents last year. They thought riding a bike was good for staying in shape. I was really happy at the time. 제 자전거는 흔한 도로용 자전거입니다. 그것은 검정색이며 은색 줄무늬가 있고 꽤 새것입니다. 그다지 크진 않지만 저에게 딱 맞는 크기인 것 같습니다. 모든 종류의 길에서 탈 수 있기 때문에 제 자전거가 마음에 듭니다. 저는 그것을 부모님에게서 작년 생일 선물로 받았습니다. 그들은 자전거 타는 것이 건강 유지에 좋다고 생각하셨습니다. 그때 저는 정말 기뻤습니다.

나만의 답변

1 자전거의 종류	
2 상세 묘사	
3 어디에서 샀는지	

TIP!

★ 유형이 '묘사하기'에 속하므로 다양한 형용사를 써 주세요. 되도록이면 같은 단어가 반복되지 않도록 어휘력을 늘리세요.

★ 자전거를 가지고 있지 않아도 일상에서 보게 되는 자전거의 모습을 생각하면 쉽게 답변의 내용을 준비할 수 있어요.

Q2

How often do you ride a bike? Where do you usually go? Tell me about your typical day when you ride a bike.

얼마나 자주 자전거를 타나요? 주로 어디로 가나요? 자전거를 타는 일반적인 하루에 대해 말해 주세요.

스토리라인

1 자전거 타는 빈도 **2** 자전거 탈 준비 **3** 자전거 타기 **4** 마무리

답변 순서

1 자전거 타는 빈도

I think I go to Han River Park to go for a ride about twice a week.
저는 일주일에 두 번 정도 한강 공원에 자전거를 타러 가는 것 같습니다.

2 자전거 탈 준비

I take some water and my phone to the park.
저는 물과 휴대폰을 들고 공원에 갑니다.

3 자전거 타기

At first, I ride a bike along the river.
처음에 저는 강가를 따라 자전거를 탑니다.

After about an hour, I take a break on the bench while listening to music .
한 시간 정도 후에 음악을 들으며 벤치에서 휴식을 취합니다.

overlooking the river 강을 내려다보며 eating some snacks 간식을 먹으며
taking selfies and uploading them to social media 셀카를 찍고 SNS에 업로드하며

The night view of the park is especially beautiful.
공원의 야경은 특히 아름답습니다.

Next, I ride some more or come home to take a shower.
그 다음엔, 조금 더 타거나 집에 돌아가 샤워합니다.

4 마무리

This is my typical bike day at a park.
이것이 제가 공원에서 자전거를 타는 일반적인 하루입니다.

01_12_02.mp3

IM 공략 답변

1 자전거 타는 빈도 **2 자전거 탈 준비** **3 자전거 타기** **4 마무리**	[1] I think I go to Han River Park to go for a ride about twice a week. [2] I take some water and my phone to the park. [3] At first, I ride a bike along the river. After about an hour, I take a break on the bench while listening to music. The night view of the park is especially beautiful. Next, I ride some more or come home to take a shower. [4] This is my typical bike day at a park. 저는 일주일에 두 번 정도 한강 공원에 자전거를 타러 가는 것 같습니다. 저는 물과 휴대폰을 들고 공원에 갑니다. 처음에 저는 강가를 따라 자전거를 탑니다. 한 시간 정도 후에 음악을 들으며 벤치에서 휴식을 취합니다. 공원의 야경은 특히 아름답습니다. 그 다음엔, 조금 더 타거나 집에 돌아가 샤워합니다. 이것이 제가 공원에서 자전거를 타는 일반적인 하루입니다.

나만의 답변

1 자전거 타는 빈도	
2 자전거 탈 준비	
3 자전거 타기	
4 마무리	

TIP!

★ 공원에서 자전거를 타는 내용의 답변을 준비해 두면 '공원에서 하는 일'과 '자전거를 타는 일상' 두 가지 모두 대비할 수 있어요. 결국에는 두 문제의 공통된 답변이 되기 때문에 두 가지 주제를 같이 준비하는 것이 좋아요.

★ 만약 시험에서 '공원 가기'와 '자전거 타기'가 같이 출제될 경우, 응시자의 답변이 중복되더라도 문제되지 않아요.

Q3

Tell me about the first time you rode a bike. When was it? Who taught you? Tell me everything.

처음 자전거를 탔을 때에 대해 말해 주세요. 언제였나요? 누가 가르쳐 줬나요? 전부 말해 주세요.

스토리라인 1 서론 2 어디에서 3 누가 가르쳐 줬는지 4 내 자전거 5 마무리

답변 순서

1 서론

I think I first rode a bike when I was in elementary school.

저는 초등학생 때 처음으로 자전거를 탄 것 같습니다.

2 어디에서

I didn't have my bicycle at the time, but there was a bike rental shop at the local park.

그 당시에 제게 자전거는 없었지만 동네 공원에 자전거 대여소가 있었습니다.

3 누가 가르쳐 줬는지

My dad taught me how to ride a bike.

아빠는 제게 자전거 타는 법을 가르쳐 주셨습니다.

4 내 자전거

After a while, my parents bought me a bike for my birthday present, and I suppose that's when I really got into cycling.

얼마 후 부모님께서 생일 선물로 자전거를 사 주셨고, 그때부터 제가 자전거 타기에 푹 빠진 것 같습니다.

I saved some money and bought my first bike 돈을 모아서 첫 자전거를 샀다
my brother gave me a used bike 형이 중고 자전거를 줬다

5 마무리

It was fun to go for a ride at the park.

공원에서 자전거를 타는 것이 재미있었습니다.

아이디어 & 추가 표현!

I don't remember all the details. 자세히 기억 나진 않습니다.

At first it was scary, but I got used to it soon. 처음에는 무서웠지만 금방 익숙해졌습니다.

I remember riding a bike everywhere. 어디서든 자전거를 탔던 기억이 납니다.

01_12_03.mp3

IM 공략 답변

1 서론 [언제] 2 어디에서 3 누가 가르쳐 줬는지 4 내 자전거 5 마무리	[1] I think I first rode a bike when I was in elementary school. [2] I didn't have my bicycle at the time, but there was a bike rental shop at the local park. [3] My dad taught me how to ride a bike. [4] After a while, my parents bought me a bike for my birthday present, and I suppose that's when I really got into cycling. [5] It was fun to go for a ride at the park. 저는 초등학생 때 처음으로 자전거를 탄 것 같습니다. 그 당시에 제게 자전거는 없었지만 동네 공원에 자전거 대여소가 있었습니다. 아빠는 제게 자전거 타는 법을 가르쳐 주셨습니다. 얼마 후 부모님께서 생일 선물로 자전거를 사 주셨고, 그때 제가 자전거 타기에 푹 빠진 것 같습니다. 공원에서 자전거를 타는 것이 재미있었습니다.

나만의 답변

1 서론	
2 어디에서	
3 누가 가르쳐 줬는지	
4 내 자전거	
5 마무리	

TIP!

★ 과거의 일이기 때문에 동사를 과거 시제로 쓰는 것이 중요해요.

★ 고득점을 받으려면 다양한 형용사를 활용해서 감정을 표현하세요.

Q4

Tell me about a memorable experience you had while riding a bike. What happened?

자전거 타다가 겪은 기억에 남는 경험에 대해 말해 주세요. 무슨 일이 있었나요?

스토리라인

1 배경/상황 2 경험 3 결말 4 마무리

답변 순서

1 배경/상황

I went to the park to ride a bike last week.
저는 지난주에 자전거를 타러 공원에 갔습니다.

When I got there, there were a lot of people.
거기에 도착했을 때, 사람들이 많았습니다.

2 경험

I found out they were filming a movie.
알고 보니 그들은 영화를 촬영하고 있었습니다.

It was exciting to see famous stars in person.
유명한 사람들을 직접 볼 수 있어서 신났습니다.

3 결말

I think I stayed around for about ten minutes.
저는 10분 정도 머무른 것 같습니다.

4 마무리

And then, I went for a ride as usual.
그러고 나서, 평소처럼 자전거를 타러 갔습니다.

아이디어 & 추가 표현!

It suddenly started to pour heavily.
갑자기 비가 심하게 퍼붓기 시작했습니다.

My phone fell out of my pocket and crashed to the ground.
제 휴대폰이 주머니에서 떨어져서 바닥에 부딪쳤습니다.

01_12_04.mp3

IM 공략 답변

1 배경/상황 2 경험 3 결말 4 마무리	[1] I went to the park to ride a bike last week. When I got there, there were a lot of people. [2] I found out they were filming a movie. It was exciting to see famous stars in person. [3] I think I stayed around for about ten minutes. [4] And then, I went for a ride as usual. 저는 지난주에 자전거를 타러 공원에 갔습니다. 거기에 도착했을 때, 사람들이 많았습니다. 알고 보니 그들은 영화를 촬영하고 있었습니다. 유명한 사람들을 직접 볼 수 있어서 신났습니다. 저는 10분 정도 머무른 것 같습니다. 그러고 나서, 평소처럼 자전거를 타러 갔습니다.

나만의 답변

1 배경/상황	
2 경험	
3 결말	
4 마무리	

TIP!

★ 자전거를 타다가 겪은 경험으로 넘어지거나 부딪친 내용을 말하면 미리 준비한 것처럼 들릴 수 있습니다. 특정 주제에만 어울리는 스토리보다 일상에서 겪을 법한 일을 이야기하는 것이 좋고, 답변을 시작할 때 '자전거를 타러 가다가 겪었다'라고 바꾸어 말하는 것도 스토리를 활용하는 데 좋아요.

자기평가

자신의 OPIc 레벨을 확인하세요! 질문에 대한 답변을 녹음한 후 어떤 답변과 가장 비슷한지 판단하고 약점을 보완하세요.

Q: Tell me about the first time you rode a bike.

First… first bike when I, when I seven.

완벽한 문장을 만들지 못하고 긴장한 티가 많이 나요.

When I was elementary school, I ride a bike… ride a bike at park. It's fun but scared. I remember.

수 일치/어순 등의 자잘한 오류가 많고, 짤막한 문장들로 말이 계속 끊겨요.

I rode a bike when I was in elementary school. My dad teach me a bike. I was scared but it is fun.

말을 술술 잘하는 것 같지만 시제 등의 오류가 많아요.

It's been a long time! I think I first rode a bike when I was in elementary school. It was at a park, and my dad taught how to ride a bike. It was scary at first. But I had a lot fun later.

말을 이어 가려고 노력하고 있고 세부 사항이 풍부하네요!

※ 답변 샘플들은 간소화한 버전이며, 실제 시험에서는 더 많은 발화량이 요구됩니다.

Unit 13

조깅/걷기

Jogging/ Walking

일상에서 '조깅/걷기'를 주제로 대화할 때 나올 법한 내용들이 문제로 나옵니다. 실제로 조깅이나 걷기를 즐겨 하지 않더라도 쉽게 답변을 구성할 수 있는 주제이므로 준비해 두면 좋습니다. '공원 가기 / 자전거 타기 / 해변 가기' 주제와 연계해서 함께 준비하세요.

브레인스토밍

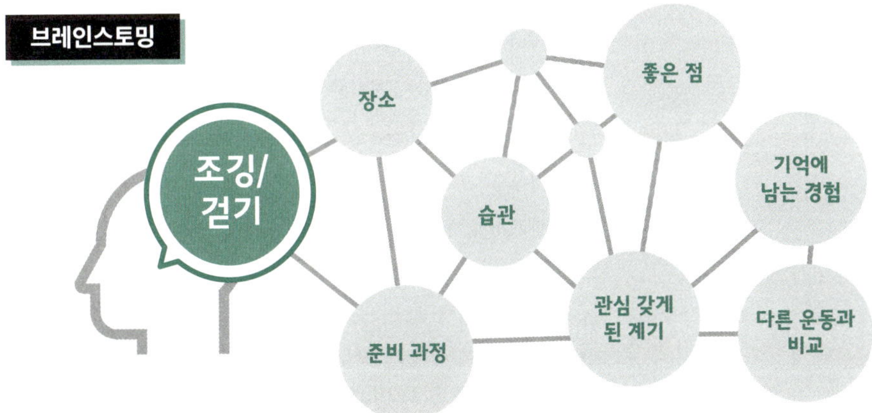

빈출 문제

Q1 You indicated in the survey that you like to go jogging. How often do you go jogging? Where do you usually go? Tell me about your jogging routine in detail.

Q2 What do you have to prepare before you go jogging[take a walk]?

Q3 How did you first become interested in jogging[walking]?

Q4 Tell me about an interesting experience you've had while jogging. What happened? Tell me all the details.

Q1

You indicated in the survey that you like to go jogging. How often do you go jogging? Where do you usually go? Tell me about your jogging routine in detail.

당신은 설문조사에서 조깅하는 것을 좋아한다고 했습니다. 얼마나 자주 조깅을 하나요? 주로 어디에 가나요? 조깅하는 습관에 대해 자세히 말해 주세요.

스토리라인

1 조깅하는 빈도 2 어디에서 3 얼마나 4 누구와 5 마무리

답변 순서

1 조깅하는 빈도

I go jogging two or three times a week in the late afternoon.

저는 일주일에 두세 번 늦은 오후에 조깅을 합니다.

I actually don't go jogging on a regular basis. 저는 사실 주기적으로 조깅을 하지는 않습니다.
I try to go jogging as often as I can. 저는 최대한 자주 조깅하려고 합니다.

2 어디에서

I usually go to the park located near my house.

저는 주로 저희 집 근처에 있는 공원에 갑니다.

The park that I usually go to is not that far from my house.
제가 주로 가는 공원은 저희 집과 그리 멀지 않습니다.

I go to the park that's closest to my house.
저는 저희 집에서 가장 가까운 공원에 갑니다.

3 얼마나

The park is not that big, so it takes about 30 minutes to jog around it.

공원이 그다지 크지는 않아서 한 바퀴를 도는 데 30분 정도 걸립니다.

4 누구와

I usually go for a jog alone, but sometimes, my family joins me during the weekends. 저는 주로 혼자 조깅하지만, 가끔은 주말에 가족들과 함께하기도 합니다.

5 마무리

Anyway, I think I have to jog more often since it's good for health.

어쨌든, 조깅은 건강에 좋기 때문에 더 자주 해야 한다고 생각합니다.

아이디어 & 추가 표현!

I like to take short breaks on the bench because the view is amazing.
전망이 훌륭하기 때문에 벤치에서 잠깐 쉬는 것을 좋아합니다.

I haven't been jogging much, so I easily run out of breath.
조깅을 자주 못했기 때문에 쉽게 숨이 찹니다.

One of my friends suggested we go jogging together.
친구들 중 한 명이 함께 조깅하러 가자고 제안했습니다.

Jogging alone sometimes can be boring.
혼자 조깅하는 것은 때때로 지루할 수 있습니다.

I'm going to make more time to go jogging.
저는 조깅하기 위해 더 많은 시간을 낼 것입니다.

01_13_01.mp3

IM 공략 답변

1 조깅하는 빈도 2 어디에서 3 얼마나 4 누구와 5 마무리	[1] I go jogging two or three times a week in the late afternoon. [2] I usually go to the park located near my house. [3] The park is not that big, so it takes about 30 minutes to jog around it. [4] I usually go for a jog alone, but sometimes, my family joins me during the weekends. [5] Anyway, I think I have to jog more often since it's good for health. 저는 일주일에 두세 번 늦은 오후에 조깅을 합니다. 저는 주로 저희 집 근처에 있는 공원에 갑니다. 공원이 그다지 크지는 않아서 한 바퀴를 도는 데 30분 정도 걸립니다. 저는 주로 혼자 조깅하지만, 가끔은 주말에 가족들과 함께하기도 합니다. 어쨌든, 조깅은 건강에 좋기 때문에 더 자주 해야 한다고 생각합니다.

나만의 답변

1 조깅하는 빈도	
2 어디에서	
3 얼마나	
4 누구와	
5 마무리	

TIP!

★ '자전거 타기'와 마찬가지로 '조깅/걷기'는 공원에서 주로 하는 활동입니다. '자전거 타기' 주제를 준비하면서 배웠던 표현과 패턴으로 답변을 준비하면 좋아요.

Q2

What do you have to prepare before you go jogging[take a walk]?

조깅[걷기] 전에 어떤 준비를 해야 하나요?

스토리라인

1 복장 2 준비물 3 준비 운동

답변 순서

1 복장

First, I need to put on comfortable clothes like workout clothes and running shoes .

일단 저는 체육복과 러닝화 같은 편안한 복장을 착용해야 합니다.

shorts and sleeveless shirts 반바지와 민소매 셔츠
sportswear and leggings 운동복과 레깅스
a windbreaker and sweatpants 바람막이 재킷과 트레이닝 바지

2 준비물

And then, I usually pack a bottle of water because it is very important when working out.

그러고 나서 물 한 병을 챙깁니다. 왜냐하면 그건 운동할 때 아주 중요하기 때문입니다.

Of course, I take my phone with my favorite songs.

당연히 제가 가장 좋아하는 노래를 넣은 휴대폰도 가져갑니다.

3 준비 운동

Before I start running, I make sure to warm up by stretching.

뛰기 전에는 반드시 스트레칭으로 준비 운동을 합니다.

아이디어 & 추가 표현!

It's important to avoid injuries while jogging.
조깅할 때 부상을 피하는 것이 중요합니다.

In case it rains, I check weather forecasts.
비 올 경우를 대비해서, 저는 일기 예보를 확인합니다.

01_13_02.mp3

IM 공략 답변

1 복장 2 준비물 3 준비 운동	[1] First, I need to put on comfortable clothes like workout clothes and running shoes. [2] And then, I usually pack a bottle of water because it is very important when working out. Of course, I take my phone with my favorite songs. [3] Before I start running, I make sure to warm up by stretching. 일단 저는 체육복과 러닝화 같은 편안한 복장을 착용해야 합니다. 그러고 나서 물 한 병을 챙깁니다. 왜냐하면 그건 운동할 때 아주 중요하기 때문입니다. 당연히 제가 가장 좋아하는 노래를 넣은 휴대폰도 가져갑니다. 뛰기 전에는 반드시 스트레칭으로 준비 운동을 합니다.

나만의 답변

1 복장	
2 준비물	
3 준비 운동	

TIP!

★ 빈출 문제는 아니기 때문에 부담되지 않을 정도의 발화량만 준비해 두세요.

★ 이 내용은 '공원 가기/해변 가기/자전거 타기'(선택 Unit 7, 8, 12) 주제의 답변으로 활용될 수 있어요.

Q3

How did you first become interested in jogging[walking]?

어떻게 조깅[걷기]에 처음 관심을 가지게 되었나요?

스토리라인

1 언제 2 시작한 이유 3 감정/느낌/의견

답변 순서

1 언제

A few years ago, one of my friends suggested jogging together.
몇 년 전에 친구들 중 한 명이 같이 조깅하자고 제안했습니다.

2 시작한 이유

He's actually the healthiest person I know.
그 친구는 사실 제가 아는 가장 건강한 사람입니다.

I wanted to lose weight then, so we've been jogging together ever since.
저도 그때 살을 빼고 싶었기 때문에 우리는 그때부터 같이 조깅하고 있습니다.

be healthier 더 건강해지다 stay healthy 건강을 유지하다
go on a diet 다이어트를 시작하다 get in shape 건강한 몸매를 만들다

3 감정/느낌/의견

At first, I wasn't sure about the effect, but after a few months, I could feel myself getting healthier.
처음에는 효과를 잘 몰랐지만 몇 달 후에 저는 제 자신이 더 건강해지는 것을 느꼈습니다.

아이디어 & 추가 표현!

I realized that I seriously needed to get healthier.
저는 정말 더 건강해질 필요가 있다는 것을 깨달았습니다.

Now, I'm the one who recommends it to everyone.
이제는 제가 나서서 사람들에게 추천합니다.

01_13_03.mp3

IM 공략 답변

1 언제 **2 시작한 이유** **3 감정/느낌/의견**	[1] A few years ago, one of my friends suggested jogging together. [2] He's actually the healthiest person I know. I wanted to lose weight then, so we've been jogging together ever since. [3] At first, I wasn't sure about the effect, but after a few months, I could feel myself getting healthier. 몇 년 전에 친구들 중 한 명이 같이 조깅하자고 제안했습니다. 그 친구는 사실 제가 아는 가장 건강한 사람입니다. 저도 그때 살을 빼고 싶었기 때문에 우리는 그때부터 같이 조깅하고 있습니다. 처음에는 효과를 잘 몰랐지만 몇 달 후에 저는 제 자신이 더 건강해지는 것을 느꼈습니다.

나만의 답변

1 언제	
2 시작한 이유	
3 감정/느낌/의견	

TIP!

★ 과거의 일을 설명하는 내용이므로 시제에 오류가 발생하지 않도록 신경 쓰세요!

★ '건강'(돌발 Unit 12) 주제에서도 활용할 수 있는 내용이에요.

Q4

Tell me about an interesting experience you've had while jogging. What happened? Tell me all the details.

조깅하다가 겪은 흥미로운 경험에 대해 말해 주세요. 무슨 일이 있었나요? 자세히 말해 주세요.

스토리라인

1 배경/상황 2 경험 3 결말 4 마무리

답변 순서

1 배경/상황

I went to Han River Park to go jogging last month.
저는 지난달에 조깅하러 한강 공원에 갔습니다.

2 경험

I was running along the river, and suddenly it started to pour!
강가를 따라 뛰고 있었는데, 갑자기 비가 쏟아지기 시작했습니다!

There was nowhere to run for cover, so I got soaked from head to toe.
비를 피할 곳이 없어서 머리부터 발끝까지 젖었습니다.

3 결말

I got a bad cold the next day.
그 다음 날 저는 심한 감기에 걸렸습니다.

4 마무리

It was definitely one of my worst moments.
정말 최악의 순간 중 하나였습니다.

아이디어 & 추가 표현!

I found a phone lying on the grass.
잔디 위에 있던 휴대폰을 발견했습니다.

Some parts of the track were muddy from rain, and I slipped. It didn't hurt, but I was so embarrassed!
비로 인해 조깅 트랙의 몇 군데는 진흙투성이였고, 저는 미끄러졌습니다. 아프진 않았지만 너무 창피했습니다!

01_13_04.mp3

IM 공략 답변

1 배경/상황 2 경험 3 결말 4 마무리	[1] I went to Han River Park to go jogging last month. [2] I was running along the river, and suddenly it started to pour! There was nowhere to run for cover, so I got soaked from head to toe. [3] I got a bad cold the next day. [4] It was definitely one of my worst moments. 저는 지난달에 조깅하러 한강 공원에 갔습니다. 강가를 따라 뛰고 있었는데, 갑자기 비가 쏟아지기 시작했습니다! 비를 피할 곳이 없어서 머리부터 발끝까지 젖었습니다. 그 다음 날 저는 심한 감기에 걸렸습니다. 정말 최악의 순간 중 하나였습니다.

나만의 답변

1 배경/상황	
2 경험	
3 결말	
4 마무리	

TIP!

★ '조깅/걷기'에만 관련된 스토리일 필요는 없으니 여러 주제에 활용될 수 있는 스토리를 만들어 두세요.

자기평가

자신의 OPIc 레벨을 확인하세요! 질문에 대한 답변을 녹음한 후 어떤 답변과 가장 비슷한지 판단하고 약점을 보완하세요.

Q: Tell me about your typical jogging[walking] day.

I jogging... in morning...

완벽한 문장을 만들지 못하고 문장 안에서 단어를 변형시키지도 못해요.

I go jogging at the park. The park is close to my house and its name is Han River Park. It's a nice place to exercise.

수 일치/어순 등의 자잘한 오류가 많고, 질문에서 살짝 벗어난 대답을 하네요.

I like jogging in the morning. I go to the park and go jogging. And I run for an hour. It's refreshing! And I take a break on the bench and listen to music. And then I come home. And it's a typical day.

말을 술술 잘하는 것 같지만 자잘한 오류나 반복된 접속사가 들리네요.

I guess I go jogging about twice a week. First, I put on my comfortable workout clothes and then do some stretching for warm up. There's a local park I like to go. I go for a run for about 30 minutes before taking a break. After a short break, I take a little walk before heading home.

말을 이어 가려고 노력하고 있고 상세하게 묘사해서 발화량이 좋아요!

※ 답변 샘플들은 간소화한 버전이며, 실제 시험에서는 더 많은 발화량이 요구됩니다.

Unit 14

집에서 보내는 휴가
Vacation at Home

선택 주제 중 가장 다양하게 활용할 수 있는 주제입니다. '영화 보기 / 음악 듣기 / 요리하기 / 집안일' 등의 활동이 전부 집에서 휴가를 보낼 때 할 수 있는 일이기 때문에 다른 주제에서 이미 배웠던 표현 및 패턴을 활용할 수 있습니다.

브레인스토밍

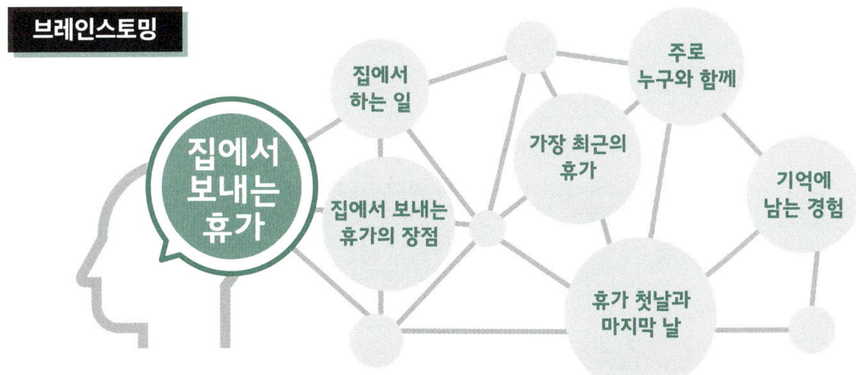

빈출 문제

Q1 You indicated in the survey that you like to spend vacations at home. What do you usually do during a vacation at home?

Q2 Who do you usually spend time with when you have a vacation at home?

Q3 When was the last time you had a vacation at home? What did you do on the first and the last day?

Q4 What was the most memorable experience you've had during a vacation at home?

Q1

You indicated in the survey that you like to spend vacations at home. What do you usually do during a vacation at home?

당신은 설문조사에서 집에서 휴가를 보내는 것을 좋아한다고 했습니다. 집에서 휴가를 보낼 때 주로 무엇을 하나요?

스토리라인

1 서론 **2** 활동① **3** 활동② **4** 좋아하는 이유 **5** 마무리

답변 순서

1 서론

When I spend my vacation at home, I generally try to relax and take a rest.

저는 집에서 휴가를 보낼 때, 대체로 긴장을 풀고 휴식을 취하려고 합니다.

2 활동①

I download some movies or music, or watch TV with my family .

저는 영화나 음악을 다운 받거나 가족과 함께 TV를 봅니다.

watch movies, listen to music, or take a nap 영화를 보거나 음악을 듣거나 낮잠을 자다
text with my friends, or surf the Internet 친구들과 문자를 하거나 인터넷 서핑을 하다

3 활동②

Sometimes, I invite my friends over to my neighborhood to hang out.

때로는 친구들을 동네에 초대해서 같이 놉니다.

4 좋아하는 이유

It's a great chance to get away from all the worries and problems.

모든 걱정거리와 힘든 일로부터 벗어날 수 있는 좋은 기회입니다.

5 마무리

Ava, what do you usually do during your vacation at home?

Ava, 당신은 집에서 휴가를 보낼 때 주로 무엇을 하나요?

how do you spend your vacation at home? 집에서 휴가를 어떻게 보내나요?
could you tell me what you do when you're at home?
집에 있을 때 무엇을 하는지 말해 줄 수 있나요?

아이디어 & 추가 표현!

We find ourselves a nice café to chat. 우리는 수다 떨기 좋은 카페를 찾습니다.

We go for a ride at the local park nearby. 우리는 자전거를 타러 가까운 동네 공원에 갑니다.

This is the best part of my week. 이때가 일주일 중에 가장 마음에 드는 시간입니다.

01_14_01.mpx

IM 공략 답변

1 서론 2 활동① 3 활동② 4 좋아하는 이유 5 마무리	[1] When I spend my vacation at home, I generally try to relax and take a rest. [2] I download some movies or music, or watch TV with my family. [3] Sometimes, I invite my friends over to my neighborhood to hang out. [4] It's a great chance to get away from all the worries and problems. [5] Ava, what do you usually do during your vacation at home? 저는 집에서 휴가를 보낼 때, 대체로 긴장을 풀고 휴식을 취하려고 합니다. 저는 영화나 음악을 다운 받거나 가족과 함께 TV를 봅니다. 때로는 친구들을 동네에 초대해서 같이 놉니다. 모든 걱정거리와 힘든 일로부터 벗어날 수 있는 좋은 기회입니다. Ava, 당신은 집에서 휴가를 보낼 때 주로 무엇을 하나요?

나만의 답변

1 서론	
2 활동①	
3 활동②	
4 좋아하는 이유	
5 마무리	

TIP!

★ 답변을 마무리하는 방법 중 하나는 상대방에게 되묻는 것입니다. 답변을 끝내고 마땅히 할 말이 없다면, Ava를 부른 후 받은 질문을 되물으면 돼요.

★ '쉬다'라는 표현을 다양하게 익혀 두세요.
relax / get some rest / wind down / unwind / give myself a break /
kick back / recharge my batteries / chill out / blow off steam /
take time off / take things easy

Q2

Who do you usually spend time with when you have a vacation at home?

집에서 휴가를 보낼 때 주로 누구와 함께 시간을 보내나요?

스토리라인

1 서론　2 집에서 가족과　3 동네에서 친구와

답변 순서

1 서론

I spend my vacation at home with my family and friends.
저는 가족과 친구들과 함께 집에서 휴가를 보냅니다.

2 집에서 가족과

Sometimes, I watch movies or TV programs with my family.
가끔은 가족과 함께 영화나 TV 프로그램을 봅니다.

We cook dinner together and talk about our daily lives .
저녁을 같이 요리하고 일상에 대해 대화를 나누기도 합니다.

- go to get groceries, or drive to the suburbs 장을 보러 가거나 교외로 드라이브를 가다
- clean the house and do gardening 집을 청소하고 정원을 손질하다
- invite my relatives and play games with them 친척들을 초대하고 그들과 게임을 하다
- play badminton in the park 공원에서 배드민턴을 치다

3 동네에서 친구와

Other times, I hang out with my friends at a park in my neighborhood.
다른 때에는 친구들과 동네에 있는 공원에서 놉니다.

- have a drink with my friends at a bar
  술집에서 친구들과 한잔하다
- go shopping with my friends at the shopping mall
  쇼핑몰에 친구들과 쇼핑하러 가다

It's a lot of fun.
정말 재미있습니다.

아이디어 & 추가 표현!

I have a good time with my family. 가족과 좋은 시간을 보냅니다.

I enjoy having people over at home. 저는 사람들이 집에 놀러 오는 것을 좋아합니다.

Sometimes all the relatives get together at home, and it just feels like a holiday.
때때로 친척 모두가 집에 모이는데, 명절 같은 기분이 듭니다.

01_14_02.mp3

IM 공략 답변

1 서론 **2 집에서 가족과** **3 동네에서 친구와**	[1] I spend my vacation at home with my family and friends. [2] Sometimes, I watch movies or TV programs with my family. We cook dinner together and talk about our daily lives. [3] Other times, I hang out with my friends at a park in my neighborhood. It's a lot of fun. 저는 가족과 친구들과 함께 집에서 휴가를 보냅니다. 가끔은 가족과 함께 영화나 TV 프로그램을 봅니다. 저녁을 같이 요리하고 일상에 대해 대화를 나누기도 합니다. 다른 때에는 친구들과 동네에 있는 공원에서 놉니다. 정말 재미있습니다.

나만의 답변

1 서론	
2 집에서 가족과	
3 동네에서 친구와	

TIP!

★ 부담되지 않을 정도의 발화량만 준비하되 자잘한 오류가 생기지 않도록 유의하세요!

Chapter 1

선택 주제

Q3

When was the last time you had a vacation at home? What did you do on the first and the last day?

마지막으로 집에서 보낸 휴가는 언제였나요? 첫날과 마지막 날에 무엇을 했나요?

스토리라인

1 언제 **2** 첫날 **3** 마지막 날 **4** 마무리

답변 순서

1 언제

I stayed home last week during my vacation.
저는 지난주에 휴가로 집에 있었습니다.

2 첫날

On the first day, I saw a movie at home with my family.
첫날에는 집에서 가족과 함께 영화를 봤습니다.

One of the new releases was aired on television, and it was quite good.
TV에서 최신작 중 하나가 방영되었고 꽤 괜찮았습니다.

3 마지막 날

On the last day, we all went to the grocery store near my house.
마지막 날에는 우리 모두 집 근처에 위치한 식료품점에 갔습니다.

We bought some groceries for the week and had dinner before heading home.
일주일치 장을 보았고 집에 가기 전에 저녁을 먹었습니다.

It was fun to go grocery shopping.
장 보는 건 재미있었습니다.

4 마무리

It was my typical vacation at home.
이것이 집에서 보내는 저의 일반적인 휴가였습니다.

아이디어 & 추가 표현!

The best vacation for me is just lazing around in my room.
제가 생각하는 최고의 휴가는 제 방에서 그냥 뒹굴거리는 것입니다.

I like to read books while lying on the couch.
저는 소파에 누워서 책 읽는 것을 좋아합니다.

01_14_03.mp3

IM 공략 답변

1 언제 2 첫날 3 마지막 날 4 마무리	[1] I stayed home last week during my vacation. [2] On the first day, I saw a movie at home with my family. One of the new releases was aired on television, and it was quite good. [3] On the last day, we all went to the grocery store near my house. We bought some groceries for the week and had dinner before heading home. It was fun to go grocery shopping. [4] It was my typical vacation at home. 저는 지난주에 휴가로 집에 있었습니다. 첫날에는 집에서 가족과 함께 영화를 봤습니다. TV에서 최신작 중 하나가 방영되었고 꽤 괜찮았습니다. 마지막 날에는 우리 모두 집 근처에 위치한 식료품점에 갔습니다. 일주일치 장을 보았고 집에 가기 전에 저녁을 먹었습니다. 장 보는 건 재미있었습니다. 이것이 집에서 보내는 저의 일반적인 휴가였습니다.

나만의 답변

1 언제	
2 첫날	
3 마지막 날	
4 마무리	

TIP!

★ 집에서 하는 활동을 3~4가지 떠올려 본 후, 질문에 맞게 첫날과 마지막 날로 나눠서 차례대로 말하면 됩니다. 순서가 뒤죽박죽 섞이지 않도록 주의하세요.

★ 과거의 일을 설명하기 때문에 동사의 시제에 오류가 발생하지 않도록 유의하세요.

Q4

What was the most memorable experience you've had during a vacation at home?

집에서 휴가를 보내다가 겪었던 가장 기억에 남는 경험은 무엇인가요?

스토리라인

1 언제/어디에서 2 경험 3 결말 4 마무리

답변 순서

1 언제/어디에서

I guess it was about a few months ago when I had an awful experience.
끔찍한 경험을 했던 것은 대략 몇 개월 전인 것 같습니다.

2 경험

I was home, having lunch at the dining table, and accidentally dropped my phone on the floor.
저는 집에 있었고 식탁에서 점심을 먹고 있었는데, 실수로 휴대폰을 바닥에 떨어뜨렸습니다.

It went down with a huge crash, and the screen broke into pieces.
그것은 굉장히 세게 떨어졌고 화면이 산산조각 났습니다.

I was so frustrated!
정말 짜증 났습니다!

3 결말

I took it to a repair shop and had to pay a lot of money to replace the screen.
저는 그것을 수리점에 가져갔고 액정을 교체하느라 돈을 많이 내야 했습니다.

4 마무리

This was one of the worst moments during my vacation at home.
이것이 집에서 보낸 휴가 중 최악의 순간이었습니다.

아이디어 & 추가 표현!

The Internet stopped working all of a sudden. 인터넷이 갑자기 멈추었습니다.

I spilled soda all over the floor. 탄산음료를 바닥에 다 쏟았습니다.

01_14_04.mp3

IM 공략 답변

1 언제/어디에서 2 경험 3 결말 4 마무리	[1] I guess it was about a few months ago when I had an awful experience. [2] I was home, having lunch at the dining table, and accidentally dropped my phone on the floor. It went down with a huge crash, and the screen broke into pieces. I was so frustrated! [3] I took it to a repair shop and had to pay a lot of money to replace the screen. [4] This was one of the worst moments during my vacation at home. 끔찍한 경험을 했던 것은 대략 몇 개월 전인 것 같습니다. 저는 집에 있었고 식탁에서 점심을 먹고 있었는데, 실수로 휴대폰을 바닥에 떨어뜨렸습니다. 그것은 굉장히 세게 떨어졌고 화면이 산산조각 났습니다. 정말 짜증 났습니다! 저는 그것을 수리점에 가져갔고 액정을 교체하느라 돈을 많이 내야 했습니다. 이것이 집에서 보낸 휴가 중 최악의 순간이었습니다.

나만의 답변

1 언제/어디에서	
2 경험	
3 결말	
4 마무리	

TIP!

★ 기계(휴대폰, 컴퓨터 등)에 문제가 생긴 경험은 유용한 스토리 중 하나입니다. 롤플레이에서도 활용할 수 있기 때문에 미리 준비해 두면 좋아요.

자기평가

자신의 OPIc 레벨을 확인하세요! 질문에 대한 답변을 녹음한 후 어떤 답변과 가장 비슷한지 판단하고 약점을 보완하세요.

Q: What did you do during the last vacation at home? Tell me what you did on the first and last day of your vacation.

My last vacation at home. I... I watch movie have dinner... and then? And... I slept.

완벽한 문장을 만들지 못하고 표현들이 단순하게 나열되며 반복되는 것 같네요.

My last vacation at home, I do some household chore. I clean my room, I vacuum the floors and... I took out the garbages.

수 일치/어순 등의 자잘한 오류가 많고, 짤막한 문장들로 말이 계속 끊겨요.
질문에서 묻는 내용 중에 빠진 것도 있네요.

During the last vacation at home, on the first day, I spend time with my family. We have dinner and then watched TV together. On the last day, I went to park and... ride a bike along the river.

말을 술술 잘하는 것 같지만 시제 오류가 계속 보이고, 문장 구조나 접속사가 반복되기도 해요.

My last vacation at home was a few weeks ago. I had four days off in total, including the weekend. On the first day, I didn't do anything special. I just chilled out in my room with my favorite music on. Then, on the last day, I went out to the local park to get some fresh air. Overall, it was a great chance for me to recharge my batteries.

말을 이어 가려고 노력하고 있고 발화량이나 속도감도 좋으며 시제 오류가 없네요!

※ 답변 샘플들은 간소화한 버전이며, 실제 시험에서는 더 많은 발화량이 요구됩니다.

Unit 15

국내 여행/해외 여행

Traveling

국내 여행과 해외 여행은 통합해서 준비하면 됩니다. 장소가 국내 또는 해외로 바뀌는 것일 뿐 문제의 유형은 동일합니다.

브레인스토밍

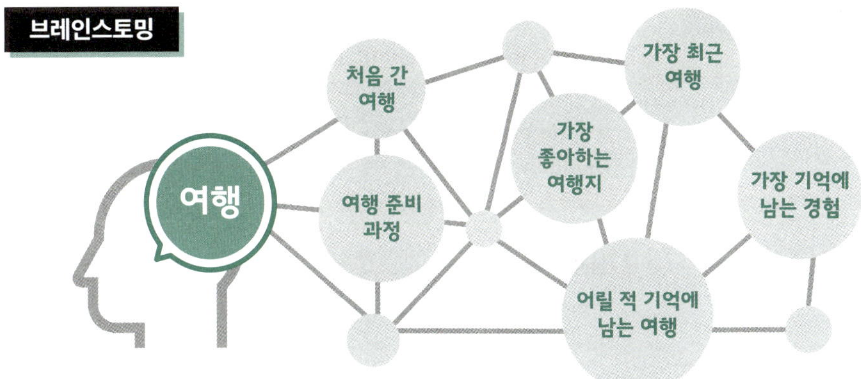

빈출 문제

Q1 What's your favorite place to travel in your country?

Q2 How do you prepare for traveling? What do you usually take when going on a trip? Tell me in detail.

Q3 Tell me about the most memorable trip you've had.

Q1

What's your favorite place to travel in your country?

국내에서 가장 좋아하는 여행지는 어디인가요?

스토리라인

1 여행지 2 상세 묘사 3 마무리

답변 순서

1 여행지

I've got to tell you about Jeju Island.

제주도에 대해서 말씀 드리겠습니다.

It's the biggest island in Korea, and I think it takes an hour to get there from Seoul by flight.

그곳은 한국에서 가장 큰 섬이며, 서울에서 비행기로 한 시간 정도 걸리는 것 같습니다.

2 상세 묘사

There are palm trees everywhere, and it has lots of touristy places.

어디를 가도 야자수가 있고 관광지도 많습니다.

Basically, there are great nature spots, and the island is surrounded by pebble beaches.

기본적으로 자연 명소가 많으며 섬은 자갈 해변으로 둘러싸여 있습니다.

In the middle of the island, there's a mountain called Halla.

섬 중앙에는 한라산이라고 불리는 산이 있습니다.

It is the highest in Korea, and the sunrise from the top of it is thought to be one of the most beautiful views in the country.

그 산은 한국에서 가장 높으며, 정상에서 보는 일출은 국내에서 가장 아름다운 전망 중 하나로 손꼽힙니다.

As for the food, I can eat different kinds of seafood which can be hard to get in Seoul.

음식에 대해 말하자면, 서울에서 구하기 힘든 다양한 종류의 해산물을 먹을 수 있습니다.

All the locals are friendly and sweet, which makes it even better!

모든 현지인들은 친절하고 다정해서 제주도를 더욱 좋아지게 합니다!

3 마무리

Anyway, all my stress disappears while on a vacation in Jeju.

어쨌든, 제주도에서 휴가를 보내는 동안 모든 스트레스가 사라집니다.

Ava, I strongly recommend you visit it sometime!

Ava, 언젠가 그곳을 방문하시길 적극 추천합니다!

01_15_01.mp3

IM 공략 답변

1 여행지 **2 상세 묘사** **3 마무리**	[1] I've got to tell you about Jeju Island. It's the biggest island in Korea, and I think it takes an hour to get there from Seoul by flight. [2] There are palm trees everywhere, and it has lots of touristy places. Basically, there are great nature spots, and the island is surrounded by pebble beaches. In the middle of the island, there's a mountain called Halla. It is the highest in Korea, and the sunrise from the top of it is thought to be one of the most beautiful views in the country. As for the food, I can eat different kinds of seafood which can be hard to get in Seoul. All the locals are friendly and sweet, which makes it even better! [3] Anyway, all my stress disappears while on a vacation in Jeju. Ava, I strongly recommend you visit it sometime!
	제주도에 대해서 말씀 드리겠습니다. 그곳은 한국에서 가장 큰 섬이며, 서울에서 비행기로 한 시간 정도 걸리는 것 같습니다. 어디를 가도 야자수가 있고 관광지도 많습니다. 기본적으로 자연 명소가 많으며 섬은 자갈 해변으로 둘러싸여 있습니다. 섬 중앙에는 한라산이라고 불리는 산이 있습니다. 그 산은 한국에서 가장 높으며, 정상에서 보는 일출은 국내에서 가장 아름다운 전망 중 하나로 손꼽힙니다. 음식에 대해 말하자면, 서울에서 구하기 힘든 다양한 종류의 해산물을 먹을 수 있습니다. 모든 현지인들은 친절하고 다정해서 제주도를 더욱 좋아지게 합니다! 어쨌든, 제주도에서 휴가를 보내는 동안 모든 스트레스가 사라집니다. Ava, 언젠가 그곳을 방문하시길 적극 추천합니다!

나만의 답변

1 여행지	
2 상세 묘사	
3 마무리	

TIP!

★ 제주도와 관련된 이야기도 오픽에서 다양하게 활용할 수 있는 이야깃거리예요. 회화 실력을 향상하기 위해서도 좋은 내용이니 충분히 연습해서 익숙해지세요.

Q2

How do you prepare for traveling? What do you usually take when going on a trip? Tell me in detail.

여행 준비는 어떻게 하나요? 여행 갈 때 주로 무엇을 가지고 가나요? 자세히 말해 주세요.

스토리라인

1 서론　2 여행 준비　3 챙길 짐　4 마무리

답변 순서

1 서론

There are many things I have to do before going on a trip.

여행 가기 전에는 해야 할 일들이 많습니다.

2 여행 준비

I collect some information about the place from blogs online .

저는 온라인 블로그에서 여행지의 정보를 모읍니다.

look for info on plane tickets 비행기 표를 알아보다　book a place to stay 숙소를 잡다
check the weather 날씨를 확인하다　make a budget 예산을 짜다
research tourist attractions 관광지를 조사하다
get recommendations from friends 친구들에게 추천 받다

3 챙길 짐

And then, I've got to pack my suitcase.

그러고 나서, 짐을 싸야 합니다.

I prefer traveling light.

저는 가볍게 여행하는 것을 선호합니다.

I take my passport, phone, and some cash.

여권, 휴대폰, 그리고 약간의 현금을 챙깁니다.

I put in some clothes and a toothbrush, too.

몇 벌의 옷과 칫솔도 넣습니다.

4 마무리

Finally, I'm ready to hit the road!

마침내 여행길에 오를 준비가 되었습니다!

아이디어 & 추가 표현!

I need to take clothes, so checking the weather of the place I'm visiting is very important. 옷을 챙겨야 해서 제가 방문하는 장소의 날씨를 확인하는 것은 아주 중요합니다.

01_15_02.mp3

IM 공략 답변

1 서론 2 여행 준비 3 챙길 짐 4 마무리	[1] There are many things I have to do before going on a trip. [2] I collect some information about the place from blogs online. [3] And then, I've got to pack my suitcase. I prefer traveling light. I take my passport, phone, and some cash. I put in some clothes and a toothbrush, too. [4] Finally, I'm ready to hit the road! 여행 가기 전에는 해야 할 일들이 많습니다. 저는 온라인 블로그에서 여행지의 정보를 모읍니다. 그러고 나서, 짐을 싸야 합니다. 저는 가볍게 여행하는 것을 선호합니다. 여권, 휴대폰, 그리고 약간의 현금을 챙깁니다. 몇 벌의 옷과 칫솔도 넣습니다. 마침내 여행길에 오를 준비가 되었습니다!

나만의 답변

1 서론	
2 여행 준비	
3 챙길 짐	
4 마무리	

TIP!

★ '국내 여행'에 대해 답변할 경우, '여권을 챙긴다'는 내용을 제외하고 나머지 준비 과정을 동일하게 답변하면 돼요.

Q3

Tell me about the most memorable trip you've had.

가장 기억에 남는 여행에 대해 말해 주세요.

스토리라인

1 기본 정보　2 관광　3 음식　4 쇼핑　5 감정/느낌/의견

답변 순서

1 기본 정보

A few years ago, I went to Osaka in Japan.
몇 년 전에 일본에 있는 오사카에 갔습니다.

I went alone because I didn't want to get stressed about scheduling.
일정에 대해 스트레스를 받지 않기 위해서 혼자 갔습니다.

2 관광

I visited some tourist attractions.
저는 몇몇 관광지들을 방문했습니다.

Osaka Castle was fascinating, with pretty cherry blossoms.
오사카 성이 아름다운 벚꽃과 어우러져서 매력적이었습니다.

The place was very crowded with people of all ages.
그곳은 모든 연령대의 사람들로 아주 붐볐습니다.

I loved the energetic vibe of the place!
저는 그곳의 활력 넘치는 분위기가 마음에 들었습니다!

3 음식

And then, I went to a famous sushi place and tried some of the local food.
그러고 나서, 저는 유명한 초밥집에 가서 현지 음식을 먹어 보았습니다.

Honestly, it was the best sushi I've ever had in my life.
솔직히, 살면서 가장 맛있게 먹은 초밥이었습니다.

4 쇼핑

Finally, I did shopping. 마지막으로 쇼핑을 했습니다.

I bought some gifts for my family and friends back home.
집으로 돌아가면서 가족과 친구들에게 줄 선물을 샀습니다.

5 감정/느낌/의견

Overall, I enjoyed the trip, and I'm definitely going to go there again soon!
전반적으로 저는 여행이 즐거웠고, 조만간 그곳을 꼭 다시 방문할 겁니다!

01_15_03.mp3

IM 공략 답변

1 기본 정보 2 관광 3 음식 4 쇼핑 5 감정/느낌/의견	[1] A few years ago, I went to Osaka in Japan. I went alone because I didn't want to get stressed about scheduling. [2] I visited some tourist attractions. Osaka Castle was fascinating, with pretty cherry blossoms. The place was very crowded with people of all ages. I loved the energetic vibe of the place! [3] And then, I went to a famous sushi place and tried some of the local food. Honestly, it was the best sushi I've ever had in my life. [4] Finally, I did shopping. I bought some gifts for my family and friends back home. [5] Overall, I enjoyed the trip, and I'm definitely going to go there again soon!
	몇 년 전에 일본에 있는 오사카에 갔습니다. 일정에 대해 스트레스를 받지 않기 위해서 혼자 갔습니다. 저는 몇몇 관광지들을 방문했습니다. 오사카 성이 아름다운 벚꽃과 어우러져서 매력적이었습니다. 그곳은 모든 연령대의 사람들로 아주 붐볐습니다. 저는 그곳의 활력 넘치는 분위기가 마음에 들었습니다! 그러고 나서, 저는 유명한 초밥집에 가서 현지 음식을 먹어 보았습니다. 솔직히, 살면서 가장 맛있게 먹은 초밥이었습니다. 마지막으로 쇼핑을 했습니다. 집으로 돌아가면서 가족과 친구들에게 줄 선물을 샀습니다. 전반적으로 저는 여행이 즐거웠고, 조만간 그곳을 꼭 다시 방문할 겁니다!

나만의 답변

1 기본 정보	
2 관광	
3 음식	
4 쇼핑	
5 감정/느낌/의견	

TIP!

★ '여행' 주제에서는 주어진 답변을 암기하기보다는 실제 갔다온 여행의 내용을 준비하는 것이 좋아요. 다양한 표현들을 익혀서 자신만의 답변을 만들어 두세요!

자기평가

자신의 OPIc 레벨을 확인하세요! 질문에 대한 답변을 녹음한 후 어떤 답변과 가장 비슷한지 판단하고 약점을 보완하세요.

Q: Tell me about your memorable trip.

I go Japan. My family... my family go Osaka. Fun. Sushi... and noodle very very good.

완벽한 문장을 만들지 못하고, 말하는 중간에 공백이 많아요.

I went to Japan, I went to Osaka in Japan. I went with my family. I go sightseeing to Osaka Castle. Ava, do you know Osaka Castle? Osaka Castle is famous... famous it's beautiful.

수 일치/어순 등의 자잘한 오류가 많고, 짤막한 문장들로 말이 계속 끊겨요.

I visited Osaka, Japan, with my family. I went there last year with my family. It's my first time to visit to Osaka. So... it was fun. I saw the castle, ate sushi and oh, sushi was really really good. I had a lot of fun.

말을 술술 잘하는 것 같지만 시제에서 오류가 들리네요.

My most memorable trip would definitely be when I went to Osaka, Japan, last year with my family. It was my first time to Japan, so I was so excited at the time. We visited some landmarks like Osaka Castle and had some of the best food, and... we just had a blast there. I hope I could travel there again in the near future.

말을 이어 가려고 노력하고 있고 발화량이나 속도감도 좋으며 시제 오류가 없네요!

※ 답변 샘플들은 간소화한 버전이며, 실제 시험에서는 더 많은 발화량이 요구됩니다.

memo

2 Chapter

스파르타
OPIc
IM 공략

돌발 주제

Unit 01

가구/가전

Furniture/ Appliance

'가전'의 경우 '기술' 주제와 쉽게 연계할 수 있지만 '가구'는 따로 준비해 두는 것이 좋습니다. '집 묘사'에서 언급했던 '가구'를 활용하면 더 수월하게 대비할 수 있습니다.

브레인스토밍

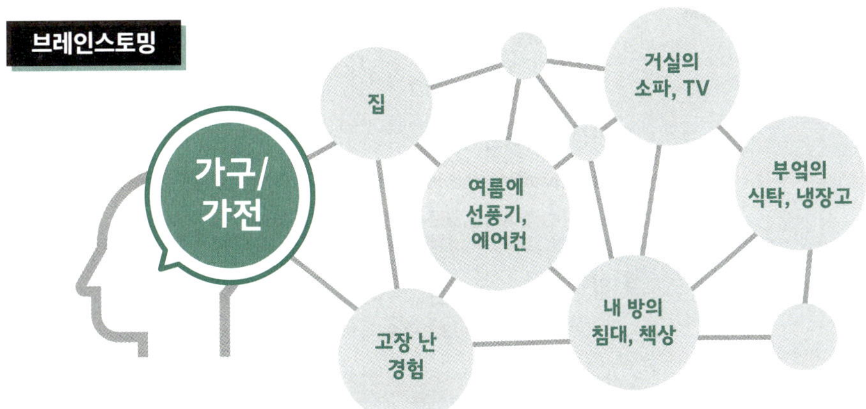

빈출 문제

Q1 I'd like to talk about the furniture in your house. What kind of furniture do you have in your house? Which one is your favorite piece? Why is it special? Please describe it in detail.

Q2 Tell me about the furniture you had when you were a child.

Q3 Have you ever had any problems with furniture?

Q1

I'd like to talk about the furniture in your house. What kind of furniture do you have in your house? Which one is your favorite piece? Why is it special? Please describe it in detail.

당신의 집에 있는 가구에 대해서 말해 주세요. 당신의 집에는 어떤 가구가 있나요? 가장 좋아하는 가구는 무엇인가요? 왜 특별한가요? 자세히 묘사해 주세요.

스토리라인

1 집에 있는 가구 2 가장 좋아하는 가구 3 상세 묘사 4 감정/느낌/의견

답변 순서

1 집에 있는 가구

There are several pieces of furniture in my house.
우리 집에는 몇 가지 가구가 있습니다.

2 가장 좋아하는 가구

My favorite one is the couch in the living room.
제가 가장 좋아하는 것은 거실에 있는 소파입니다.

3 상세 묘사

It's black and is made of leather.
검정색이고 가죽으로 만들어졌습니다.

It's a checkered one that is made of fabric. 체크 무늬이고 천으로 만들어졌습니다.
It's gray, and it can change into a bed. 회색이고 침대로 바뀔 수 있습니다.

Also, it's big enough for my whole family.
또한, 우리 가족 전부가 앉을 만큼 충분히 큽니다.

It's my favorite because it's very comfortable and I can spend some time with my family there.
그것을 제일 좋아하는 이유는 매우 편안하고, 거기서 가족과 함께 시간을 보낼 수 있기 때문입니다.

4 감정/느낌/의견

So, that's why I like the couch the most.
그래서 저는 소파가 가장 좋습니다.

아이디어 & 추가 표현!

sofa 소파	tea table 탁자	bed 침대
desk 책상	dining table 식탁	bookcase 책장
dresser 서랍장	chair 의자	wardrobe 옷장

02_01_01.mp3

IM 공략 답변

1 집에 있는 가구 **2 가장 좋아하는 가구** **3 상세 묘사 [특징]** **4 감정/느낌/의견**	[1] There are several pieces of furniture in my house. [2] My favorite one is the couch in the living room. [3] It's black and is made of leather. Also, it's big enough for my whole family. It's my favorite because it's very comfortable and I can spend some time with my family there. [4] So, that's why I like the couch the most. 우리 집에는 몇 가지 가구가 있습니다. 제가 가장 좋아하는 것은 거실에 있는 소파입니다. 검정색이고 가죽으로 만들어졌습니다. 또한, 우리 가족 전부가 앉을 만큼 충분히 큽니다. 그것을 제일 좋아하는 이유는 매우 편안하고, 거기서 가족과 함께 시간을 보낼 수 있기 때문입니다. 그래서 저는 소파가 가장 좋습니다.

나만의 답변

1 집에 있는 가구	
2 가장 좋아하는 가구	
3 상세 묘사	
4 감정/느낌/의견	

TIP!

★ 유형이 '묘사하기'에 속하므로 다양한 형용사를 쓰세요. 같은 단어가 반복되지 않도록 어휘량을 늘리세요.

Q2

Tell me about the furniture you had when you were a child.
어렸을 때 어떤 가구가 있었는지 말해 주세요.

스토리라인

1 서론 2 거실 가구 3 내 방 가구 4 마무리

답변 순서

1 서론

I don't really remember all the furniture we had when I was a child.
어렸을 때 있었던 모든 가구가 생각나진 않습니다.

2 거실 가구

In the living room, there was a beige couch , and it was not that big.
거실에는 베이지색 소파가 있었는데 그다지 크진 않았습니다.

a comfortable sofa 편안한 소파 a bookcase 책장

Also, we had a wooden tea table in the middle.
그리고 중앙에 나무로 만든 탁자가 하나 있었습니다.

3 내 방 가구

My room was very small, but it had a bed and a desk .
제 방은 아주 작았지만 침대와 책상이 있었습니다.

a dressing table and a wardrobe 화장대와 옷장 a side table and a sofa 탁자와 소파
a drawer and a bookcase 서랍장과 책장 shelves with many dolls 인형이 가득한 선반
bunk beds 이층 침대

I also had a clothing rack for my clothes.
그리고 스탠드 옷걸이도 있었습니다.

4 마무리

This is what I remember from my childhood furniture.
이것이 제가 어렸을 때 있던 가구에 대해 기억하는 것입니다.

02_01_02.mp3

IM 공략 답변

1 서론 **2 거실 가구** **3 내 방 가구** **4 마무리**	[1] I don't really remember all the furniture we had when I was a child. [2] In the living room, there was a beige couch, and it was not that big. Also, we had a wooden tea table in the middle. [3] My room was very small, but it had a bed and a desk. I also had a clothing rack for my clothes. [4] This is what I remember from my childhood furniture. 어렸을 때 있었던 모든 가구가 생각나진 않습니다. 거실에는 베이지색 소파가 있었는데 그다지 크진 않았습니다. 그리고 중앙에 나무로 만든 탁자가 하나 있었습니다. 제 방은 아주 작았지만 침대와 책상이 있었습니다. 그리고 스탠드 옷걸이도 있었습니다. 이것이 제가 어렸을 때 있던 가구에 대해 기억하는 것입니다.

나만의 답변

1 서론	
2 거실 가구	
3 내 방 가구	
4 마무리	

TIP!

★ '어린 시절'과 관련된 질문이 나오면 자신의 기억에 집중하기보다 동사의 시제(과거형)에 더 주의를 기울여서 대답해야 해요.

Chapter 2 돌발 주제

Q3

Have you ever had any problems with furniture?

가구에 문제가 생겼던 적이 있나요?

스토리라인

1 배경/상황 2 경험 3 결말 4 마무리

답변 순서

1 배경/상황

A few weeks ago, I bought a new desk for my room.

몇 주 전에, 저는 제 방에 놓을 새 책상을 샀습니다.

I ordered it online.

저는 그것을 온라인으로 주문했습니다.

2 경험

When it got delivered, I found out there was a huge scratch on one of the drawers .

그것을 받았을 때 서랍 중 하나에 큰 흠집이 있는 것을 발견했습니다.

one of handles on the drawer was missing 서랍 손잡이 하나가 빠져 있었다
its size was bigger than I expected 예상했던 것보다 사이즈가 더 컸다
it was not dark blue like I ordered 내가 주문했던 짙은 파란색이 아니었다

3 결말

I had to call the shop and get a new one.

가게에 전화해서 새로운 것을 받아야 했습니다.

contact Customer Support 고객 지원팀에 문의하다 ask for replacement 교환을 요청하다
send an e-mail 이메일을 보내다 write a message on a Web site 웹 사이트에 글을 남기다

4 마무리

This is the only trouble I've had with furniture.

가구에 문제가 있었던 경험은 이것밖에 없습니다.

아이디어 & 추가 표현!

One of the legs of my chair came loose.
의자 다리 하나가 느슨해졌습니다.

The air conditioner stopped working on the hottest day of the year.
일 년 중 가장 더운 날에 에어컨이 고장 났습니다.

02_01_03.mp3

IM 공략 답변

1 배경/상황 2 경험 3 결말 4 마무리	[1] A few weeks ago, I bought a new desk for my room. I ordered it online. [2] When it got delivered, I found out there was a huge scratch on one of the drawers. [3] I had to call the shop and get a new one. [4] This is the only trouble I've had with furniture. 몇 주 전에, 저는 제 방에 놓을 새 책상을 샀습니다. 저는 그것을 온라인으로 주문했습니다. 그것을 받았을 때 서랍 중 하나에 큰 흠집이 있는 것을 발견했습니다. 가게에 전화해서 새로운 것을 받아야 했습니다. 가구에 문제가 있었던 경험은 이것밖에 없습니다.

나만의 답변

1 배경/상황	
2 경험	
3 결말	
4 마무리	

TIP!

★ '가전'에 문제가 생긴 경험은 '기술'(돌발 Unit 10) 주제를 참고해서 연습하세요.

자기평가

자신의 OPIc 레벨을 확인하세요! 질문에 대한 답변을 녹음한 후 어떤 답변과 가장 비슷한지 판단하고 약점을 보완하세요.

Q: What's your favorite piece of furniture?

I favorite furniture sofa... sofa is good... in my living room nice.

완벽한 문장을 만들지 못하고 말투도 딱딱하게 느껴져요. 문장을 만드는 속도가 느리네요.

My favorite furniture is sofa. Sofas is black and very comfortable. Sofa is in living room.

문장 구조가 단순하고 반복적인 말이 많아요!

My favorite furniture is sofa in the living room. I have a black sofa and it's very comfortable.

IM보다 조금 더 세세한 묘사가 가능해요.

My favorite piece of furniture is... the sofa in the living room. I've got a rather old, black, leather sofa and it's big enough to fit all four of us in our family. It was expensive, as I remember, but my parents and I found a cheap deal online.

문장들이 결속력이 있고, 관용구나 숙어 표현들을 다양하게 활용하는 시도를 하네요!

※ 답변 샘플들은 간소화한 버전이며, 실제 시험에서는 더 많은 발화량이 요구됩니다.

Unit 02

명절

Holiday

'명절'은 가장 많은 오픽 주제들과 연계될 수 있는 내용입니다. 너무 한국적인 내용은 영어로 옮기기 힘드므로, 이미 익숙해진 내용을 활용해서 답변하는 것이 유리합니다.

브레인스토밍

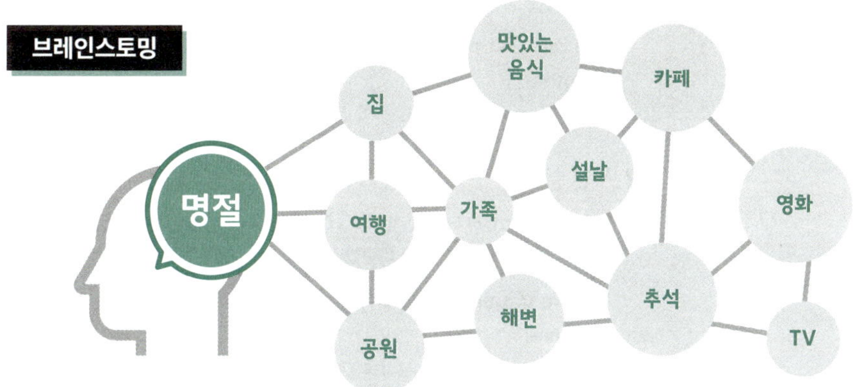

빈출 문제

Q1 Tell me about the biggest holiday in your country. When is it? What do people do? Tell me all the details.

Q2 I'd like to know about the activities people do during the holidays. What do you like to do? Tell me all the details.

Q3 Tell me a memorable or interesting experience you had during the holidays as a child.

Q1

Tell me about the biggest holiday in your country. When is it? What do people do? Tell me all the details.

당신 나라의 가장 큰 명절에 대해 말해 주세요. 언제인가요? 사람들은 무엇을 하나요? 자세히 말해 주세요.

스토리라인

1 명절 이름 2 부연 설명 3 내 이야기 4 감정/느낌/의견

답변 순서

1 명절 이름

The biggest holiday in my country is Chuseok on August 15 by the lunar calendar.

우리나라에서 가장 큰 명절은 음력 8월 15일인 추석입니다.

2 부연 설명

It's similar in meaning to Thanksgiving in the US.

미국의 추수감사절과 의미가 비슷합니다.

People usually go to their hometowns to visit the elder members of their families.

사람들은 주로 집안 어른들을 방문하러 고향에 갑니다.

3 내 이야기

In my case, all my relatives gather at my grandfather's house, which is about three hours away from Seoul by bus.

제 경우에는 모든 친척들이 할아버지 댁에 모이는데, 서울에서 버스로 3시간 정도 걸립니다.

We play traditional Korean games together and eat a lot of food .

우리는 한국 전통 놀이를 하고 많은 음식을 먹습니다.

make Korean traditional food 한국 전통 음식을 만들다
hold memorial services in honor of our ancestors 조상을 기리기 위해 차례를 지내다

Also, my grandparents live near a beautiful beach, which is a great place to have some family time.

그리고 저희 조부모님 댁은 아름다운 해변 근처에 있는데, 그곳은 가족과 시간 보내기 좋은 장소입니다.

4 감정/느낌/의견

I really enjoy spending this time with my family.

저는 가족과 이러한 시간을 보내는 것이 정말 즐겁습니다.

아이디어 & 추가 표현!

It's a three-day holiday when I can relax and have fun at the same time.
휴식을 취하면서 재미있게 놀 수 있는 3일간의 연휴입니다.

02_02_01.mp3

IM 공략 답변

1 명절 이름 **2 부연 설명** **3 내 이야기** **4 감정/느낌/의견**	[1] The biggest holiday in my country is Chuseok on August 15 by the lunar calendar. [2] It's similar in meaning to Thanksgiving in the US. People usually go to their hometowns to visit the elder members of their families. [3] In my case, all my relatives gather at my grandfather's house, which is about three hours away from Seoul by bus. We play traditional Korean games together and eat a lot of food. Also, my grandparents live near a beautiful beach, which is a great place to have some family time. [4] I really enjoy spending this time with my family. 우리나라에서 가장 큰 명절은 음력 8월 15일인 추석입니다. 미국의 추수감사절과 의미가 비슷합니다. 사람들은 주로 집안 어른들을 방문하러 고향에 갑니다. 제 경우에는 모든 친척들이 할아버지 댁에 모이는데, 서울에서 버스로 3시간 정도 걸립니다. 우리는 한국 전통 놀이를 하고 많은 음식을 먹습니다. 그리고 저희 조부모님 댁은 아름다운 해변 근처에 있는데, 그곳은 가족과 시간 보내기 좋은 장소입니다. 저는 가족과 이러한 시간을 보내는 것이 정말 즐겁습니다.

나만의 답변

1 명절 이름	
2 부연 설명	
3 내 이야기	
4 감정/느낌/의견	

TIP!

★ 하나의 명절에 대해 길게 말하기 힘들다면 "Another holiday is..."라고 하면서 다른 명절에 대한 내용도 추가해 보세요!

Chapter 2 돌발 주제

Q2

I'd like to know about the activities people do during the holidays. What do you like to do? Tell me all the details.

명절에 사람들이 무엇을 하는지 알고 싶어요. 당신은 무엇을 하는 것을 좋아하나요? 자세히 말해 주세요.

스토리라인

1 서론 2 활동① 3 활동② 4 마무리

답변 순서

1 서론

In my country, families and relatives get together on holidays.

우리나라에서는 명절에 가족들과 친척들이 모입니다.

2 활동①

During the holidays, they cook traditional food together and set it on the table for our ancestors.

명절에 함께 전통 음식을 만들고 조상들을 위해 상을 차립니다.

There is special food we eat for the major holidays, and it's fun to make it together.

큰 명절 때 먹는 특정 음식이 있고, 그것을 함께 만드는 것은 재미있습니다.

3 활동②

In my case, I love to relax while listening to music in my room.

제 경우에는 방에서 음악을 들으면서 쉬는 것을 좋아합니다.

I hang out with my friends in my neighborhood 친구들과 동네에서 논다

It's a great way to recharge my batteries.

그것은 재충전하는 좋은 방법입니다.

4 마무리

I'm looking forward to the next holiday!

저는 다음 명절이 기대됩니다!

아이디어 & 추가 표현!

We sometimes go out to get some fresh air. 가끔 우리는 바람 쐬러 외출합니다.

Many people like to travel during the holidays. 많은 사람들이 명절에 여행 가는 것을 좋아합니다.

02_02_02.mp3

IM 공략 답변

1 서론 2 활동① [전체] 3 활동② [개인] 4 마무리	[1] In my country, families and relatives get together on holidays. [2] During the holidays, they cook traditional food together and set it on the table for our ancestors. There is special food we eat for the major holidays, and it's fun to make it together. [3] In my case, I love to relax while listening to music in my room. It's a great way to recharge my batteries. [4] I'm looking forward to the next holiday! 우리나라에서는 명절에 가족들과 친척들이 모입니다. 명절에 함께 전통 음식을 만들고 조상들을 위해 상을 차립니다. 큰 명절 때 먹는 특정 음식이 있고, 그것을 함께 만드는 것은 재미있습니다. 제 경우에는 방에서 음악을 들으면서 쉬는 것을 좋아합니다. 그것은 재충전하는 좋은 방법입니다. 저는 다음 명절이 기대됩니다!

나만의 답변

1 서론	
2 활동①	
3 활동②	
4 마무리	

Chapter 2 돌발 주제

Q3

Tell me a memorable or interesting experience you had during the holidays as a child.

어린 시절 명절에 겪은 기억에 남거나 재밌었던 경험에 대해 말해 주세요.

스토리라인

1 배경/상황　2 경험　3 결말　4 감정/느낌/의견

답변 순서

1 배경/상황

A memorable holiday of my childhood would be New Year's Day when I was in elementary school. 어린 시절 기억에 남는 명절은 제가 초등학생일 때의 설날입니다.

2 경험

It was winter, and freezing outside, so my family stayed home.
겨울이었고 밖이 너무 추워서 우리 가족은 집에 있었습니다.

We enjoyed playing many traditional games together.
우리는 함께 많은 전통 놀이를 즐겼습니다.

enjoyed many different kinds of traditional foods together
많은 다양한 전통 음식을 함께 먹었다
watched some special TV programs for New Year's Day
설날 특집 TV 프로그램을 봤다

3 결말

We played the games for almost five hours! 우리는 거의 5시간 동안 놀이를 했습니다!

It was so fun that we didn't even care about it. 너무 재미있어서 시간 가는 줄 몰랐습니다.

4 감정/느낌/의견

I thought it was the best holiday ever. 가장 최고의 명절이라고 생각했습니다.

아이디어 & 추가 표현!

I used to have fun cooking. 재미있게 요리를 하곤 했습니다.

I loved visiting my grandmother. 할머니 댁을 방문하는 것을 좋아했습니다.

It was fun to hang out with my cousins. 사촌들과 노는 것이 재미있었습니다.

The most memorable thing was the money I received from my parents, which is kind of a Korean thing.
가장 기억에 남는 것은 부모님께 받은 세뱃돈인데, 이것은 한국 문화의 일종입니다.

02_02_03.mp3

IM 공략 답변

1 배경/상황 2 경험 3 결말 4 감정/느낌/의견	[1] A memorable holiday of my childhood would be New Year's Day when I was in elementary school. [2] It was winter, and freezing outside, so my family stayed home. We enjoyed playing many traditional games together. [3] We played the games for almost five hours! It was so fun that we didn't even care about it. [4] I thought it was the best holiday ever. 어린 시절 기억에 남는 명절은 제가 초등학생일 때의 설날입니다. 겨울이었고 밖이 너무 추워서 우리 가족은 집에 있었습니다. 우리는 함께 많은 전통 놀이를 즐겼습니다. 우리는 거의 5시간 동안 놀이를 했습니다! 너무 재미있어서 시간 가는 줄 몰랐습니다. 가장 최고의 명절이라고 생각했습니다.

나만의 답변

1 배경/상황	
2 경험	
3 결말	
4 감정/느낌/의견	

TIP!

★ 가장 기억에 남는 경험에 꼭 큰 이벤트가 있어야 하는 것은 아니에요. 특히 어린 시절에 대해 말할 때는 생각나는 '장면'에 대해서만 얘기해도 충분해요. 단, 동사의 시제에 주의해야 한다는 것을 잊으면 안 돼요!

자기평가

자신의 OPIc 레벨을 확인하세요! 질문에 대한 답변을 녹음한 후 어떤 답변과 가장 비슷한지 판단하고 약점을 보완하세요.

Q: What do you usually do during the holidays?

I my family together eat dinner. Uh… we… make food food… Korea food 전, 송편, and…

완벽한 문장을 만들지 못하고 말투도 딱딱하게 느껴져요. 한국어를 사용하기도 하네요.

I eat dinner with my family. My family and I play games and watch movies and… we make food and… play together.

부연 설명 없이 내용이 단조롭고 문장 구조도 단순하게 반복돼요.

I spend time with my family on holiday. Holidays is good time for family, I think. We can cook and eat dinner together. Also, watching TV is fun. Sometimes, we play Korean traditional games together.

말을 술술 잘하는 것 같지만 내용이 잘 정리되지 않고, 자잘한 오류도 들리네요.

During the holidays, I usually spend time at home with my family. First off, we cook some Korean traditional food together and it's actually quite fun! And then, we watch holiday specials on TV over dinner. Sometimes, if the holiday lasts over three days, then, we travel to somewhere as a family. Whatever I do, I love holidays!

말을 이어 가려고 노력하고 있고 시제 오류도 없네요!

※ 답변 샘플들은 간소화한 버전이며, 실제 시험에서는 더 많은 발화량이 요구됩니다.

Unit 03

가족/친구

Family/ Friend

모든 주제들과 연계될 수 있는 돌발 주제입니다. 이 주제의 문제는 어렵지는 않지만, 실제 시험에서 앞뒤에 나오는 문제의 답변과 중복될 수 있으니 그 점에 유의해서 준비하세요.

브레인스토밍

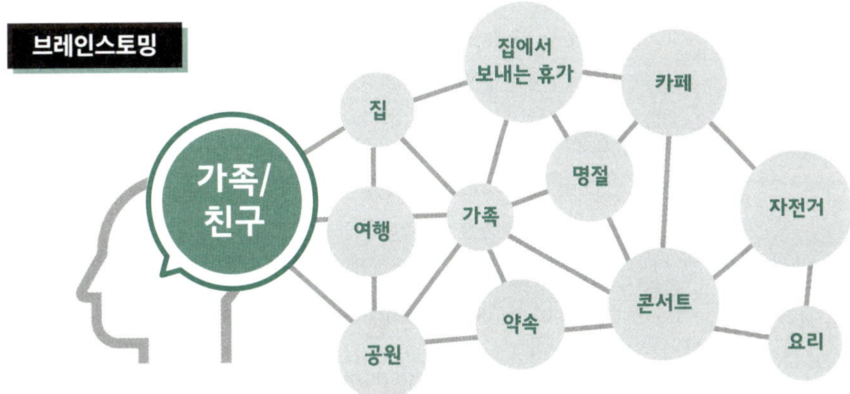

빈출 문제

Q1 Tell me about the friends or family you like to visit. Who are these people? What are they like?

Q2 Tell me about the kinds of things you typically do when you visit friends or family. What are some activities you do when you get together?

Q3 Tell me about an early memory you have of visiting friends or family. Describe your impressions for me. Where did you go? Whom did you visit? What was the experience like?

Q1

Tell me about the friends or family you like to visit. Who are these people? What are they like?

당신이 방문하기 좋아하는 친구나 가족에 대해 말해 주세요. 그들은 누구인가요? 어떤 사람들인가요?

스토리라인 1 서론 2 친구 3 가족 4 마무리

답변 순서

1 서론

I like to visit my friends and family.

저는 친구들과 가족들을 방문하는 것을 좋아합니다.

2 친구

One of my best friends lives in the neighborhood.

가장 친한 친구 중 한 명이 동네에 삽니다.

One of my colleagues 직장 동료 중 한 명
One of my high school friends 고등학교 친구 중 한 명

So, I often go over to hang out at his house.

그래서 그의 집으로 자주 놀러 갑니다.

We've known each other for a very long time, and we have a lot of things in common.

우리는 서로 아주 오랫동안 알고 지냈고 공통점도 많습니다.

3 가족

On special occasions, my family and I visit my grandmother.

특별한 날에 우리 가족은 할머니 댁에 갑니다.

my cousin 사촌 my relative 친척 my aunt 이모 my niece 조카딸

She's in Busan, which is the second-largest city in Korea.

그녀는 부산에 사시는데, 그곳은 한국에서 두 번째로 큰 도시입니다.

We always have a lot to talk about!

우리는 항상 얘깃거리들이 많습니다.

4 마무리

I really enjoy visiting my friends and family.

저는 친구들과 가족들을 방문하는 것을 정말 좋아합니다.

02_03_01.mp3

IM 공략 답변

1 서론 **2 친구** **3 가족** **4 마무리**	[1] I like to visit my friends and family. [2] One of my best friends lives in the neighborhood. So, I often go over to hang out at his house. We've known each other for a very long time, and we have a lot of things in common. [3] On special occasions, my family and I visit my grandmother. She's in Busan, which is the second-largest city in Korea. We always have a lot to talk about! [4] I really enjoy visiting my friends and family. 저는 친구들과 가족들을 방문하는 것을 좋아합니다. 가장 친한 친구 중 한 명이 동네에 삽니다. 그래서 그의 집으로 자주 놀러 갑니다. 우리는 서로 아주 오랫동안 알고 지냈고 공통점도 많습니다. 특별한 날에 우리 가족은 할머니 댁에 갑니다. 그녀는 부산에 사시는데, 그곳은 한국에서 두 번째로 큰 도시입니다. 우리는 항상 얘깃거리들이 많습니다. 저는 친구들과 가족들을 방문하는 것을 정말 좋아합니다.

나만의 답변

Q2

Tell me about the kinds of things you typically do when you visit friends or family. What are some activities you do when you get together?

친구들이나 가족들을 방문했을 때 보통 무엇을 하는지 말해 주세요. 모였을 때 어떤 활동을 하나요?

스토리라인

1 서론 2 친구들과의 활동 3 가족들과의 활동 4 마무리

답변 순서

1 서론

I enjoy lots of activities when I visit my friends or family.
저는 친구들이나 가족들을 방문했을 때 여러 가지 활동을 즐깁니다.

2 친구들과의 활동

When I visit my friends, we watch movies or play online games together.
친구들 집을 방문하면 함께 영화를 보거나 온라인 게임을 합니다.

We usually order some food like pizza, and hang out .
우리는 평소에 피자 같은 음식을 주문해서 먹고 놉니다.

talk about our daily lives 일상을 이야기하다
play board games 보드게임을 하다
make some food together 음식을 함께 만들다
take a walk around the neighborhood 동네를 산책하다

3 가족들과의 활동

When my family visit our grandmother, we prepare food together.
우리 가족이 할머니 댁을 방문하면 우리는 함께 음식을 준비합니다.

There are many members in my family, so we have to cook a lot of food, but it's actually fun.
가족 인원수가 많아서 많은 음식을 준비해야 하지만 그래도 실은 재미있습니다.

4 마무리

I love spending time with my friends and family.
저는 친구들과 가족들과 시간 보내는 것을 좋아합니다.

02_03_02.mp3

IM 공략 답변

1 서론 2 친구들과의 활동 3 가족들과의 활동 4 마무리	[1] I enjoy lots of activities when I visit my friends or family. [2] When I visit my friends, we watch movies or play online games together. We usually order some food like pizza, and hang out. [3] When my family visit our grandmother, we prepare food together. There are many members in my family, so we have to cook a lot of food, but it's actually fun. [4] I love spending time with my friends and family.
	저는 친구들이나 가족들을 방문했을 때 여러 가지 활동을 즐깁니다. 친구들 집을 방문하면 함께 영화를 보거나 온라인 게임을 합니다. 우리는 평소에 피자 같은 음식을 주문해서 먹고 놉니다. 우리 가족이 할머니 댁을 방문하면 우리는 함께 음식을 준비합니다. 가족 인원수가 많아서 많은 음식을 준비해야 하지만 그래도 실은 재미있습니다. 저는 친구들과 가족들과 시간 보내는 것을 좋아합니다.

나만의 답변

1 서론	
2 친구들과의 활동	
3 가족들과의 활동	
4 마무리	

Q3

Tell me about an early memory you have of visiting friends or family. Describe your impressions for me. Where did you go? Whom did you visit? What was the experience like?

어린 시절 친구나 가족을 방문했던 기억에 대해 말해 주세요. 인상이 어땠는지 묘사해 주세요. 어디로 갔나요? 누구를 방문했나요? 어떤 경험이었나요?

스토리라인

1 배경/상황 2 경험 3 결말 4 마무리

답변 순서

1 배경/상황

I remember visiting my grandmother on a holiday.

명절에 할머니 댁을 방문했던 기억이 납니다.

2 경험

At that time, I used to love playing with blocks.

그 당시, 저는 블록을 갖고 노는 것을 좋아했습니다.

I made a huge mess with blocks all over the place.

저는 블록으로 사방을 어지럽혔습니다.

3 결말

My mom told me to put them away, but I didn't clean up right away, and I got in trouble for that.

엄마가 그것들을 치우라고 하셨지만, 저는 바로 치우지 않아서 혼났습니다.

4 마무리

That's one early memory I have at my grandmother's house.

이 일이 할머니 댁에서 있었던 저의 어린 시절 기억입니다.

아이디어 & 추가 표현!

I used to love singing loudly. 저는 큰 소리로 노래 부르는 것을 좋아했습니다.

I remember watching animated movies all day. 하루 종일 만화영화를 봤던 것이 기억 납니다.

02_03_03.mp3

IM 공략 답변

1 배경/상황 2 경험 3 결말 4 마무리	[1] I remember visiting my grandmother on a holiday. [2] At that time, I used to love playing with blocks. I made a huge mess with blocks all over the place. [3] My mom told me to put them away, but I didn't clean up right away, and I got in trouble for that. [4] That's one early memory I have at my grandmother's house. 명절에 할머니 댁을 방문했던 기억이 납니다. 그 당시, 저는 블록을 갖고 노는 것을 좋아했습니다. 저는 블록으로 사방을 어지럽혔습니다. 엄마가 그것들을 치우라고 하셨지만, 저는 바로 치우지 않아서 혼났습니다. 이 일이 할머니 댁에서 있었던 저의 어린 시절 기억입니다.

나만의 답변

1 배경/상황	
2 경험	
3 결말	
4 마무리	

TIP!

★ 어렸을 때 해야 했던 일 중 하나로 '가지고 놀던 장난감을 치우는 것'에 관한 내용을 연습해 두면 '집안일'(선택 Unit 4) 주제도 연계해서 같이 준비할 수 있어요.

자기평가

자신의 OPIc 레벨을 확인하세요! 질문에 대한 답변을 녹음한 후 어떤 답변과 가장 비슷한지 판단하고 약점을 보완하세요.

Q: Tell me about an early memory you have of visiting friends or family.

Yes, yes. I visit… my friend… And… family? Yes. I visit my… my… grandmother.

질문을 완벽하게 이해하지 못하고 질문에서 들은 단어 위주로 대답했으며, 의사가 잘 전달되지 않아요.

When I was young… I… I go to my grandmother's house. It's in 부산. It's very, very far. So it takes very, very long. Uh… We ate many food and very delicious. I have many cousins and we play together every day.

발화량은 적지 않으나 오류가 많고,
한국식 표현이 많아 원어민에게 의사가 잘 전달되지 않아요.

When I was a child, my family and I go to my grandmother's house. It's located 부산, it is the second biggest city in korea. We played at the beach in front of the house. There are, was, were friends and we played games together.

정리가 안 되어 있고 시제 오류도 있지만 문장 구조를 잘 갖추고 있어요. 말의 의도도 잘 전달되네요.

It's been a really long time… but when I was a kid, my family and I used to visit grandparents' house, which was in 부산, the second largest city in Korea. I remember playing games with my cousins and having holiday dinner with my family. It was a lot of time every time.

말을 이어 가려고 노력하고 있고 문장이 길며 시제 오류도 없네요!

※ 답변 샘플들은 간소화한 버전이며, 실제 시험에서는 더 많은 발화량이 요구됩니다.

Unit 04

외식
Restaurant

선택 주제인 '카페/커피 전문점 가기'와, 연계해서 함께 대비할 수 있습니다.

Chapter 2 돌발 주제

브레인스토밍

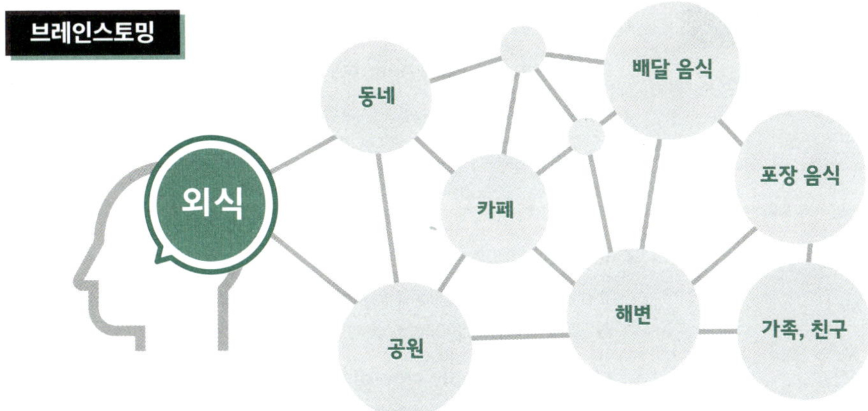

빈출 문제

Q1 Tell me about your favorite restaurant. Which restaurant do you like to go often?

Q2 Tell me the last time you ate out at a restaurant. Where was it? What did you eat? Tell me all the details.

Q3 Tell me about some traditional food in your country.

Q1

Tell me about your favorite restaurant. Which restaurant do you like to go often?

가장 좋아하는 음식점에 대해서 말해 주세요. 어떤 음식점에 가는 것을 좋아하나요?

스토리라인

1 이름/위치　2 분위기　3 세부 묘사　4 마무리

답변 순서

1 이름/위치

I often go to Vezzo near my place. It's an Italian restaurant .

저는 집 근처에 있는 '베쪼'에 자주 갑니다. 그곳은 이탈리아 레스토랑입니다.

a restaurant specializing in fusion cuisine 퓨전 요리 전문 음식점
a family restaurant 패밀리 레스토랑　a local restaurant 동네 식당　a buffet 뷔페

2 분위기

It's not that big, so it feels cozy and comfortable.

그곳은 그다지 크진 않아서 아늑하고 편안합니다.

I love the friendly vibe of the place.

저는 그곳의 친근한 분위기를 좋아합니다.

3 세부 묘사

They serve all different kinds of pasta and pizzas.

그들은 다양한 파스타와 피자를 제공합니다.

Their cream pasta is very good.

그곳의 크림 파스타는 정말 맛있습니다.

The pizzas are also second to none in the area.

피자도 이 동네에서 둘째가라면 서러울 정도입니다.

The price range is reasonable, and all the staff members are friendly and polite.

가격대가 적당하며 모든 직원들이 친절하고 정중합니다.

4 마무리

I am satisfied with this place every time I visit.

이곳을 방문할 때마다 저는 만족합니다.

아이디어 & 추가 표현!

Ava, if you ever visit my neighborhood, I strongly recommend you check it out.
Ava, 혹시 우리 동네를 방문한다면 그곳에 꼭 가볼 것을 적극 추천합니다.

02_04_01.mp3

IM 공략 답변

1 이름/위치 **2 분위기** **3 세부 묘사** **4 마무리**	[1] I often go to Vezzo near my place. It's an Italian restaurant. [2] It's not that big, so it feels cozy and comfortable. I love the friendly vibe of the place. [3] They serve all different kinds of pasta and pizzas. Their cream pasta is very good. The pizzas are also second to none in the area. The price range is reasonable, and all the staff members are friendly and polite. [4] I am satisfied with this place every time I visit. 저는 집 근처에 있는 '베쪼'에 자주 갑니다. 그곳은 이탈리아 레스토랑입니다. 그곳은 그다지 크진 않아서 아늑하고 편안합니다. 저는 그곳의 친근한 분위기를 좋아합니다. 그들은 다양한 파스타와 피자를 제공합니다. 그곳의 크림 파스타는 정말 맛있습니다. 피자도 이 동네에서 둘째가라면 서러울 정도입니다. 가격대가 적당하며 모든 직원들이 친절하고 정중합니다. 이곳을 방문할 때마다 저는 만족합니다.

나만의 답변

1 이름/위치	
2 분위기	
3 세부 묘사	
4 마무리	

TIP!

★ 분위기 세부 묘사는 풍부한 형용사로 표현력을 드러내야 해요. '카페/커피 전문점 가기'(선택 Unit 9) 주제와 연계해서 공부하세요!

★ 어린 시절은 "I might not remember all the details.(전부 다 자세히 기억나지 않아요.)"로 시작하면 발화량이 다소 부족해도 괜찮아요.

Q2

Tell me the last time you ate out at a restaurant. Where was it? What did you eat? Tell me all the details.

마지막으로 외식했던 식당에 대해 말해 주세요. 어디였나요? 무엇을 먹었나요? 자세히 말해 주세요.

스토리라인

1 시기/장소 2 외식 이유 3 음식 4 마무리

답변 순서

1 시기/장소

Just last night, I went to a Chinese restaurant, Joe's Shanghai, with my family.
바로 어젯밤에, 가족과 함께 중식 음식점인 Joe's Shanghai에 갔습니다.

It was our first time there, and I was looking forward to it because I love Chinese food.
그곳에 처음으로 가는 것이었고 중국 음식을 좋아하기 때문에 기대했습니다.

2 외식 이유

We were there to celebrate my mom's birthday.
엄마의 생일을 축하하기 위한 자리였습니다.

celebrate my graduation 나의 졸업을 축하하다 relive our stress 스트레스를 풀다
try the new menu 신 메뉴를 먹어 보다

3 음식

We ordered a lot of food since we were hungry.
우리는 배고팠기 때문에 많은 음식을 주문했습니다.

I had some noodles, and my parents picked fried rice and sweet and sour pork.
저는 면 요리를, 부모님은 볶음밥과 탕수육을 골랐습니다.

We shared dumplings as well.
만두도 같이 나눠 먹었습니다.

The price was reasonable, and all the foods were fantastic.
가격이 적절했고 모든 음식이 훌륭했습니다.

4 마무리

It was a great chance to spend some quality time together.
오붓한 시간을 함께 보낼 수 있는 좋은 기회였습니다.

아이디어 & 추가 표현!

The waiters were very friendly and polite. 직원들은 아주 친절하고 정중했습니다.

I'll definitely visit there again. 그곳을 꼭 다시 방문할 것입니다.

02_04_02.mp3

IM 공략 답변

1 시기/장소 2 외식 이유 3 음식 4 마무리	[1] Just last night, I went to a Chinese restaurant, Joe's Shanghai, with my family. It was our first time there, and I was looking forward to it because I love Chinese food. [2] We were there to celebrate my mom's birthday. [3] We ordered a lot of food since we were hungry. I had some noodles, and my parents picked fried rice and sweet and sour pork. We shared dumplings as well. The price was reasonable, and all the foods were fantastic. [4] It was a great chance to spend some quality time together. 바로 어젯밤에, 가족과 함께 중식 음식점인 Joe's Shanghai에 갔습니다. 그곳에 처음으로 가는 것이었고 중국 음식을 좋아하기 때문에 기대했습니다. 엄마의 생일을 축하하기 위한 자리였습니다. 우리는 배고팠기 때문에 많은 음식을 주문했습니다. 저는 면 요리를, 부모님은 볶음밥과 탕수육을 골랐습니다. 만두도 같이 나눠 먹었습니다. 가격이 적절했고 모든 음식이 훌륭했습니다. 오붓한 시간을 함께 보낼 수 있는 좋은 기회였습니다.

나만의 답변

1 시기/장소	
2 외식 이유	
3 음식	
4 마무리	

Chapter 2 돌발 주제

Q3

Tell me about some traditional food in your country.

당신 나라의 전통 음식에 대해 말해 주세요.

스토리라인

1 음식① **2** 부연 설명 **3** 음식② **4** 부연 설명 **5** 마무리

답변 순서

1 음식①

The most famous traditional food in my country is Kimchi.
우리나라에서 가장 유명한 전통 음식은 김치입니다.

You might have heard of it already. 당신도 이미 들어 봤을 것입니다.

2 부연 설명

It's similar to pickles but more spicy.
피클과 비슷하지만 더 맵습니다.

It's made from cabbage and chili powder. 그것은 배추와 고춧가루로 만든 음식입니다.

Koreans have been eating it since forever, and we still eat it every day.
한국인들은 정말 오랫동안 이 음식을 먹었으며 여전히 매일 먹습니다.

My family also loves Kimchi. 우리 가족도 김치를 좋아합니다.

3 음식②

Another popular food is called Bulgogi, commonly known as Korean barbecue. 또 다른 인기 요리는 한국식 바비큐로 흔히 알려진 불고기입니다.

4 부연 설명

It's beef cooked with special sauce. 그것은 특제 소스로 요리된 소고기입니다.

It's also my personal favorite. 제가 개인적으로 가장 좋아하는 음식이기도 합니다.

5 마무리

Ava, when you visit Korea, make sure to try them out.
Ava, 한국을 방문한다면 반드시 그 음식들을 먹어 보세요.

아이디어 & 추가 표현!

Bibimbap 비빔밥	Samgyupsal 삼겹살	Samgyetang 삼계탕
Dak-galbi 닭갈비	Tteok-bokki 떡볶이	Gimbap 김밥
Japchae 잡채	Galbi-jjim 갈비찜	Sikhye 식혜
Makgeolli 막걸리	Patbingsu 팥빙수	Kalguksu 칼국수

02_04_03.mp3

IM 공략 답변

1 음식① [김치] 2 부연 설명 3 음식② [불고기] 4 부연 설명 5 마무리	[1] The most famous traditional food in my country is Kimchi. You might have heard of it already. [2] It's similar to pickles but more spicy. It's made from cabbage and chili powder. Koreans have been eating it since forever, and we still eat it every day. My family also loves Kimchi. [3] Another popular food is called Bulgogi, commonly known as Korean barbecue. [4] It's beef cooked with special sauce. It's also my personal favorite. [5] Ava, when you visit Korea, make sure to try them out. 우리나라에서 가장 유명한 전통 음식은 김치입니다. 당신도 이미 들어 봤을 것입니다. 피클과 비슷하지만 더 맵습니다. 그것은 배추와 고춧가루로 만든 음식입니다. 한국인들은 정말 오랫동안 이 음식을 먹었으며 여전히 매일 먹습니다. 우리 가족도 김치를 좋아합니다. 또 다른 인기 요리는 한국식 바비큐로 흔히 알려진 불고기입니다. 그것은 특제 소스로 요리된 소고기입니다. 제가 개인적으로 가장 좋아하는 음식이기도 합니다. Ava, 한국을 방문한다면 반드시 그 음식들을 먹어 보세요.

나만의 답변

1 음식①	
2 부연 설명	
3 음식②	
4 부연 설명	
5 마무리	

TIP!

★ 요즘에는 healthy food 즉, '건강에 좋은 음식'에 대해서도 질문하기 때문에 답변 내용을 '김치'로 준비해 두면 활용해서 대답하기 쉬워요.

자기평가

자신의 OPIc 레벨을 확인하세요! 질문에 대한 답변을 녹음한 후 어떤 답변과 가장 비슷한지 판단하고 약점을 보완하세요.

Q: Tell me about your favorite restaurant.

Yes, my favorite restaurant... uh... 가나다 백반. 백반 is... 백반 is... Korean uh... Korea white rice. Very, very delicious and very, very many.

완벽한 문장을 만들지 못하고 어휘의 선택에 오류가 나기도 해요.

My favorite restaurant... hmm... My favorite restaurant, well... is 가나다 백반. It's near to my house. I go many times because... it's delicious.

문장 구조가 단순하고 반복적인 말이 많아요!

I like TGIF. It's very famous restaurant and it's near my house. There are many tables, rooms, and chairs for people. They sell pasta and pizza, ribs and so on... Everything is delicious. It's a little bit expensive but I like to go there with my family.

IM보다 조금 더 세세한 묘사가 가능해요.

My favorite restaurant is called 가나다 백반. 백반 means a bowl of rice served with various sidedishes like vegetables and stew. It's very Korean style meal. The place is located right across the street from my house so I often visit when I don't have anything to eat in my house. From the outside, it looks quite small, but inside, it's spacey enough to fit ten tables of four. The food is amazing and the staff members are all sweet so I like the place.

문장들이 결속력이 있고, 관용구나 숙어 표현들을 다양하게 활용하는 시도를 하네요!

※ 답변 샘플들은 간소화한 버전이며, 실제 시험에서는 더 많은 발화량이 요구됩니다.

Unit 05

인터넷 서핑

Surfing the Internet

'인터넷 서핑'은 여러 주제들과 연계됩니다. 특히, 어려운 주제에 해당하는 '기술' 관련 문제와 같이 대비할 수 있으니 신경 써서 준비해 두세요.

브레인스토밍

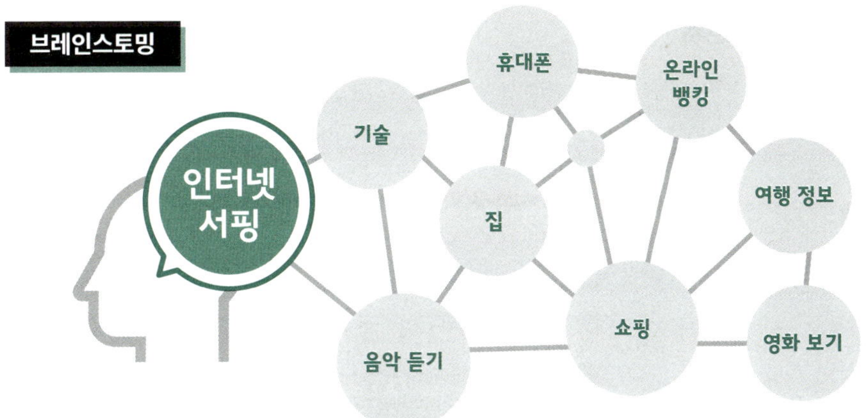

빈출 문제

Q1 I'd like to know about your favorite Web site. Why do you like that Web site? How often do you visit that Web site?

Q2 When did you use the Internet for the first time? How did you feel? Who taught you?

Q3 Tell me a problem you've had while using the Internet. How did you solve it?

Chapter 2 돌발 주제

Q1

I'd like to know about your favorite Web site. Why do you like that Web site? How often do you visit that Web site?

당신이 가장 좋아하는 웹 사이트에 대해 알고 싶어요. 왜 그 사이트를 좋아하나요? 그 사이트를 얼마나 자주 방문하나요?

스토리라인

1 서론 2 웹 사이트① 3 웹 사이트② 4 웹 사이트③ 5 마무리

답변 순서

1 서론

I use many different kinds of Web sites every day.
저는 다양한 웹 사이트를 매일 이용합니다.

2 웹 사이트①

I often visit Google; actually, it's my home page when I open the Internet browser. 구글에 자주 들어가는데, 사실 그것은 제가 인터넷 창을 켜면 뜨는 홈페이지입니다.

I usually search for new movies or music, or any kind of information I need .
저는 주로 새로운 영화나 음악, 아니면 필요한 모든 정보를 검색합니다.

check my e-mail or read the news 이메일을 확인하거나 뉴스를 읽다
look at the maps while traveling 여행 중에 지도를 보다

3 웹 사이트②

Another is a shopping Web site. 또 하나는 쇼핑 웹 사이트입니다.

I prefer shopping online because things are much cheaper.
저는 온라인 쇼핑을 선호하는데, 그 이유는 물건들이 더 싸기 때문입니다.

And, in Korea, some shopping sites offer one-day shipping, which is amazing! 그리고 한국에서는 몇몇 쇼핑 사이트들이 당일 배송을 제공하는데, 그것은 굉장합니다!

I think I check the Web site at least once or twice a week.
일주일에 적어도 한두 번은 그 웹 사이트를 확인하는 것 같습니다.

4 웹 사이트③

I also check out YouTube because I love watching videos and listening to music. 저는 유튜브도 들어가는데, 동영상을 보고 음악 듣는 것을 좋아하기 때문입니다.

This is a perfect Web site where I can do both for free.
그 두 가지를 무료로 할 수 있는 완벽한 웹 사이트입니다.

5 마무리

So, these are the ones in my bookmarks.
그래서 이 사이트들이 제 즐겨찾기에 있습니다.

아이디어 & 추가 표현!

I use my bank Web site for most of the banking services.
은행 홈페이지를 이용해서 대부분의 은행 업무를 합니다.

I book tickets at some Web sites with a lower price.
더 낮은 가격을 제공하는 몇몇 사이트에서 티켓을 예매합니다.

02_05_01.mp3

IM 공략 답변

1 서론 2 웹 사이트① 3 웹 사이트② 4 웹 사이트③ 5 마무리	1 I use many different kinds of Web sites every day. 2 I often visit Google; actually, it's my home page when I open the Internet browser. I usually search for new movies or music, or any kind of information I need. 3 Another is a shopping Web site. I prefer shopping online because things are much cheaper. And, in Korea, some shopping sites offer one-day shipping, which is amazing! I think I check the Web site at least once or twice a week. 4 I also check out YouTube because I love watching videos and listening to music. This is a perfect Web site where I can do both for free. 5 So, these are the ones in my bookmarks.
	저는 다양한 웹 사이트를 매일 이용합니다. 구글에 자주 들어가는데, 사실 그것은 제가 인터넷 창을 켜면 뜨는 홈페이지입니다. 저는 주로 새로운 영화나 음악, 아니면 필요한 모든 정보를 검색합니다. 또 하나는 쇼핑 웹 사이트입니다. 저는 온라인 쇼핑을 선호하는데, 그 이유는 물건들이 더 싸기 때문입니다. 그리고 한국에서는 몇몇 쇼핑 사이트들이 당일 배송을 제공하는데, 그것은 굉장합니다! 일주일에 적어도 한두 번은 그 웹 사이트를 확인하는 것 같습니다. 저는 유튜브도 들어가는데, 동영상을 보고 음악 듣는 것을 좋아하기 때문입니다. 그 두 가지를 무료로 할 수 있는 완벽한 웹 사이트입니다. 그래서 이 사이트들이 제 즐겨찾기에 있습니다.

나만의 답변

1 서론	
2 웹 사이트①	
3 웹 사이트②	
4 웹 사이트③	
5 마무리	

Chapter 2 돌발 주제

When did you use the Internet for the first time? How did you feel? Who taught you?

언제 처음으로 인터넷을 사용했나요? 어땠나요? 누가 가르쳐 줬나요?

스토리라인

1 서론　2 어디에서　3 누가 가르쳐 줬는지　4 내 컴퓨터　5 마무리

답변 순서

1 서론

It's been a really long time, so I don't remember all the details.

너무 오래되어서, 전부 자세하게 기억나진 않습니다.

I think I first used the Internet when I was in elementary school .

초등학생일 때 처음 인터넷을 사용한 것 같습니다.

in middle school 중학교에서　in high school 고등학교에서　in college 대학교에서

2 어디에서

I didn't have my own computer at the time, but there was a computer lab at school, and we had some basic computer lessons.

그 당시에 제 컴퓨터는 없었지만 학교에 컴퓨터실이 있었고, 기본적인 컴퓨터 수업을 들었습니다.

3 누가 가르쳐 줬는지

My teacher taught me how to use the Internet.

선생님께서 인터넷을 어떻게 이용하는지 알려 주었습니다.

My brother 형　My sister 누나　My father 아버지　My classmate 반 친구

4 내 컴퓨터

After a while, my parents got me a computer for my birthday, and I think that's when I really became interested in the Internet.

얼마 후에 부모님께서 생일 선물로 컴퓨터를 사 주셨고, 그때부터 인터넷에 관심을 갖게 된 것 같습니다.

5 마무리

It was amazing to see all the information on all different kinds of things.

다양한 것에 대한 모든 정보를 볼 수 있어서 놀라웠습니다.

Although it was much slower at the time, I was fascinated with it.

그 당시에 속도는 훨씬 더 느렸지만 그래도 그것은 정말 신기했습니다.

02_05_02.mp3

IM 공략 답변

1 서론 2 어디에서 3 누가 가르쳐 줬는지 4 내 컴퓨터 5 마무리	[1] It's been a really long time, so I don't remember all the details. I think I first used the Internet when I was in elementary school. [2] I didn't have my own computer at the time, but there was a computer lab at school, and we had some basic computer lessons. [3] My teacher taught me how to use the Internet. [4] After a while, my parents got me a computer for my birthday, and I think that's when I really became interested in the Internet. [5] It was amazing to see all the information on all different kinds of things. Although it was much slower at the time, I was fascinated with it. 너무 오래되어서, 전부 자세하게 기억나진 않습니다. 초등학생일 때 처음 인터넷을 사용한 것 같습니다. 그 당시에 제 컴퓨터는 없었지만 학교에 컴퓨터실이 있었고, 기본적인 컴퓨터 수업을 들었습니다. 선생님께서 인터넷을 어떻게 이용하는지 알려 주었습니다. 얼마 후에 부모님께서 생일 선물로 컴퓨터를 사 주셨고, 그때부터 인터넷에 관심을 가진 것 같습니다. 다양한 것에 대한 모든 정보를 볼 수 있어서 놀라웠습니다. 그 당시에 속도는 훨씬 더 느렸지만 그래도 그것은 정말 신기했습니다.

나만의 답변

1 서론	
2 어디에서	
3 누가 가르쳐 줬는지	
4 내 컴퓨터	
5 마무리	

TIP!

★ 답변 흐름이 비슷하기 때문에 '자전거를 처음 탄 경험'(선택 Unit 12)과 연계해서 준비하면 좋아요!

Q3

Tell me a problem you've had while using the Internet. How did you solve it?

인터넷을 사용하면서 겪었던 문제에 대해서 말해 주세요. 어떻게 해결했나요?

스토리라인

1 배경/상황　2 경험　3 결말　4 마무리

답변 순서

1 배경/상황

A few months ago, I was downloading a movie to watch with my family during the holidays.

몇 달 전에, 명절에 가족과 볼 영화를 다운 받고 있었습니다.

2 경험

All of a sudden, the Internet stopped working!

갑자기 인터넷이 멈췄습니다!

I checked everything I could, but I had no idea what was wrong.

제가 할 수 있는 모든 것을 확인해 봤지만 무엇이 문제인지 몰랐습니다.

3 결말

So, I called a repairman. He came over and fixed it in no time at all.

그래서 수리기사를 불렀습니다. 그가 와서 금방 고쳐 줬습니다.

He told me to try rebooting the computer, and it worked.
그가 컴퓨터를 다시 시작하라고 했고 그것은 작동되었습니다.

He visited us and changed the Internet router.
그가 방문해서 인터넷 공유기를 바꿔 주었습니다.

I had to pay a small fee, but it was worth it.
약간의 비용이 들었지만 그만한 가치가 있었습니다.

4 마무리

Fortunately, I could finish downloading the movie.

다행히 저는 영화 다운로드를 마칠 수 있었습니다.

This is the only trouble I've had with the Internet.

인터넷에 문제가 있었던 경험은 이것밖에 없습니다.

02_05_03.mp3

IM 공략 답변

1 배경/상황 2 경험 3 결말 4 마무리	[1] A few months ago, I was downloading a movie to watch with my family during the holidays. [2] All of a sudden, the Internet stopped working! I checked everything I could, but I had no idea what was wrong. [3] So, I called a repairman. He came over and fixed it in no time at all. [4] Fortunately, I could finish downloading the movie. This is the only trouble I've had with the Internet. 몇 달 전에, 명절에 가족과 볼 영화를 다운 받고 있었습니다. 갑자기 인터넷이 멈췄습니다! 제가 할 수 있는 모든 것을 확인해 봤지만 무엇이 문제인지 몰랐습니다. 그래서 수리 기사를 불렀습니다. 그가 와서 금방 고쳐 줬습니다. 다행히 저는 영화 다운로드를 마칠 수 있었습니다. 인터넷에 문제가 있었던 경험은 이것밖에 없습니다.

나만의 답변

1 배경/상황	
2 경험	
3 결말	
4 마무리	

TIP!

★ '집에서 겪은 일'이나 '기술과 관련되어 겪었던 어려움'에 대한 문제에서도 활용할 수 있는 스토리예요.

자기평가

자신의 OPIc 레벨을 확인하세요! 질문에 대한 답변을 녹음한 후 어떤 답변과 가장 비슷한지 판단하고 약점을 보완하세요.

Q: Tell me about a problem you've had with the Internet.

Internet disconnect. So I was... I was... I call repairman. Repairman fix it fastly.

완벽한 문장을 만들지 못하고 말투도 딱딱하게 느껴져요. 오류가 많이 들리네요.

My Internet disconnected in last year. So... So... I call... repairman and... the repairman come, ah, came to my house.

문장 구조가 단순하고 유창함이 떨어져요.

A few month ago... I want to downloading a movie so I find, found an action movie. While I was downloading, the Internet stopped! I was embarrassed! So I called repairman and he fix it.

중간중간 실수들이 있지만 말의 의도가 전달되고 있고 내용이 이어져요.

A few months ago, I was downloading a movie to watch with my family. Suddenly, the Internet stopped working! I didn't know why so I had to call the repairman. He came over and fixed it in matter of seconds!

문장들이 결속력이 있고, 관용구나 숙어 표현들을 다양하게 활용하는 시도를 하네요!

※ 답변 샘플들은 간소화한 버전이며, 실제 시험에서는 더 많은 발화량이 요구됩니다.

Unit 06

패션

Fashion

평소 패션에 대해 관심이 없다면 더 철저하게 대비해야 합니다. 문제를 듣고 즉각적으로 대답하기 다소 어려운 질문들이 나올 수 있으니 미리 준비해 두세요.

Chapter 2 돌발 주제

브레인스토밍

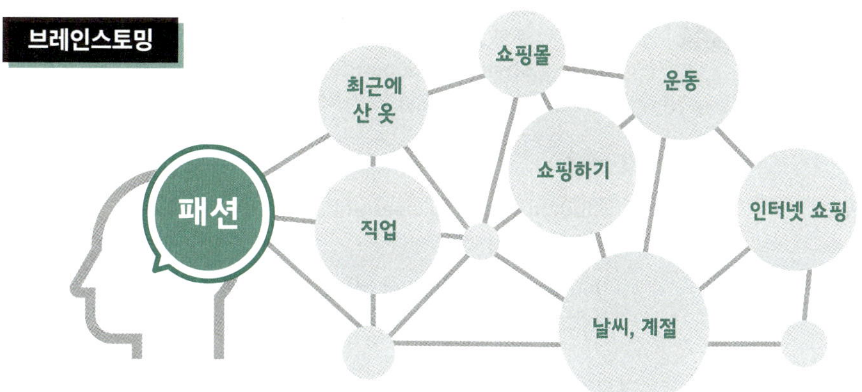

빈출 문제

Q1 I'd like to know about the clothes people like to wear in your country. What do people usually wear in your country?

Q2 How has fashion changed over the years in your country?

Q3 When was the last time you went shopping for clothes? What did you buy?

Q1

I'd like to know about the clothes people like to wear in your country. What do people usually wear in your country?

당신 나라의 사람들이 즐겨 입는 옷에 대해 알고 싶어요. 당신 나라의 사람들은 주로 무엇을 입나요?

스토리라인

1 서론　2 학생　3 청년　4 직장인

답변 순서

1 서론

Well, it obviously depends on what they do.
음, 당연히 사람들이 무슨 일을 하는지에 따라 다릅니다.

2 학생

Students have to wear uniforms to school.
학생들은 교복을 입어야 합니다.

In university, they get to wear whatever they want.
대학교에서는 그들이 원하는 무엇이든 입을 수 있게 됩니다.

3 청년

Young people prefer trendy and stylish clothes that celebrities wear.
청년들은 유명 인사가 입는 최신 유행의 화려한 옷을 선호합니다.

I also pay attention to new trends.
저도 새로운 유행에 주의를 기울입니다.

4 직장인

Business people usually wear formal clothes like suits to work, but they prefer comfortable clothes like jeans or T-shirts on their days off .
직장인들은 주로 직장에서 정장 같이 격식을 차린 옷을 입지만 출근하지 않는 날에는 청바지나 티셔츠 같은 편한 옷을 선호합니다.

but what they wear depends on their jobs
하지만 그들이 무엇을 입는지는 직업에 따라 다릅니다

but they know how to dress according to the occasion
하지만 그들은 상황에 따라 옷을 입는 법을 압니다

아이디어 & 추가 표현!

I prefer comfortable and casual clothes.
저는 편하고 가벼운 옷을 선호합니다.

02_06_01.mp3

IM 공략 답변

1 서론 2 학생 3 청년 4 직장인	[1] Well, it obviously depends on what they do. [2] Students have to wear uniforms to school. In university, they get to wear whatever they want. [3] Young people prefer trendy and stylish clothes that celebrities wear. I also pay attention to new trends. [4] Business people usually wear formal clothes like suits to work, but they prefer comfortable clothes like jeans or T-shirts on their days off.
	음, 당연히 사람들이 무슨 일을 하는지에 따라 다릅니다. 학생들은 교복을 입어야 합니다. 대학교에서는 그들이 원하는 무엇이든 입을 수 있게 됩니다. 청년들은 유명 인사가 입는 최신 유행의 화려한 옷을 선호합니다. 저도 새로운 유행에 주의를 기울입니다. 직장인들은 주로 직장에서 정장 같이 격식을 차린 옷을 입지만 출근하지 않는 날에는 청바지나 티셔츠 같은 편한 옷을 선호합니다.

나만의 답변

1 서론	
2 학생	
3 청년	
4 직장인	

TIP!

★ 여러 항목으로 나눠서 설명할 경우, '나'에 대한 예시를 'In my case...'로 시작해서 부연 설명할 수 있어요.

Chapter 2 돌발 주제

Q2

How has fashion changed over the years in your country?

수년 간 당신 나라의 패션은 어떻게 변했나요?

스토리라인

1 서론　2 특징　3 변화

답변 순서

1 서론

In my country, fashion trends change really fast.
우리나라에서는 패션 트렌드가 정말 빠르게 변합니다.

People get their clothes ready for the next season.
사람들은 다음 계절을 위해 옷가지를 준비합니다.

They also constantly check the style guides that experts give out .
전문가들이 제공하는 스타일 조언도 꾸준히 확인합니다.

the clothes that celebrities wear on TV 유명 인사가 TV에서 입은 옷
the upcoming fashion trends from magazines 잡지에 실린 다음 패션 트렌드

2 특징

One thing that came out of this is called Fast Fashion.
그래서 생겨난 것이 '패스트 패션'입니다.

It means that people buy cheaper items for one season, and then, they throw them away before the next season.
사람들이 한 시즌에 입으려고 더 저렴한 옷을 구입하고, 다음 시즌이 오기 전에 그것들을 버리는 것을 의미합니다.

3 변화

Until a few years ago, Koreans generally bought a few good items and kept them for a long time, but I guess that's changing.
몇 년 전까지만 해도 한국 사람들은 대개 좋은 물건을 조금씩 사서 오래 가지고 있었는데, 그것은 변하고 있는 것 같습니다.

Now they prefer new and different ones. 이제 그들은 새롭고 색다른 것을 선호합니다.

아이디어 & 추가 표현!

There have been a few changes in fashion. 패션에 많은 변화가 있었습니다.

Many people try not to follow trends because they want to have their own style.
많은 사람들이 자신만의 스타일을 가지고 싶어 하기 때문에 유행을 따르지 않으려고 합니다.

It has become much easier to get a wider selection of clothes online.
온라인으로 더 다양한 옷을 사기가 훨씬 쉬워졌습니다.

02_06_02.mp3

IM 공략 답변

1 서론 2 특징 3 변화	[1] In my country, fashion trends change really fast. People get their clothes ready for the next season. They also constantly check the style guides that experts give out. [2] One thing that came out of this is called Fast Fashion. It means that people buy cheaper items for one season, and then, they throw them away before the next season. [3] Until a few years ago, Koreans generally bought a few good items and kept them for a long time, but I guess that's changing. Now they prefer new and different ones. 우리나라에서는 패션 트렌드가 정말 빠르게 변합니다. 사람들은 다음 계절을 위해 옷가지를 준비합니다. 전문가들이 제공하는 스타일 조언도 꾸준히 확인합니다. 그래서 생겨난 것이 '패스트 패션'입니다. 사람들이 한 시즌에 입으려고 더 저렴한 옷을 구입하고, 다음 시즌이 오기 전에 그것들을 버리는 것을 의미합니다. 몇 년 전까지만 해도 한국 사람들은 대개 좋은 물건을 조금씩 사서 오래 가지고 있었는데, 그것은 변하고 있는 것 같습니다. 이제 그들은 새롭고 색다른 것을 선호합니다.

나만의 답변

1 서론	
2 특징	
3 변화	

TIP!

★ 대답하기 어려운 질문에는 "I don't know much about this topic.(저는 이 주제에 대해 잘 모릅니다.)"이라고 솔직하게 덧붙여 보세요.

Q3

When was the last time you went shopping for clothes? What did you buy?

마지막으로 옷을 사러 간 때가 언제인가요? 무엇을 샀나요?

스토리라인

1 배경/상황 2 경험 3 결말 4 감정/느낌/의견

답변 순서

1 배경/상황

The last time I went shopping for clothes was last Sunday .
마지막으로 옷을 사러 간 시기는 지난주 일요일이었습니다.

last Saturday 지난주 토요일 on my way home yesterday 어제 집에 가는 길
a few weeks ago 몇 주 전 last Friday night 지난 금요일 밤

I went to a shopping mall near my house, and it's my favorite place to shop because it's got so many stores.
집 근처에 있는 쇼핑몰에 갔는데, 그곳은 정말 많은 가게들이 있기 때문에 제가 가장 좋아하는 쇼핑 장소입니다.

2 경험

I was looking for some swimsuits for this upcoming summer break.
저는 다가오는 이번 여름 휴가를 위해 수영복을 좀 찾고 있었습니다.

I had planned a beach trip with my friends, and I realized that I didn't have a swimsuit.
친구들과 해변 여행을 계획했는데, 수영복이 없다는 것을 깨달았거든요.

I took one of my most honest friends with me to avoid buying on impulse.
충동적으로 구매하지 않기 위해 가장 솔직한 친구 중 한 명을 데리고 갔습니다.

3 결말

Anyway, we browsed around for a while, and my friend picked out the right one for me.
어쨌든 얼마 동안 둘러본 후에 친구가 저에게 딱 맞는 것을 골라 줬습니다.

It was sky blue with green patterns, and the price was actually reasonable.
그것은 하늘색에 녹색 무늬가 있었고, 가격도 정말 적당했습니다.

4 감정/느낌/의견

I was very satisfied with my swimsuit.
저는 제 수영복에 아주 만족했습니다.

02_06_03.mp3

IM 공략 답변

1 배경/상황 **2 경험** **3 결말** **4 감정/느낌/의견**	[1] The last time I went shopping for clothes was last Sunday. I went to a shopping mall near my house, and it's my favorite place to shop because it's got so many stores. [2] I was looking for some swimsuits for this upcoming summer break. I had planned a beach trip with my friends, and I realized that I didn't have a swimsuit. I took one of my most honest friends with me to avoid buying on impulse. [3] Anyway, we browsed around for a while, and my friend picked out the right one for me. It was sky blue with green patterns, and the price was actually reasonable. [4] I was very satisfied with my swimsuit. 마지막으로 옷을 사러 간 시기는 지난주 일요일이었습니다. 집 근처에 있는 쇼핑몰에 갔는데, 그곳은 정말 많은 가게들이 있기 때문에 제가 가장 좋아하는 쇼핑 장소입니다. 저는 다가오는 이번 여름 휴가를 위해 수영복을 좀 찾고 있었습니다. 친구들과 해변 여행을 계획했는데, 수영복이 없다는 것을 깨달았거든요. 충동적으로 구매하지 않기 위해 가장 솔직한 친구 중 한 명을 데리고 갔습니다. 어쨌든 얼마 동안 둘러본 후에 친구가 저에게 딱 맞는 것을 골라 줬습니다. 그것은 하늘색에 녹색 무늬가 있었고, 가격도 정말 적당했습니다. 저는 제 수영복에 아주 만족했습니다.

나만의 답변

1 배경/상황	
2 경험	
3 결말	
4 감정/느낌/의견	

자기평가

자신의 OPIc 레벨을 확인하세요! 질문에 대한 답변을 녹음한 후 어떤 답변과 가장 비슷한지 판단하고 약점을 보완하세요.

Q: What do people wear in your country?

People wear... jean, shirts... uhm... I wear pants.

문장 구조나 단어를 응용해서 구사하기 힘들어 하고, 말하는 단어의 양도 적어요.

In my country, people wear lots of clotheses.... They wear jean, T-shirts, dress, pants, uh... skirts and so on.

질문 내용에만 초점이 맞춰져서 발화량이 적고 단어들이 단순하게 나열되는 느낌이에요.

Well, in my country there are four seasons. In spring is warm so people wear... light clothes, thin clothes. In summer is very, very hot. So people go to the beach so people wear swimsuit. And in fall it's cool so people wear light jacket. In the winter people wear padding because it's very cold.

초반에는 대답부터 해야 하는데, 에둘러 말하네요. 하지만 상세 설명이 포함되어 발화량이 많아요.

I guess it depends on their age or... job. For example... students in Korea have to wear school uniforms every day until they go to college. And then, in college, people can wear whatever they want. When they get a job, they have to follow dress code of their company.

문장들이 결속력이 있고, 관용구나 숙어 표현들을 다양하게 활용하는 시도를 하네요!

※ 답변 샘플들은 간소화한 버전이며, 실제 시험에서는 더 많은 발화량이 요구됩니다.

Unit 07

약속

Appointment

'약속'은 까다로운 돌발 주제 중 하나입니다. 길게 덧붙일 말을 구상하기 어려우므로 발화량을 늘릴 수 있도록 다양한 아이디어 및 표현들을 미리 익혀 둬야 합니다.

Chapter 2 돌발 주제

브레인스토밍

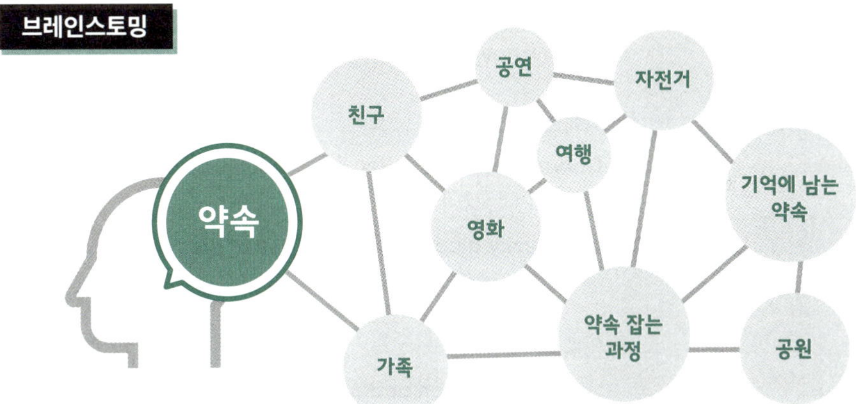

빈출 문제

Q1 What kind of appointments or plans do you usually make? With whom do you usually make appointments?

Q2 I'd like to know about the places you go for appointments. Where do you usually meet people?

Q3 Tell me a memorable or interesting appointment you have had. When was it? What happened?

Q1

What kind of appointments or plans do you usually make? With whom do you usually make appointments?

주로 어떤 약속이나 계획을 잡나요? 주로 누구와 약속을 잡나요?

스토리라인

1 서론　2 약속①　3 약속②　4 약속③

답변 순서

1 서론

I make many appointments with a lot of different people.
저는 다양한 사람들과 많은 약속을 잡습니다.

2 약속①

During the week, I often have team projects with my group.
주중에는 저의 그룹과 팀 프로젝트를 자주 진행합니다.

We usually discuss the progress of the project.
우리는 주로 프로젝트 진행 상황을 토론합니다.

3 약속②

I also make lunch or dinner plans with my friends.
저는 또한 친구들과 점심 또는 저녁 약속을 잡습니다.

We usually meet on Friday nights or on weekends since we are all busy studying during the week.
주중에는 공부하느라 다들 바쁘기 때문에 주로 금요일 밤이나 주말에 만납니다.

working 일하느라　doing chores 집안일 하느라　taking care of a child 아이를 돌보느라

4 약속③

And every six months, I have a dentist appointment.
그리고 6개월마다 치과 예약을 합니다.

It's a regular dental checkup.
그것은 치과 정기검진입니다.

아이디어 & 추가 표현!

I often make movie plans with my friends.
저는 종종 친구들과 영화 약속을 잡습니다.

I make a doctor's appointment.
저는 병원 예약을 합니다.

02_07_01.mp3

IM 공략 답변

1 서론	[1] I make many appointments with a lot of different people.
2 약속① [업무 관련]	[2] During the week, I often have team projects with my group. We usually discuss the progress of the project.
3 약속② [친구 모임]	[3] I also make lunch or dinner plans with my friends. We usually meet on Friday nights or on weekends since we are all busy studying during the week.
4 약속③ [치과 예약]	[4] And every six months, I have a dentist appointment. It's a regular dental checkup.

저는 다양한 사람들과 많은 약속을 잡습니다. 주중에는 저의 그룹과 팀 프로젝트를 자주 진행합니다. 우리는 주로 프로젝트 진행 상황을 토론합니다. 저는 또한 친구들과 점심 또는 저녁 약속을 잡습니다. 주중에는 공부하느라 다들 바쁘기 때문에 주로 금요일 밤이나 주말에 만납니다. 그리고 6개월마다 치과 예약을 합니다. 그것은 치과 정기검진입니다.

나만의 답변

1 서론	
2 약속①	
3 약속②	
4 약속③	

Q2

I'd like to know about the places you go for appointments. Where do you usually meet people?

약속을 위해 가는 장소에 대해 알고 싶어요. 주로 어디에서 사람들을 만나나요?

스토리라인

1 서론 2 상세 묘사 3 활동

답변 순서

1 서론

I usually meet my friends at a café near my house .

저는 주로 집 근처 카페에서 친구들을 만납니다.

my workplace 내 직장 my school 내 학교 the downtown area 시내

2 상세 묘사

The café we usually go to is very quiet and relaxing.

우리가 주로 가는 카페는 아주 조용하고, 쉬기 좋습니다.

It is never crowded or noisy, so it is our favorite place to hang out.

절대 붐비거나 시끄럽지 않아서 가장 좋아하는 장소입니다.

3 활동

We like to talk together while having a cup of coffee .

우리는 커피 한잔하면서 대화하는 것을 좋아합니다.

enjoying the view outside 바깥 전망을 즐기면서
having some tea and cakes 차와 케이크를 먹으면서
having brunch 브런치를 먹으면서 listening to music 음악을 들으면서

아이디어 & 추가 표현!

My friends and I usually meet at the theater.
저와 제 친구들은 주로 극장에서 만납니다.

We like to go to the park to get some fresh air.
우리는 공원에 바람 쐬러 가는 것을 좋아합니다.

During summer, we travel to the beach together.
여름에 우리는 해변으로 함께 여행을 갑니다.

02_07_02.mp3

IM 공략 답변

1 서론 2 상세 묘사 3 활동	[1] I usually meet my friends at a café near my house. [2] The café we usually go to is very quiet and relaxing. It is never crowded or noisy, so it is our favorite place to hang out. [3] We like to talk together while having a cup of coffee. 저는 주로 집 근처 카페에서 친구들을 만납니다. 우리가 주로 가는 카페는 아주 조용하고, 쉬기 좋습니다. 절대 붐비거나 시끄럽지 않아서 가장 좋아하는 장소입니다. 우리는 커피 한잔하면서 대화하는 것을 좋아합니다.

나만의 답변

1 서론	
2 상세 묘사	
3 활동	

TIP!

★ 약속 장소가 카페가 아니더라도 공원에서 같이 자전거를 타거나 여름에 해변으로 놀러 가거나 영화관에서 영화 보기 등 설문조사에서 선택한 다양한 주제를 활용할 수 있어요.

Chapter 2 돌발 주제

Q3

Tell me a memorable or interesting appointment you have had. When was it? What happened?

기억에 남거나 재밌었던 약속에 대해서 말해 주세요. 언제였나요? 무슨 일이 있었나요?

스토리라인

1 배경/상황　2 경험　3 결말　4 감정/느낌/의견

답변 순서

1 배경/상황

One Saturday night I met my friends at a bar.

어느 토요일 밤에 저는 친구들과 바에서 만났습니다.

On Friday night 금요일 밤에　The day before a long vacation 긴 휴가 전날에

We all needed to do something to get rid of stress.

우리는 모두 스트레스를 풀기 위해 무언가를 해야 했습니다.

2 경험

During the night, we visited two more bars.

밤 동안에 우리는 바를 두 군데 더 갔습니다.

We stayed out until six in the morning, and I took the first train home for the first time.

우리는 아침 6시까지 놀았고, 처음으로 첫 기차를 타고 집에 갔습니다.

Even though we were out all night, we never got bored.

밤새 놀았지만 전혀 지루하지 않았습니다.

Honestly, I don't even remember what we talked about.

솔직히 무슨 얘기했는지 기억도 안 납니다.

We got drunk and talked about our daily lives a lot.

우리는 술 마시면서 일상에 대해 많은 이야기를 했습니다.

3 결말

Anyway, although I had a really serious hangover the next day, it was a very exciting night.

어쨌든 다음 날 숙취 때문에 고생했지만 정말 즐거운 밤이었습니다.

4 감정/느낌/의견

It was one of the most memorable experiences I've had.

그것은 가장 기억에 남은 경험 중 하나였습니다.

IM 공략 답변

1 배경/상황 2 경험 3 결말 4 감정/느낌/의견	[1] One Saturday night I met my friends at a bar. We all needed to do something to get rid of stress. [2] During the night, we visited two more bars. We stayed out until six in the morning, and I took the first train home for the first time. Even though we were out all night, we never got bored. Honestly, I don't even remember what we talked about. [3] Anyway, although I had a really serious hangover the next day, it was a very exciting night. [4] It was one of the most memorable experiences I've had. 어느 토요일 밤에 저는 친구들과 바에서 만났습니다. 우리는 모두 스트레스를 풀기 위해 무언가를 해야 했습니다. 밤 동안에 우리는 바를 두 군데 더 갔습니다. 우리는 아침 6시까지 놀았고, 처음으로 첫 기차를 타고 집에 갔습니다. 밤새 놀았지만 전혀 지루하지 않았습니다. 솔직히 무슨 얘기했는지 기억도 안 납니다. 어쨌든 다음 날 숙취 때문에 고생했지만 정말 즐거운 밤이었습니다. 그것은 가장 기억에 남은 경험 중 하나였습니다.

나만의 답변

1 배경/상황	
2 경험	
3 결말	
4 감정/느낌/의견	

TIP!

★ 흔히 묻는 질문이 아니기 때문에 다소 당황스러울 수 있습니다. '누군가와 만나서 겪은 경험'을 과거 시제를 써서 얘기하면 됩니다.

자기평가

자신의 OPIc 레벨을 확인하세요! 질문에 대한 답변을 녹음한 후 어떤 답변과 가장 비슷한지 판단하고 약점을 보완하세요.

Q: Where do you usually meet people?

Meet… café, park… 뭐… theater... movie theater… shopping mall…

완벽한 문장을 만들지 못하고 말투도 딱딱하게 느껴져요.
문장을 만드는 속도가 느리고, 한국어 사용 습관이 고스란히 들리네요.

I meet people at usually the… the café. Café is good place, I think. And then… I also meet people at the park. I like to ride a bike so I go to the park.

문장 구조가 단순하고 반복적인 말이 많아요!

There are a few places I like to meet people. First, there's a café. Café is quiet so it's good place. Second, there's a park. I like to ride a bike so I meet my friends at the park and ride a bike.

알아들을 수는 있지만 단순한 구조와 표현만 들리네요.

There are several places where I meet people. Out of those, my favorite place would be cafés. There's a small little café near my house and my friends and I like to hang out there. And then, there's a local park which is about five minute walk from the café, actually. It's a great place to get some exercise so I love to ride a bike with my friends or family.

문장들이 결속력이 있고, 관용구나 숙어 표현들을 다양하게 활용하는 시도를 하네요!

※ 답변 샘플들은 간소화한 버전이며, 실제 시험에서는 더 많은 발화량이 요구됩니다.

Unit 08

호텔

Hotel

'여행'을 선택한 경우 같이 연계해서 준비할 수 있는 돌발 주제입니다. 국내나 해외에서 머물렀던 숙소를 떠올리면서 준비하면 됩니다.

브레인스토밍

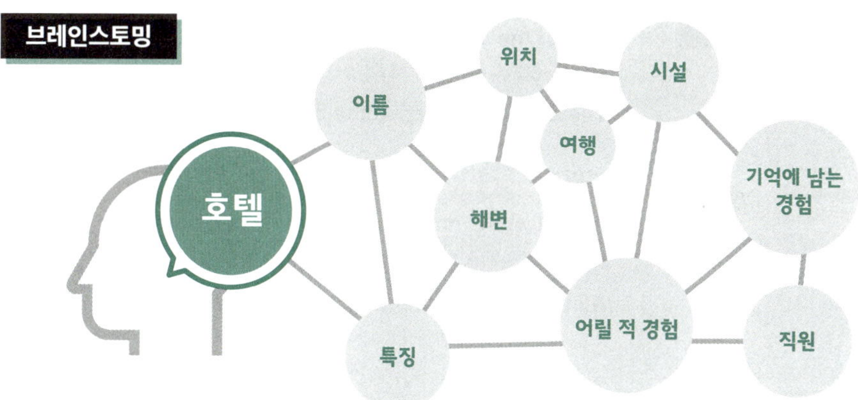

빈출 문제

Q1 I'd like to know about the hotels in your country.

Q2 Tell me about what you do at hotels. What kind of facilities do you usually use?

Q3 Tell me about the most memorable hotel experience you have had.

Q1

I'd like to know about the hotels in your country.

당신 나라의 호텔에 대해 알고 싶어요.

스토리라인

1 이름/위치 2 분위기 3 세부 묘사 4 마무리

답변 순서

1 이름/위치

One of the biggest hotels is Milton Hotel on Jeju Island.
가장 큰 호텔 중 하나는 제주도에 있는 밀튼 호텔입니다.

The hotel is located at the beach. 그 호텔은 해변가에 있습니다.

2 분위기

It is all white, modern, and simply decorated.
전체적으로 하얗고, 현대식이며, 인테리어가 심플합니다.

All the staff members are friendly and polite, and very helpful as well.
또한, 모든 직원들이 친절하고 정중하며, 도움도 많이 됩니다.

3 세부 묘사

Inside the hotel, there are a wide range of facilities.
호텔 안에는 다양한 시설들이 있습니다.

They have a huge indoor pool, and even a bowling alley on the basement floor.
엄청 큰 실내 수영장이 있고, 심지어 지하에는 볼링장도 있습니다.

On the first floor, there is a buffet restaurant with food from all parts of the world. 1층에는, 전 세계 음식이 있는 뷔페 레스토랑이 있습니다.

The best thing about the hotel would definitely be the beach, though.
그래도 이 호텔의 가장 좋은 점은 바로 해변입니다.

I remember taking a walk in the morning to get some fresh air when I stayed at the hotel.
그 호텔에 묵었을 때 아침에 산책하며 바람을 쐰 기억이 있습니다.

4 마무리

So, this is one of the best hotels in Korea.
그래서, 이 호텔은 한국에서 가장 좋은 호텔 중 하나입니다.

아이디어 & 추가 표현!

Just like most other hotels, it is located in a popular tourist spot.
대부분의 다른 호텔들과 마찬가지로, 그것은 인기 있는 관광지에 위치해 있습니다.

02_08_01.mp3

IM 공략 답변

1 이름/위치 2 분위기 3 세부 묘사 4 마무리	[1] One of the biggest hotels is Milton Hotel on Jeju Island. The hotel is located at the beach. [2] It is all white, modern, and simply decorated. All the staff members are friendly and polite, and very helpful as well. [3] Inside the hotel, there are a wide range of facilities. They have a huge indoor pool, and even a bowling alley on the basement floor. On the first floor, there is a buffet restaurant with food from all parts of the world. The best thing about the hotel would definitely be the beach, though. I remember taking a walk in the morning to get some fresh air when I stayed at the hotel. [4] So, this is one of the best hotels in Korea. 가장 큰 호텔 중 하나는 제주도에 있는 밀튼 호텔입니다. 그 호텔은 해변가에 있습니다. 전체적으로 하얗고, 현대식이며, 인테리어가 심플합니다. 또한, 모든 직원들이 친절하고 정중하며, 도움도 많이 됩니다. 호텔 안에는 다양한 시설들이 있습니다. 엄청 큰 실내 수영장이 있고, 심지어 지하에는 볼링장도 있습니다. 1층에는, 전 세계 음식이 있는 뷔페 레스토랑이 있습니다. 그래도 이 호텔의 가장 좋은 점은 바로 해변입니다. 그 호텔에 묵었을 때 아침에 산책하며 바람을 쐰 기억이 있습니다. 그래서, 이 호텔은 한국에서 가장 좋은 호텔 중 하나입니다.

나만의 답변

1 이름/위치	
2 분위기	
3 세부 묘사	
4 마무리	

TIP!

★ 머물렀던 호텔을 묘사한다면 현재 시제로, 그 당시의 상태는 과거 시제를 써야 합니다. 시제 변화에 오류가 생기지 않도록 주의하세요!

Q2

Tell me about what you do at hotels. What kind of facilities do you usually use?

호텔에서 무엇을 하는지 말해 주세요. 어떤 시설들을 주로 이용하나요?

스토리라인

1 서론 2 활동① 3 활동② 4 마무리

답변 순서

1 서론

When I go to a hotel, I try to make the most of it.

저는 호텔에 가면 그곳을 최대한 이용하려고 합니다.

2 활동①

Sometimes, I visit all the restaurants there.

저는 가끔 그곳에 있는 모든 레스토랑을 방문합니다.

In the evening, I love having a cocktail at the bar while enjoying the view outside. 저녁에는 바깥 전망을 즐기며 바에서 칵테일 마시는 것을 좋아합니다.

swimming in the pool 수영장에서 수영하는 것
taking photos to post on my social media accounts SNS에 올리기 위해 사진을 찍는 것
working out in the hotel gym 호텔 헬스장에서 운동하는 것 having dinner 저녁을 먹는 것
having a cup of coffee in the sky lounge 스카이 라운지에서 커피를 마시는 것

3 활동②

I get to have some alone time, which is probably the main reason why I love staying at hotels.

저는 혼자만의 시간을 가질 수 있는데, 그것이 아마 호텔 숙박을 좋아하는 가장 큰 이유인 것 같습니다.

4 마무리

So, instead of just relaxing in my hotel room, I prefer to wander around.

그래서 호텔 방에서 그냥 쉬는 것보다 돌아다니는 것을 선호합니다.

아이디어 & 추가 표현!

If they have facilities like a swimming pool or spa services, I've got to check them out.

수영장이나 스파 같은 시설들을 갖추고 있다면 저는 그것들을 꼭 확인해 봅니다.

The receptionist had my room upgraded to a suite for the event.

직원이 이벤트로 제 방을 스위트룸으로 업그레이드해 주었습니다.

02_08_02.mp3

IM 공략 답변

1 서론 2 활동① 3 활동② 4 마무리	[1] When I go to a hotel, I try to make the most of it. [2] Sometimes, I visit all the restaurants there. In the evening, I love having a cocktail at the bar while enjoying the view outside. [3] I get to have some alone time, which is probably the main reason why I love staying at hotels. [4] So, instead of just relaxing in my hotel room, I prefer to wander around. 저는 호텔에 가면 그곳을 최대한 이용하려고 합니다. 저는 가끔 그곳에 있는 모든 레스토랑을 방문합니다. 저녁에는 바깥 전망을 즐기며 바에서 칵테일 마시는 것을 좋아합니다. 저는 혼자만의 시간을 가질 수 있는데, 그것이 아마 호텔 숙박을 좋아하는 가장 큰 이유인 것 같습니다. 그래서 호텔 방에서 그냥 쉬는 것보다 돌아다니는 것을 선호합니다.

나만의 답변

1 서론	
2 활동①	
3 활동②	
4 마무리	

Chapter 2 돌발 주제

Q3

Tell me about the most memorable hotel experience you have had.

호텔에서 겪은 가장 기억에 남는 경험에 대해 말해 주세요.

스토리라인

1 배경/상황 2 경험 3 결말 4 감정/느낌/의견

답변 순서

1 배경/상황

I visited Cancún in Mexico last year with two of my best friends.
작년에 두 명의 단짝 친구들과 멕시코 칸쿤에 놀러 갔습니다.

The resort service was all inclusive, which meant I could use a lot of the restaurants, bars, and more without limit.
리조트 서비스에 모든 것이 포함되어서 다양한 음식점, 바 등 많은 시설들을 무제한으로 이용할 수 있었습니다.

All the staff members were extremely friendly, sweet, and polite.
모든 직원들은 아주 친절하고 상냥하며 정중했습니다.

And since they could speak fluent English, I had no language barrier at all.
그리고 영어를 유창하게 구사했기 때문에 언어 장벽도 전혀 없었습니다.

2 경험

But the best part about the stay was the food .

하지만 머물면서 가장 좋았던 부분은 음식이었습니다.

the room service menu 룸 서비스 메뉴 the breakfast buffet 조식 뷔페

They had a variety from Italian to authentic Mexican.
이탈리아 음식부터 전통 멕시코 음식까지 다양한 종류가 있었습니다.

3 결말

My friends and I thoroughly enjoyed each special dish.
친구들과 저는 각각의 특별 메뉴들을 속속들이 즐겼습니다.

4 감정/느낌/의견

Overall, I had the best time at the hotel. 전반적으로, 저는 호텔에서 최고의 시간을 보냈습니다.

아이디어 & 추가 표현!

I lost the key to my room, so I had to pay a fee. 방 열쇠를 잃어버려서 변상해야 했습니다.

I left the key in my room, and I was locked out! 열쇠를 방에 두고 나와서 들어갈 수 없었습니다!

The Internet wasn't working, so I had to call the front desk.
인터넷이 되지 않아서 프론트에 전화해야 했습니다.

02_08_03.mp3

IM 공략 답변

1 배경/상황 **2 경험** **3 결말** **4 감정/느낌/의견**	[1] I visited Cancún in Mexico last year with two of my best friends. The resort service was all inclusive, which meant I could use a lot of the restaurants, bars, and more without limit. All the staff members were extremely friendly, sweet, and polite. And since they could speak fluent English, I had no language barrier at all. [2] But the best part about the stay was the food. They had a variety from Italian to authentic Mexican. [3] My friends and I thoroughly enjoyed each special dish. [4] Overall, I had the best time at the hotel. 작년에 두 명의 단짝 친구들과 멕시코 칸쿤에 놀러 갔습니다. 리조트 서비스에 모든 것이 포함되어서 다양한 음식점, 바 등 많은 시설들을 무제한으로 이용할 수 있었습니다. 모든 직원들은 아주 친절하고 상냥하며 정중했습니다. 그리고 영어를 유창하게 구사했기 때문에 언어 장벽도 전혀 없었습니다. 하지만 머물면서 가장 좋았던 부분은 음식이었습니다. 이탈리아 음식부터 전통 멕시코 음식까지 다양한 종류가 있었습니다. 친구들과 저는 각각의 특별 메뉴들을 속속들이 즐겼습니다. 전반적으로, 저는 호텔에서 최고의 시간을 보냈습니다.

나만의 답변

1 배경/상황	
2 경험	
3 결말	
4 감정/느낌/의견	

TIP!

★ 호텔에서의 기억에 남는 경험 외에도 호텔에서 겪었던 문제에 대해 출제되는 경우도 있어요. 그럴 때는 '기술'(돌발 Unit 10) 주제에 나와 있는 '인터넷이 끊겼던 스토리'를 활용해 보세요!

자기평가

자신의 OPIc 레벨을 확인하세요! 질문에 대한 답변을 녹음한 후 어떤 답변과 가장 비슷한지 판단하고 약점을 보완하세요.

Q: What do you usually do at a hotel?

I... rest... rest hotel. Uh... eat break... fast? breakfast. And... sleep

완벽한 문장을 만들지 못하고 말투도 딱딱하게 느껴져요. 문장을 만드는 속도가 느리네요.

I take a rest at hotel. And... I eat breakfast at restaurant. I like to swim so I use swimming pool.

문장 구조가 단순하고 상세 설명이 부족해요.

When I'm at hotel, I do lots of stuff. I take some rest because it's comfortable. And then... sometimes, I use swimming pool because I like swimming. Also, the food is great, so I go to the restaurant.

IM보다 조금 더 세세한 묘사가 가능해요.

I always try to make the most of my stay at the hotel. So... first of all, I get some rest to recharge my batteries. It feels great to put my daily routine aside. And then... I love the indoor pool so I enjoy swimming there. Sometimes, on special occasion, I have dinner at the restaurant.

문장들이 결속력이 있고, 관용구나 숙어 표현들을 다양하게 활용하는 시도를 하네요!

※ 답변 샘플들은 간소화한 버전이며, 실제 시험에서는 더 많은 발화량이 요구됩니다.

Unit 09

은행
Bank

가장 기본적인 돌발 주제 중 하나입니다. 어려운 주제는 아니므로 표현부터 차근차근 익혀 두세요.

브레인스토밍

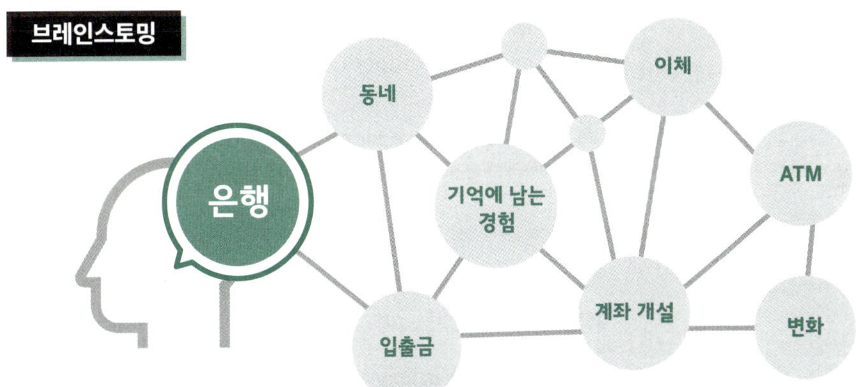

빈출 문제

Q1 I'd like to know about the bank you usually go to. Describe the bank in detail.

Q2 Tell me about what you usually do at a bank. What kind of things do you take care of while you're at a bank?

Q3 What was your most memorable experience at a bank?

Q1

I'd like to know about the bank you usually go to. Describe the bank in detail.

당신이 주로 가는 은행에 대해 알고 싶어요. 자세히 묘사해 주세요.

스토리라인

1 이름/위치 2 분위기 3 세부 묘사 4 감정/느낌/의견

답변 순서

1 이름/위치

The bank I usually go to is called CT Bank, which is located in the shopping mall in my neighborhood.

저는 주로 동네의 쇼핑몰 안에 있는 CT은행과 거래합니다.

I've been going there since I was in university.

대학교 때부터 그 은행에 다닙니다.

2 분위기

The bank is not that big, but it's very clean and quiet.

은행은 그다지 크진 않지만 매우 깔끔하고 조용합니다.

Inside, the bank is spacious and simple.

은행 내부는 넓고 심플합니다.

What I love most about the bank is the friendly vibe.

이 은행에 대해 가장 마음에 드는 점은 친근한 분위기입니다.

3 세부 묘사

It can get crowded during the lunch hour, but there are very comfortable seats to wait for my turn.

점심 시간에는 북적거릴 수 있지만, 앉아서 제 차례를 기다릴 수 있는 아주 편안한 자리가 있습니다.

All the staff members, including the bank manager, are friendly and polite.

은행 지점장을 포함한 모든 직원들은 친절하고 정중합니다.

4 감정/느낌/의견

So, I'm satisfied with my bank in terms of its location, facilities, and service.

그래서 위치, 시설, 서비스 측면에서 제가 다니는 은행이 만족스럽습니다.

아이디어 & 추가 표현!

As for the hours, they usually open at 9 a.m. and close at 4 p.m. on weekdays.

영업 시간에 대해서는, 평일에 보통 오전 9시에 열고 오후 4시에 닫습니다.

🎧 02_09_01.mp3

IM 공략 답변

1 이름/위치 2 분위기 3 세부 묘사 4 감정/느낌/의견	[1] The bank I usually go to is called CT Bank, which is located in the shopping mall in my neighborhood. I've been going there since I was in university. [2] The bank is not that big, but it's very clean and quiet. [3] It can get crowded during the lunch hour, but there are very comfortable seats to wait for my turn. All the staff members, including the bank manager, are friendly and polite. [4] So, I'm satisfied with my bank in terms of its location, facilities and service.
	저는 주로 동네의 쇼핑몰 안에 있는 CT은행과 거래합니다. 대학교 때부터 그 은행에 다닙니다. 은행은 그다지 크진 않지만 매우 깔끔하고 조용합니다. 점심 시간에는 북적거릴 수 있지만, 앉아서 제 차례를 기다릴 수 있는 아주 편안한 자리가 있습니다. 은행 지점장을 포함한 모든 직원들은 친절하고 정중합니다. 그래서 위치, 시설, 서비스 측면에서 제가 다니는 은행이 만족스럽습니다.

나만의 답변

1 이름/위치	
2 분위기	
3 세부 묘사	
4 감정/느낌/의견	

TIP!

★ '한국의 은행(banks in Korea)'을 묘사하라는 질문이 출제될 수도 있어요. 그럴 때는 "There are many banks in Korea.(한국에는 많은 은행이 있어요.)"라고 한 후, "In my case(제 경우에는)..."라고 말하면서 '내가 이용하는 은행'으로 범위를 좁혀서 묘사하면 됩니다.

Q2

Tell me about what you usually do at a bank. What kind of things do you take care of while you're at a bank?

은행에서 주로 무엇을 하는지 말해 주세요. 은행에 있는 동안 어떤 업무를 보시나요?

스토리라인

1 서론 2 활동① 3 활동② 4 마무리

답변 순서

1 서론

I take care of lots of things when I go to the bank.

은행에 가면 여러 가지 업무를 봅니다.

2 활동①

First of all, I can open an account or get a new credit card.

먼저, 계좌를 개설하거나 새로운 신용 카드를 받을 수 있습니다.

I give my ID and fill out some forms.

신분증을 제출하고 몇 가지 서류를 작성합니다.

3 활동②

Moving on to transactions, I sometimes talk to the teller about depositing, withdrawing, or wiring money .

거래로 넘어가면, 입출금 또는 이체 때문에 창구 직원과 가끔 이야기합니다.

closing an account 계좌 해지 applying for a loan 대출 신청
getting a better interest rate 더 나은 이율 받기

Actually, I prefer to use ATMs for simple transactions, but if I want to exchange money, I have to wait in line.

사실 간단한 거래인 경우에는 ATM 이용을 선호하지만, 환전하고 싶다면 줄을 서야 합니다.

4 마무리

So, these are a few things I do at the bank.

그래서 이 일들이 제가 은행에서 하는 일들입니다.

아이디어 & 추가 표현!

There are ATMs which are available 24 hours a day just outside the bank, so it's quite convenient. 은행 밖에 하루 종일 이용 가능한 ATM이 있어서 꽤 편리합니다.

Occasionally, I have to visit the bank to wire money to someone.
가끔, 다른 사람에게 계좌 이체하러 은행에 갑니다.

02_09_02.mp3

IM 공략 답변

1 서론 2 활동① 3 활동② 4 마무리	[1] I take care of lots of things when I go to the bank. [2] First of all, I can open an account or get a new credit card. I give my ID and fill out some forms. [3] Moving on to transactions, I sometimes talk to the teller about depositing, withdrawing, or wiring money. Actually, I prefer to use ATMs for simple transactions, but if I want to exchange money, I have to wait in line. [4] So, these are a few things I do at the bank. 은행에 가면 여러 가지 업무를 봅니다. 먼저, 계좌를 개설하거나 새로운 신용 카드를 받을 수 있습니다. 신분증을 제출하고 몇 가지 서류를 작성합니다. 거래로 넘어가면, 입출금 또는 이체 때문에 창구 직원과 가끔 이야기합니다. 사실 간단한 거래인 경우에는 ATM 이용을 선호하지만, 환전하고 싶다면 줄을 서야 합니다. 그래서 이 일들이 제가 은행에서 하는 일들입니다.

나만의 답변

1 서론	
2 활동①	
3 활동②	
4 마무리	

Chapter 2 돌발 주제

Q3

What was your most memorable experience at a bank?

은행에서 겪은 가장 기억에 남는 경험은 무엇인가요?

스토리라인

1 배경/상황　2 경험　3 결말　4 마무리

답변 순서

1 배경/상황

I think it was about a few months ago.
몇 달 전쯤이었던 것 같습니다.

I needed to withdraw some cash, so I went to an ATM nearby.
현금을 인출해야 해서 근처에 있는 ATM으로 갔습니다.

2 경험

And it stopped working!
그런데 그것이 작동을 멈추었습니다!

My card got stuck in the machine.
제 카드가 기계에 끼어서 나오지 않았습니다.

So, I had to call the bank.
그래서, 저는 은행에 전화해야 했습니다.

3 결말

Fortunately, a repairman came over and fixed the problem in no time at all.
다행히 수리 기사가 와서 금방 문제를 해결해 줬습니다.

4 마무리

This is the only experience I can think of.
이것이 생각 나는 유일한 경험입니다.

아이디어 & 추가 표현!

My new credit card didn't work.
새로 받은 신용 카드가 망가졌습니다.

I ran into an old friend of mine from high school while waiting.
차례를 기다리던 중에 고등학교 친구와 마주쳤습니다.

I dropped my phone, and the screen broke.
휴대폰을 떨어트려서 화면이 깨졌습니다.

I forgot my PIN number for my cash card.
제 현금 카드의 비밀번호를 잊어버렸습니다.

02_09_03.mp3

IM 공략 답변

1 배경/상황 2 경험 3 결말 4 마무리	[1] I think it was about a few months ago. I needed to withdraw some cash, so I went to an ATM nearby. [2] And it stopped working! My card got stuck in the machine. So, I had to call the bank. [3] Fortunately, a repairman came over and fixed the problem in no time at all. [4] This is the only experience I can think of. 몇 달 전쯤이었던 것 같습니다. 현금을 인출해야 해서 근처에 있는 ATM으로 갔습니다. 그런데 그것이 작동을 멈추었습니다! 제 카드가 기계에 끼어서 나오지 않았습니다. 그래서, 저는 은행에 전화해야 했습니다. 다행히 수리 기사가 와서 금방 문제를 해결해 줬습니다. 이것이 생각 나는 유일한 경험입니다.

나만의 답변

1 배경/상황	
2 경험	
3 결말	
4 마무리	

TIP!

★ ATM은 요즘 어디를 가도 볼 수 있는 흔한 기계예요. 즉, 다른 장소와 관련된 주제에서도 충분히 활용하기 쉬운 스토리입니다. 예를 들어, 배경을 바꿔서 공원이나 해변 등의 장소에서 겪은 일로 연습할 수도 있어요!

자기평가

자신의 OPIc 레벨을 확인하세요! 질문에 대한 답변을 녹음한 후 어떤 답변과 가장 비슷한지 판단하고 약점을 보완하세요.

Q: What was your most memorable experience at a bank?

Uh… no, no, I don't have experience.

실제로 겪은 일이 없다고 단답형으로 말해 버리면 높은 점수를 받을 수 없어요.

Well… ATM was… broken. I put the card in ATM but no cash! I called the bank and they come to fix ATM.

문장 구조가 단순하고 반복적인 말이 많아요!

A few months ago, I went to a bank near my house. I used the ATM to get some cash. My card didn't come out! So I called the bank and they come and fix it fastly.

IM보다 조금 더 세세한 묘사가 가능하지만 시제 오류가 많아요.

I guess it was a few months ago… I went to a bank to withdraw some cash. I didn't want to wait in line so I decided to use ATM outside. When I put the card in, nothing happened! Cash didn't come out and even worse, my card got stuck in the machine! I had to call the bank and they came to fix it. It was a little bit annoying.

문장들이 결속력이 있고, 관용구나 숙어 표현들을 다양하게 활용하는 시도를 하네요!

※ 답변 샘플들은 간소화한 버전이며, 실제 시험에서는 더 많은 발화량이 요구됩니다.

Unit 10

기술
Technology

오픽에서 자주 언급되는 주제 중 하나입니다. 요즘에는 스마트폰으로 거의 모든 일이 가능할 정도로 기술이 발달하고 있습니다. 따라서 여러 주제에서 쓸 수 있는 내용이므로 연계해서 준비하세요.

Chapter 2 돌발 주제

브레인스토밍

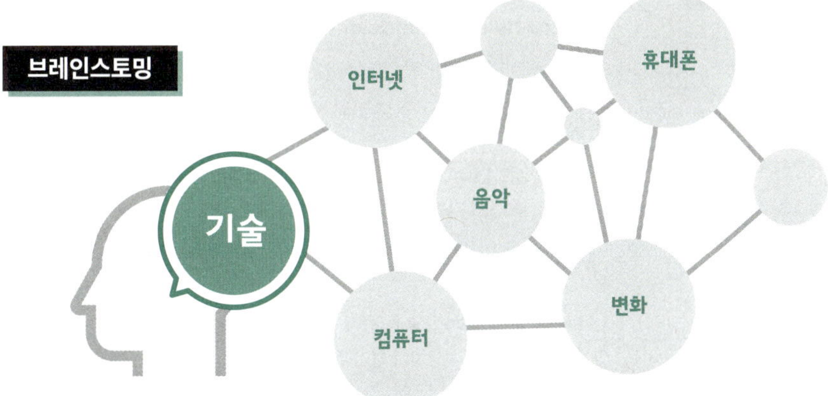

빈출 문제

Q1 **I would like to know what kind of technology you use. When, where, and for what purpose do you use it? Give me all the details.**

Q2 **How has technology changed from the past to the present? What was technology like in the past? Compared to the past, what is technology like now?**

Q3 **Have you ever had any trouble while using technology?**

Q1

I would like to know what kind of technology you use. When, where, and for what purpose do you use it? Give me all the details.

당신이 어떤 종류의 기술을 사용하는지 알고 싶어요. 언제, 어디에서, 그리고 어떤 목적으로 그것을 사용하나요? 자세히 말해 주세요.

스토리라인

1 서론　2 기술①　3 기술②

답변 순서

1 서론

I use all different kinds of technology.

저는 다양한 기술을 사용합니다.

2 기술①

First of all, I have a desktop computer at home.

일단, 집에 데스크톱 컴퓨터가 있습니다.

a laptop computer 노트북　a tablet PC 태블릿 PC　an Internet TV 인터넷 TV

I like it because it's really fast and easy to use.

그것은 정말 빠르고 사용하기 쉽기 때문에 마음에 듭니다.

Also, I can access the Internet and download movies.

그리고 인터넷에 접속해서 영화를 다운 받을 수도 있습니다.

search for information and watch the latest news 정보를 검색하고 최신 뉴스를 보다
listen to music and surf the Internet 음악을 듣고 인터넷 서핑을 하다

3 기술②

Another major device I use is my smartphone.

제가 많이 사용하는 또 다른 기기는 스마트폰입니다.

I can't imagine living without my phone.

휴대폰 없는 생활은 상상할 수도 없습니다.

I pick out what to wear after checking the weather by using the phone.

휴대폰을 이용해서 날씨를 확인한 후에 입을 옷을 고릅니다.

Also, I check when the bus will be arriving with it.

그리고, 버스가 언제 도착할지 휴대폰으로 확인합니다.

I literally do everything with my phone in my hand.

말 그대로 손에 있는 휴대폰으로 모든 것을 합니다.

아이디어 & 추가 표현!

My smartphone has become a big part of my daily life.
스마트폰은 제 일상 생활의 큰 부분을 차지하게 되었습니다.

My smartphone is loaded with cool features.
제 스마트폰은 멋진 기능들로 꽉 찼습니다.

These days, I've been listening to music with Bluetooth speakers.
요즘에 저는 블루투스 스피커로 음악을 듣고 있습니다.

02_10_01.mp3

IM 공략 답변

1 서론 2 기술① 3 기술②	[1] I use all different kinds of technology. [2] First of all, I have a desktop computer at home. I like it because it's really fast and easy to use. Also, I can access the Internet and download movies. [3] Another major device I use is my smartphone. I can't imagine living without my phone. I pick out what to wear after checking the weather by using the phone. Also, I check when the bus will be arriving with it. I literally do everything with my phone in my hand. 저는 다양한 기술을 사용합니다. 일단, 집에 데스크톱 컴퓨터가 있습니다. 그것은 정말 빠르고 사용하기 쉽기 때문에 마음에 듭니다. 그리고 인터넷에 접속해서 영화를 다운 받을 수도 있습니다. 제가 많이 사용하는 또 다른 기기는 스마트폰입니다. 휴대폰 없는 생활은 상상할 수도 없습니다. 휴대폰을 이용해서 날씨를 확인한 후에 입을 옷을 고릅니다. 그리고, 버스가 언제 도착할지 휴대폰으로 확인합니다. 말 그대로 손에 있는 휴대폰으로 모든 것을 합니다.

나만의 답변

1 서론	
2 기술①	
3 기술②	

TIP!

★ 발화량을 늘리려면 개인적인 예시를 덧붙이는 것이 좋아요.

Chapter 2 돌발 주제

Q2

How has technology changed from the past to the present? What was technology like in the past? Compared to the past, what is technology like now?

과거부터 현재까지 기술은 어떻게 변했나요? 과거의 기술은 어땠나요? 과거에 비해서 현재의 기술은 어떤가요?

스토리라인

1 과거의 기술 2 현재의 기술 3 마무리

답변 순서

1 과거의 기술

In the past, I couldn't use the Internet outside while traveling.

과거에는 이동 중에 밖에서 인터넷을 사용할 수 없었습니다.

So, when I wanted to do something online, I had to find a computer inside a building with an Internet connection.

그래서 온라인으로 무언가를 하고 싶을 때는 건물 안에서 인터넷이 연결되어 있는 컴퓨터를 찾아야 했습니다.

2 현재의 기술

But now, there's Wi-Fi everywhere!

하지만 지금은 어디를 가도 와이파이가 있습니다!

Seriously, it's amazing that I can do online shopping while jogging at the park.

공원에서 조깅하면서 온라인 쇼핑이 가능하다는 건 정말 대단합니다.

talk to people halfway across the world while commuting by subway

지하철로 통근하면서 지구 반대편에 있는 사람들과 이야기하다

check e-mail while having dinner at a restaurant

식당에서 저녁을 먹으면서 이메일을 확인하다

In Korea, most of the places offer free wireless Internet, so it's become very convenient.

한국에서는 대부분의 장소들이 무선 인터넷 서비스를 무료로 제공해서 훨씬 편리해졌습니다.

3 마무리

I would say this is one of the most fascinating technological changes.

이것이 가장 대단한 기술 변화 중 하나라고 말할 수 있습니다.

02_10_02.mp3

IM 공략 답변

1 과거의 기술 **2 현재의 기술** **3 마무리**	[1] In the past, I couldn't use the Internet outside while traveling. So, when I wanted to do something online, I had to find a computer inside a building with an Internet connection. [2] But now, there's Wi-Fi everywhere! Seriously, it's amazing that I can do online shopping while jogging at the park. In Korea, most of the places offer free wireless Internet, so it's become very convenient. [3] I would say this is one of the most fascinating technological changes. 과거에는 이동 중에 밖에서 인터넷을 사용할 수 없었습니다. 그래서 온라인으로 무언가를 하고 싶을 때는 건물 안에서 인터넷이 연결되어 있는 컴퓨터를 찾아야 했습니다. 하지만 지금은 어디를 가도 와이파이가 있습니다! 공원에서 조깅하면서 온라인 쇼핑이 가능하다는 건 정말 대단합니다. 한국에서는 대부분의 장소들이 무선 인터넷 서비스를 무료로 제공해서 훨씬 편리해졌습니다. 이것이 가장 대단한 기술 변화 중 하나라고 말할 수 있습니다.

나만의 답변

1 과거의 기술	
2 현재의 기술	
3 마무리	

TIP!

★ 인터넷이나 와이파이에 관한 내용은 다른 주제에서도 활용할 수 있는 '변화'와 관련된 아이디어예요. 하지만 과거와 현재의 일을 말하기 때문에 시제에 오류가 나지 않도록 주의해야 해요!

Q3

Have you ever had any trouble while using technology?

기술을 사용하면서 문제를 겪은 적이 있나요?

스토리라인

1 배경/상황 2 경험 3 결말 4 마무리

답변 순서

1 배경/상황

A few years ago, it was a really hot day.

몇 년 전, 아주 더운 날이었습니다.

2 경험

My family and I decided to turn on the air conditioner because my city was experiencing a record-breaking heat wave.

우리 도시는 기록적인 폭염을 겪고 있었기 때문에 우리 가족은 에어컨을 켜기로 했습니다.

After about ten minutes, the air conditioner stopped working.

하지만 한 10분 후에 에어컨이 작동을 멈췄습니다.

3 결말

We had to call a repairman. Fortunately, he came over and fixed the problem in no time at all.

우리는 수리 기사를 불러야 했습니다. 다행히 그가 와서 금방 고쳐 줬습니다.

fix it ourselves because the company went out of business
회사가 없어졌기 때문에 우리 스스로 고치다

just buy a new one because it was too outdated
에어컨이 너무 낡았기 때문에 그냥 새것을 사다

4 마무리

This is the only trouble I've had with technology.

기술과 관련해서 문제가 있었던 경험은 이것밖에 없습니다.

02_10_03.mp3

IM 공략 답변

1 배경/상황 2 경험 3 결말 4 마무리	[1] A few years ago, it was a really hot day. [2] My family and I decided to turn on the air conditioner because my city was experiencing a record-breaking heat wave. After about ten minutes, the air conditioner stopped working. [3] We had to call a repairman. Fortunately, he came over and fixed the problem in no time at all. [4] This is the only trouble I've had with technology. 몇 년 전, 아주 더운 날이었습니다. 우리 도시는 기록적인 폭염을 겪고 있었기 때문에 우리 가족은 에어컨을 켜기로 했습니다. 하지만 한 10분 후에 에어컨이 작동을 멈췄습니다. 우리는 수리 기사를 불러야 했습니다. 다행히 그가 와서 금방 고쳐 줬습니다. 기술과 관련해서 문제가 있었던 경험은 이것밖에 없습니다.

나만의 답변

1 배경/상황	
2 경험	
3 결말	
4 마무리	

TIP!

★ 이외의 다른 스토리를 연계해서 학습하고자 한다면 앞서 배운 '인터넷이 끊긴 경험'을 활용해서 얘기해도 좋아요.

Chapter 2 돌발 주제

자기평가

자신의 OPIc 레벨을 확인하세요! 질문에 대한 답변을 녹음한 후 어떤 답변과 가장 비슷한지 판단하고 약점을 보완하세요.

Q: What kind of technology do you use?

I use my phone. My handphone is good and comfortable.

완벽한 문장을 만들지 못하고 말투도 딱딱하게 느껴져요. 문장을 만드는 속도가 느리네요.

I use my phone mostly. My phone is very convenient. I do everything! I call, text, take pictures, play games and so on.

문장 구조가 단순하고 반복적인 말이 많아요!

I mostly use my phone. I can do lots of things with my smartphone. I can call and text my friends. Also, I can take pictures, play games, and use the Internet, too! It's very convenient.

IM보다 조금 더 세세한 묘사가 가능해요.

I guess I use my phone the most, just like many other people. I can take care of lots of things with my phone. Not only calling or texting, I can even do some banking or online shopping! I think it's hands down the best gadget.

문장들이 결속력이 있고, 관용구나 숙어 표현들을 다양하게 활용하는 시도를 하네요!

※ 답변 샘플들은 간소화한 버전이며, 실제 시험에서는 더 많은 발화량이 요구됩니다.

Unit 11

교통

Transportation

지하철이나 버스를 이용하는 사람들에게 아주 친숙한 주제입니다. 자신의 이동수단에 대해 말하는 연습을 해 보세요.

브레인스토밍

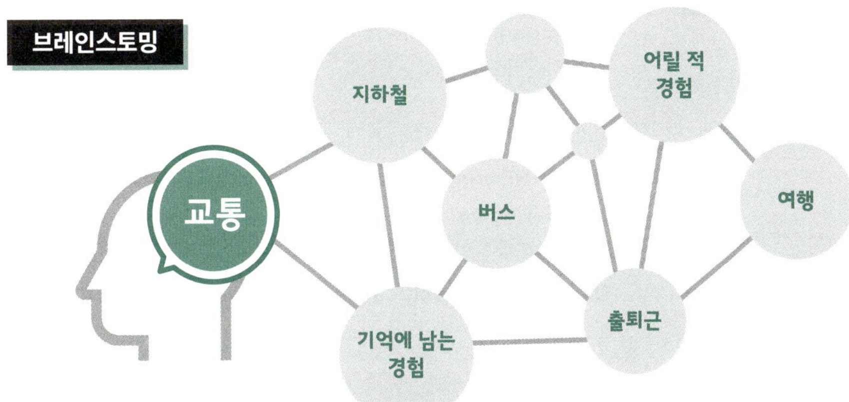

빈출 문제

Q1 What is public transportation like in your country? Tell me which type of public transportation you prefer to use and why. Provide as many details in your response as possible.

Q2 Public transportation systems are constantly being improved. Have there been any changes to the public transportation system in your city since you were young? Please tell me about them in detail.

Q3 What was your most memorable experience while using public transportation?

Q1

What is public transportation like in your country? Tell me which type of public transportation you prefer to use and why. Provide as many details in your response as possible.

당신 나라의 대중교통은 어떤가요? 어떤 종류의 교통수단을 선호하는지 그리고 그 이유를 말해 주세요. 가능한 한 자세하게 말해 주세요.

스토리라인

1 서론 2 버스 3 지하철 4 마무리

답변 순서

1 서론

Public transportation in my country is very cheap and convenient.
우리나라의 대중교통은 아주 저렴하고 편리합니다.

2 버스

First of all, buses travel quickly and frequently because there are many bus-only lanes.
일단, 버스는 전용 도로가 많이 있기 때문에 빠르게 자주 다닙니다.

They don't get stuck in traffic during rush hour.
출퇴근시간에도 차가 막히지 않습니다.

come on time 제시간에 오다 are punctual 시간을 지키다
have almost no traffic 교통 체증이 거의 없다

3 지하철

Moving on to the subway, it's spacious, simple, modern, and clean.
지하철로 넘어가면, 그것은 넓고 간단하고 현대식이며 깔끔합니다.

It's easy to transfer because the subway lines are color-coded, and the stations have clearly marked directions.
지하철 노선이 색깔로 구분되어 있고 지하철역에 방향이 명확하게 표시되어 있어서 환승하기 쉽습니다.

And that's why I actually prefer to use the subway.
그래서 저는 사실 지하철 타는 것을 선호합니다.

4 마무리

I believe the Korean subway is one of the most organized and efficient systems in the world.
저는 한국의 지하철이 세계에서 가장 잘 정리되어 있고 효율적인 시스템이라고 확신합니다.

아이디어 & 추가 표현!

There are many bus stops. 버스 정류장이 많이 있습니다.

There's a subway station near my house. 집 근처에 지하철역이 있습니다.

02_11_01.mp3

IM 공략 답변

1 서론 2 버스 3 지하철 4 마무리	[1] Public transportation in my country is very cheap and convenient. [2] First of all, buses travel quickly and frequently because there are many bus-only lanes. They don't get stuck in traffic during rush hour. [3] Moving on to the subway, it's spacious, simple, modern, and clean. It's easy to transfer because the subway lines are color-coded, and the stations have clearly marked directions. And that's why I actually prefer to use the subway. [4] I believe the Korean subway is one of the most organized and efficient systems in the world. 우리나라의 대중교통은 아주 저렴하고 편리합니다. 일단, 버스는 전용 도로가 많이 있기 때문에 빠르게 자주 다닙니다. 출퇴근시간에도 차가 막히지 않습니다. 지하철로 넘어가면, 그것은 넓고 간단하고 현대식이며 깔끔합니다. 지하철 노선이 색깔로 구분되어 있고 지하철역에 방향이 명확하게 표시되어 있어서 환승하기 쉽습니다. 그래서 저는 사실 지하철 타는 것을 선호합니다. 저는 한국의 지하철이 세계에서 가장 잘 정리되어 있고 효율적인 시스템이라고 확신합니다.

나만의 답변

1 서론	
2 버스	
3 지하철	
4 마무리	

Q2

Public transportation systems are constantly being improved. Have there been any changes to the public transportation system in your city since you were young? Please tell me about them in detail.

대중교통 시스템은 지속적으로 향상되고 있습니다. 어렸을 때 이후로 당신 도시의 대중교통에 어떤 변화가 있었나요? 자세히 말해 주세요.

스토리라인

1 서론　2 과거의 대중교통　3 현재의 대중교통　4 마무리

답변 순서

1 서론

There have been a lot of changes since I was little, but I think the biggest one is the Internet.

어렸을 때 이후로 많은 변화가 있었지만 제 생각에 가장 큰 변화는 인터넷입니다.

2 과거의 대중교통

In the past, I couldn't use the Internet while taking public transportation, so it was inconvenient when I needed to search for information.

과거에는 대중교통을 이용하는 중에 인터넷을 사용할 수 없어서 정보를 검색해야 할 때 불편했습니다.

3 현재의 대중교통

But now, subways and buses offer free Wi-Fi services.

하지만 지금은 지하철과 버스에서 와이파이를 무료로 제공합니다.

And that means I can literally do anything online on the way.

그건 말 그대로, 이동 중에 인터넷으로 무엇이든 할 수 있다는 의미입니다.

4 마무리

I think it's actually one of the most fascinating changes.

그것이 가장 대단한 변화 중 하나라고 생각합니다.

아이디어 & 추가 표현!

There were not that many lines. 노선이 그다지 많지 않았습니다.

There were no transportation cards. 교통 카드가 없었습니다.

It's possible to check when the bus is coming. 버스가 언제 오는지 확인할 수 있습니다.

Now, most of the stations have screen doors for safety.
이제는 대부분의 역에 안전을 위한 스크린도어가 있습니다.

02_11_02.mp3

IM 공략 답변

1 서론 2 과거의 대중교통 3 현재의 대중교통 4 마무리	[1] There have been a lot of changes since I was little, but I think the biggest one is the Internet. [2] In the past, I couldn't use the Internet while taking public transportation, so it was inconvenient when I needed to search for information. [3] But now, subways and buses offer free Wi-Fi services. And that means I can literally do anything online on the way. [4] I think it's actually one of the most fascinating changes.
	어렸을 때 이후로 많은 변화가 있었지만 제 생각에 가장 큰 변화는 인터넷입니다. 과거에는 대중교통을 이용하는 중에 인터넷을 사용할 수 없어서 정보를 검색해야 할 때 불편했습니다. 하지만 지금은 지하철과 버스에서 와이파이를 무료로 제공합니다. 그건 말 그대로, 이동 중에 인터넷으로 무엇이든 할 수 있다는 의미입니다. 그것이 가장 대단한 변화 중 하나라고 생각합니다.

나만의 답변

1 서론	
2 과거의 대중교통	
3 현재의 대중교통	
4 마무리	

TIP!

★ 난이도가 가장 높은 유형에 해당하는 '변화' 유형은 답변에 동사의 과거형과 현재형이 모두 쓰이기 때문에 시제를 주의해서 써야 해요.

Q3

What was your most memorable experience while using public transportation?

대중교통을 이용하면서 겪은 가장 기억에 남는 경험은 무엇인가요?

스토리라인

1 배경/상황 2 경험 3 결말 4 감정/느낌/의견

답변 순서

1 배경/상황

I guess it was a few months ago when I had an awful experience.
몇 달 전에 끔찍한 경험을 했습니다.

2 경험

I took the subway and sat down on an empty seat.
저는 지하철을 타서 빈 자리에 앉았습니다.

When I got off the subway and reached for my wallet in my back pocket, I realized it was gone!
지하철에서 내려서 뒷주머니에 있는 지갑을 꺼내려고 했을 때, 지갑이 없어진 것을 알았습니다!

I panicked and didn't know what to do.
너무 당황해서 어쩔 줄 몰랐습니다.

3 결말

I looked everywhere, and even called the Lost and Found, but couldn't find it. 모든 곳을 찾아 봤고, 심지어 분실물 센터에 전화도 해 봤지만 못 찾았습니다.

4 감정/느낌/의견

It was definitely one of the worst experiences I've had.
정말 최악의 경험 중 하나였습니다.

아이디어 & 추가 표현!

I ran into a friend of mine from high school. 고등학교 친구를 마주쳤습니다.

I saw a famous Korean singer. 한국의 유명 가수를 봤습니다.

I was late for work due to the heavy congestion. 길이 막혀서 회사에 지각했습니다.

I dropped my phone on the floor, and the screen broke.
휴대폰을 바닥에 떨어트렸고 화면이 깨졌습니다.

02_11_03.mp3

IM 공략 답변

1 배경/상황 2 경험 3 결말 4 감정/느낌/의견	[1] I guess it was a few months ago when I had an awful experience. [2] I took the subway and sat down on an empty seat. When I got off the subway and reached for my wallet in my back pocket, I realized it was gone! I panicked and didn't know what to do. [3] I looked everywhere, and even called the Lost and Found, but couldn't find it. [4] It was definitely one of the worst experiences I've had. 몇 달 전에 끔찍한 경험을 했습니다. 저는 지하철을 타서 빈 자리에 앉았습니다. 지하철에서 내려서 뒷주머니에 있는 지갑을 꺼내려고 했을 때, 지갑이 없어진 것을 알았습니다! 너무 당황해서 어쩔 줄 몰랐습니다. 모든 곳을 찾아 봤고, 심지어 분실물 센터에 전화도 해봤지만 못 찾았습니다. 정말 최악의 경험 중 하나였습니다.

나만의 답변

1 배경/상황	
2 경험	
3 결말	
4 감정/느낌/의견	

TIP!

★ 분실물과 관련된 스토리도 여러 가지 주제에서 활용될 수 있어요. 실제로 무언가를 분실한 경험이 있다면, 그때를 떠올리면서 감정을 표현해 보세요.

Chapter 2 돌발 주제

자기평가

자신의 OPIc 레벨을 확인하세요! 질문에 대한 답변을 녹음한 후 어떤 답변과 가장 비슷한지 판단하고 약점을 보완하세요.

Q: How has public transportation changed in your country?

Umm... transportation... bus and subway. Subway very convenient. Very convenient.

완벽한 문장을 만들지 못하고 난이도가 높은 질문에서 동문서답을 하네요.

Bus was no color, but now they have colors, blue, red and green. And... There are only few lines in subway but now there are many lines. Ah, they have colors too.

정리가 안된 상태인데다가 오류도 많고 의미가 불분명한 부분도 있어요.

In the past, I couldn't use card in bus or subway. I have to buy tickets. But now, I just touch...? put the card in the bus and subway so it's more convenient.

내용은 정리되었지만, 세부 표현들을 모르는 것 같아요.

Well... The biggest change is the Internet access. In the past, I couldn't use the Internet in the bus or subway. It was inconvenient. But now, they offer free Wi-Fi services so I can take care of many things on the way to somewhere.

문장들이 결속력이 있고, 관용구나 숙어 표현들을 다양하게 활용하네요!

※ 답변 샘플들은 간소화한 버전이며, 실제 시험에서는 더 많은 발화량이 요구됩니다.

Unit 12

건강

Health

'건강'이라는 주제는 상식적인 내용이지만 답변을 구성하기 힘들 수 있으니 미리 내용을 준비해 두세요. 선택 주제에서 운동 항목의 '자전거', '조깅/걷기' 주제들과 연계해서 연습할 수 있어요.

Chapter 2 돌발 주제

브레인스토밍

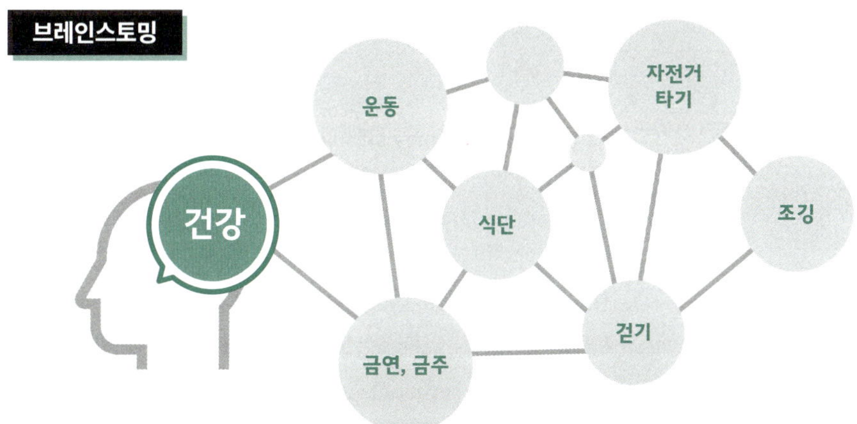

빈출 문제

Q1 I'd like to know about what people in your country do to stay healthy.

Q2 Tell me about the healthiest person you know. Who is it? What does he or she do to stay healthy?

Q3 Have you ever quit something in order to stay healthy?

Q1

I'd like to know about what people in your country do to stay healthy.

당신 나라의 사람들은 건강을 유지하기 위해서 무엇을 하는지 알고 싶어요.

스토리라인

1 서론 2 식단 3 운동 4 마무리

답변 순서

1 서론

People eat good food and get enough exercise to stay healthy.

사람들은 건강을 유지하기 위해 좋은 음식을 먹고 충분한 운동을 합니다.

2 식단

As for their diet, they should eat lots of fruits, vegetables, and protein.

식단으로는 과일, 채소 그리고 단백질을 많이 먹어야 합니다.

I learned in school that you have to eat from all five food groups.

학교에서 배운 바로는 5가지 식품군의 음식을 골고루 먹어야 합니다.

They have to avoid foods high in fat or sugar and drink alcohol occasionally.

지방 함유량이 높거나 설탕이 많이 들어간 음식을 피해야 하고, 술은 가끔씩 마셔야 합니다.

junk foods and instant foods 패스트 푸드와 즉석 식품
salty and spicy food and greasy food 짜고 매운 음식과 기름진 음식

3 운동

It is also important to exercise every day. 매일 운동하는 것도 중요합니다.

try to work out often 자주 운동하려고 노력하다 get enough exercise 충분한 운동을 하다
exercise in your spare moments 틈틈이 운동하다
avoid sitting down all day 하루 종일 앉아 있지 않는다

I heard that walking for about 30 minutes a day is good for your health.

제가 듣기로는 하루에 30분 정도씩 걸으면 건강에 좋다고 합니다.

4 마무리

I try to do all these things, but it's certainly easier said than done.

저도 이 모든 것들을 다하려고 노력하지만, 말이 쉽지 실천하기는 어렵습니다.

아이디어 & 추가 표현!

People should eat regularly and never skip meals.
규칙적으로 먹고 끼니를 거르지 않아야 합니다.

People should get to sleep by 10 p.m. and wake up at 7 a.m. in the morning.
오후 10시에 자서 아침 7시에 일어나야 합니다.

02_12_01.mp3

IM 공략 답변

1 서론 2 식단 3 운동 4 마무리	[1] People eat good food and get enough exercise to stay healthy. [2] As for their diet, they should eat lots of fruits, vegetables, and protein. I learned in school that you have to eat from all five food groups. They have to avoid foods high in fat or sugar and drink alcohol occasionally. [3] It is also important to exercise every day. I heard that walking for about 30 minutes a day is good for your health. [4] I try to do all these things, but it's certainly easier said than done. 사람들은 건강을 유지하기 위해 좋은 음식을 먹고 충분한 운동을 합니다. 식단으로는 과일, 채소 그리고 단백질을 많이 먹어야 합니다. 학교에서 배운 바로는 5가지 식품군의 음식을 골고루 먹어야 합니다. 지방 함유량이 높거나 설탕이 많이 들어간 음식을 피해야 하고, 술은 가끔씩 마셔야 합니다. 매일 운동하는 것도 중요합니다. 제가 듣기로는 하루에 30분 정도씩 걸으면 건강에 좋다고 합니다. 저도 이 모든 것들을 다하려고 노력하지만, 말이 쉽지 실천하기는 어렵습니다.

나만의 답변

1 서론	
2 식단	
3 운동	
4 마무리	

TIP!

★ '자전거', '조깅/걷기'(선택 Unit 12,13) 주제에 대한 답변을 활용해서 발화량을 늘릴 수 있어요.

Q2

Tell me about the healthiest person you know. Who is it? What does he or she do to stay healthy?

당신이 아는 사람들 중 가장 건강한 사람에 대해 말해 주세요. 누구인가요? 그 사람은 건강을 유지하기 위해서 무엇을 하나요?

스토리라인

1 서론 **2** 특징① **3** 특징② **4** 특징③ **5** 마무리

답변 순서

1 서론

I think my friend John is a very healthy person.
제 생각에 제 친구 John은 아주 건강한 사람입니다.

We met in university.
우리는 대학생일 때 만났습니다.

2 특징①

He exercises regularly, so he is very fit and in shape.
그 친구는 규칙적으로 운동을 해서 굉장히 건강하고 몸이 좋습니다.

3 특징②

He is also very careful about what he eats.
그 친구는 먹는 것에도 매우 신중합니다.

He always tries to maintain a balanced diet. 항상 균형 잡힌 식단을 유지하려고 노력합니다.

eat slowly 천천히 먹다 avoid junk food 정크푸드를 피하다
avoid eating too much 과식을 피하다 have three meals a day 하루에 세 끼 먹다

4 특징③

He has a good attitude and tries to stay positive.
그는 태도가 좋으며 긍정적인 생각을 하려고 노력합니다.

5 마무리

He encourages me to have a healthier lifestyle as well, so I think he is a great friend.
또한 제가 더 건강한 생활 습관을 가지도록 도와주기 때문에 저는 그가 아주 좋은 친구라고 생각합니다.

아이디어 & 추가 표현!

We've known each other for a very long time. 우리는 아주 오랫동안 알고 지냈습니다.

He is the one who recommended that I start riding a bike.
그는 저에게 자전거를 타라고 추천해 준 친구입니다.

02_12_02.mp3

IM 공략 답변

1 서론 **2 특징① [운동]** **3 특징② [음식]** **4 특징③ [태도]** **5 마무리**	[1] I think my friend John is a very healthy person. We met in university. [2] He exercises regularly, so he is very fit and in shape. [3] He is also very careful about what he eats. He always tries to maintain a balanced diet. [4] He has a good attitude and tries to stay positive. [5] He encourages me to have a healthier lifestyle as well, so I think he is a great friend. 제 생각에 제 친구 John은 아주 건강한 사람입니다. 우리는 대학생일 때 만났습니다. 그 친구는 규칙적으로 운동을 해서 굉장히 건강하고 몸이 좋습니다. 그리고 그 친구는 것에도 매우 신중합니다. 항상 균형 잡힌 식단을 유지하려고 노력합니다. 그는 태도가 좋으며 긍정적인 생각을 하려고 노력합니다. 또한 제가 더 건강한 생활 습관을 가지도록 도와주기 때문에 저는 그가 아주 좋은 친구라고 생각합니다.

나만의 답변

1 서론	
2 특징①	
3 특징②	
4 특징③	
5 마무리	

Chapter 2 돌발 주제

Q3

Have you ever quit something in order to stay healthy?

건강을 유지하려고 무언가를 그만둔 적이 있나요?

스토리라인

1 배경/상황　2 경험　3 결말　4 감정/느낌/의견

답변 순서

1 배경/상황

I used to drink too much in college when I hung out with friends.
저는 대학생 때 친구들과 어울려 놀면서 술을 너무 많이 마시곤 했습니다.

I often felt sick and didn't get enough sleep.
자주 몸이 안 좋았고 잠도 충분히 자지 못했습니다.

2 경험

I decided to spend less time with those friends and focus more on my life.
그 친구들과 보내는 시간을 줄이고 제 생활에 더 집중하기로 마음먹었습니다.

meet those friends only during the daytime 낮에만 그 친구들을 만나다
stop hanging out with people who have bad habits
나쁜 습관을 가진 사람들과 어울리지 않는다

3 결말

I stopped drinking to improve my health.
건강을 개선하기 위해 술을 끊었습니다.

4 감정/느낌/의견

After I quit drinking, I felt much better.
술을 끊은 이후 기분이 훨씬 더 좋았습니다.

아이디어 & 추가 표현!

I quit smoking for good. 저는 아예 담배를 끊었습니다.

I stopped eating junk food. 저는 정크 푸드를 먹는 것을 그만두었습니다.

I stopped eating snacks at night. 저는 밤에 간식 먹는 것을 그만두었습니다.

I don't drink coffee anymore. 저는 더 이상 커피를 마시지 않습니다.

02_12_03.mp3

IM 공략 답변

1 배경/상황 **2 경험** **3 결말** **4 감정/느낌/의견**	[1] I used to drink too much in college when I hung out with friends. I often felt sick and didn't get enough sleep. [2] I decided to spend less time with those friends and focus more on my life. [3] I stopped drinking to improve my health. [4] After I quit drinking, I felt much better. 저는 대학생 때 친구들과 어울려 놀면서 술을 너무 많이 마시곤 했습니다. 자주 몸이 안 좋았고 잠도 충분히 자지 못했습니다. 그 친구들과 보내는 시간을 줄이고 제 생활에 좀 더 집중하기로 마음먹었습니다. 건강을 개선하기 위해 술을 끊었습니다. 술을 끊은 이후 기분이 훨씬 더 좋았습니다.

나만의 답변

1 배경/상황	
2 경험	
3 결말	
4 감정/느낌/의견	

TIP!

★ 시험에 나오는 모든 질문에 실제로 경험한 내용으로 답변하기는 어려워요. 따라서 실제 겪지 않은 일이더라도 해당 질문에 맞는 내용을 준비해 두세요.

자기평가

자신의 OPIc 레벨을 확인하세요! 질문에 대한 답변을 녹음한 후 어떤 답변과 가장 비슷한지 판단하고 약점을 보완하세요.

Q: What do you usually do for your health?

Health very important. I think. I eat vitamin and... 홍삼.

완벽한 문장을 만들지 못하고 말투도 딱딱하게 느껴져요. 문장을 만드는 속도가 느리네요.

I exercise and eat healthy food.

문장 구조가 단순하고 발화량이 적어요.

First, I exercise. I go to the park and ride a bike. It's good for my health. Also, I don't eat junk food, such as hamburgers because it's not good for health.

IM보다 조금 더 세세한 묘사가 가능해요.

There are several things I do for my health. First of all, I get some exercise. I ride a bike at the park on a regular basis. Also, I try to maintain well-balanced diet. So I watch what I eat. I think it's very important to stay in shape.

문장들이 결속력이 있고, 관용구나 숙어 표현들을 다양하게 활용하는 시도를 하네요!

※ 답변 샘플들은 간소화한 버전이며, 실제 시험에서는 더 많은 발화량이 요구됩니다.

Unit 13

날씨/계절

Weather/ Season

'날씨'나 '계절'은 단순하고 상식적인 주제이지만 막상 영어로 설명하려면 다소 어려울 수 있습니다. 앞에서 배운 표현들을 중심으로 학습하세요.

Chapter 2 돌발 주제

브레인스토밍

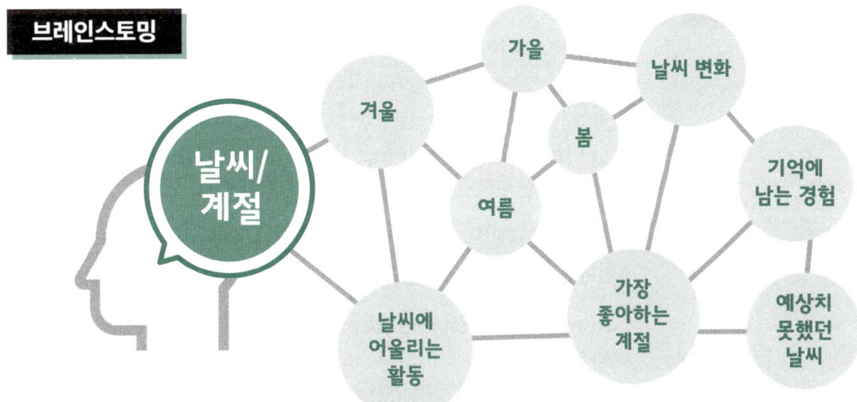

빈출 문제

Q1 Tell me about the weather in your country.

Q2 How has the weather changed over the years in your country?

Q3 Have you ever had any experiences regarding unexpected weather changes?

Q1

Tell me about the weather in your country.
당신 나라의 날씨에 대해 말해 주세요.

스토리라인

1 서론　2 봄　3 여름　4 가을　5 겨울

답변 순서

1 서론

There are four distinct seasons in my country. 우리나라에는 뚜렷한 사계절이 있습니다.

2 봄

Let me start with spring, which is my favorite.
제가 가장 좋아하는 봄부터 설명하겠습니다.

It's a beautiful season. 봄은 아름다운 계절입니다.

It's mostly sunny, bright, and warm. 대부분 화창하고 밝으며 따뜻합니다.

Sometimes it can be dry, but I like it because I can see flowers bloom everywhere.
가끔 건조할 수 있지만, 어디서나 꽃이 만발한 것을 볼 수 있기 때문에 좋아합니다.

covered with much fine dust 많은 미세 먼지로 뒤덮인
affected by the last cold snap 꽃샘 추위에 영향을 받는

3 여름

Then comes summer, when it gets extremely hot in Korea.
그 다음, 한국에 오는 여름은 아주 덥습니다.

Actually, I don't like it, since it's sticky and stuffy for a long time.
오랫동안 끈적거리고 후텁지근하기 때문에 저는 사실 안 좋아합니다.

4 가을

After the unpleasant weather, there's fall.
불쾌한 날씨가 지나면 가을이 옵니다.

The sky is clear, and it finally gets a bit cooler.
하늘이 맑고 드디어 조금씩 시원해집니다.

5 겨울

The last one is winter, and in Korea, there's heavy snow now and then, so you have to be careful when you drive or spend time outdoors.
마지막은 겨울인데, 한국에는 때때로 눈이 많이 와서 운전하거나 야외 활동을 할 때 주의해야 합니다.

It can be freezing cold as well. 그리고 엄청난 한파가 오기도 합니다.

02_13_01.mp3

IM 공략 답변

1 서론 2 봄 3 여름 4 가을 5 겨울	[1] There are four distinct seasons in my country. [2] Let me start with spring, which is my favorite. It's a beautiful season. It's mostly sunny, bright, and warm. Sometimes it can be dry, but I like it because I can see flowers bloom everywhere. [3] Then comes summer, when it gets extremely hot in Korea. Actually, I don't like it, since it's sticky and stuffy for a long time. [4] After the unpleasant weather, there's fall. The sky is clear, and it finally gets a bit cooler. [5] The last one is winter, and in Korea, there's heavy snow now and then, so you have to be careful when you drive or spend time outdoors. It can be freezing cold as well. 우리나라에는 뚜렷한 사계절이 있습니다. 제가 가장 좋아하는 봄부터 설명하겠습니다. 봄은 아름다운 계절입니다. 대부분 화창하고 밝으며 따뜻합니다. 가끔 건조할 수 있지만, 어디서나 꽃이 만발한 것을 볼 수 있기 때문에 좋아합니다. 그 다음, 한국에 오는 여름은 아주 덥습니다. 오랫동안 끈적거리고 후텁지근하기 때문에 저는 사실 안 좋아합니다. 불쾌한 날씨가 지나면 가을이 옵니다. 하늘이 맑고 드디어 조금씩 시원해집니다. 마지막은 겨울인데, 한국에는 때때로 눈이 많이 와서 운전하거나 야외 활동을 할 때 주의해야 합니다. 그리고 엄청난 한파가 오기도 합니다.

나만의 답변

1 서론	
2 봄	
3 여름	
4 가을	
5 겨울	

Chapter 2 돌발 주제

Q2

How has the weather changed over the years in your country?

수년 간 당신 나라의 날씨는 어떻게 변했나요?

스토리라인

1 서론　2 과거의 날씨　3 현재의 날씨

답변 순서

1 서론

I guess one major change would be summer.
가장 큰 변화는 여름인 것 같습니다.

I feel like every summer is hotter than the last one.
매년 여름이 지난여름보다 더 더운 느낌입니다.

2 과거의 날씨

When I was a kid, it wasn't that hot or humid.
제가 어렸을 때는 그 정도로 덥거나 습하지 않았습니다.

I remember playing outside during the summer break, and I don't think it felt unpleasant. 여름 방학 때 밖에서 놀던 기억이 나는데, 불쾌하진 않았던 것 같습니다.

3 현재의 날씨

However, summer is much longer these days.
하지만, 요즘에는 여름이 훨씬 길어졌습니다.

On top of that, it feels like heat waves take over throughout the season.
게다가 여름 내내 폭염이 지속되는 것 같습니다.

Even at night, I have to turn on the air conditioner to get a good night's sleep.
심지어 밤에도 잠을 잘 자려면 에어컨을 틀어야 합니다.

The heat and drought reach a peak every summer.
매년 여름 더위와 가뭄은 극에 달합니다.

I think it's because the average temperature on Earth has gotten hotter.
지구의 평균 기온이 점점 올라갔기 때문인 것 같습니다.

아이디어 & 추가 표현!

These days, it feels like there is never a cool breeze.
요즘에는 시원한 바람이 전혀 안 부는 것 같습니다.

It's very unpleasant to be outside in the summer.
여름에 밖에 있는 것은 아주 불쾌합니다.

02_13_02.mp3

IM 공략 답변

1 서론 **2 과거의 날씨** **3 현재의 날씨**	[1] I guess one major change would be summer. I feel like every summer is hotter than the last one. [2] When I was a kid, it wasn't that hot or humid. I remember playing outside during the summer break, and I don't think it felt unpleasant. [3] However, summer is much longer these days. On top of that, it feels like heat waves take over throughout the season. Even at night, I have to turn on the air conditioner to get a good night's sleep. 가장 큰 변화는 여름인 것 같습니다. 매년 여름이 지난여름보다 더 더운 느낌입니다. 제가 어렸을 때는 그 정도로 덥거나 습하지 않았습니다. 여름 방학 때 밖에서 놀던 기억이 나는데, 불쾌하진 않았던 것 같습니다. 하지만, 요즘에는 여름이 훨씬 길어졌습니다. 게다가 여름 내내 폭염이 지속되는 것 같습니다. 심지어 밤에도 잠을 잘 자려면 에어컨을 틀어야 합니다.

나만의 답변

1 서론	
2 과거의 날씨	
3 현재의 날씨	

TIP!

★ 전문 용어를 써서 자세히 설명하다가 자칫 오류가 날 수 있어요. 일반 상식 수준의 단순한 내용을 제대로 설명하는 것이 점수에 훨씬 도움이 됩니다!

Chapter 2 돌발 주제

Q3

Have you ever had any experiences regarding unexpected weather changes?

예상치 못한 날씨 변화를 경험한 적이 있나요?

스토리라인

1 배경/상황 2 경험 3 결말 4 마무리

답변 순서

1 배경/상황

I guess it was just a few weeks ago, actually.
사실, 바로 몇 주 전에 있었던 일입니다.

I wanted to ride a bike in the morning since I started to care about my health.
저는 건강 관리를 시작해서 아침에 자전거를 타고 싶었습니다.

So, I checked the weather, and it said it was going to be a sunny day.
그래서 날씨를 확인했는데, 화창할 것이라고 했습니다.

And that's why I went to a big park, Han River Park, to enjoy my ride.
그래서 자전거를 타러 한강 공원이라는 큰 공원에 갔습니다.

2 경험

After riding for about an hour, I was taking a break on a bench.
1시간 정도 타고 나서 벤치에 앉아서 쉬고 있었습니다.

All of a sudden, I felt some raindrops on my face, and it started pouring like crazy.
갑자기 얼굴에 비가 몇 방울 떨어지더니, 마구 쏟아지기 시작했습니다.

3 결말

Since I didn't have an umbrella at the time, I was soaking wet from head to toe. And as you can imagine, it was so frustrating!
그 당시에 우산이 없었기 때문에 머리부터 발끝까지 젖었습니다. 그리고 상상할 수 있다시피, 너무 짜증났습니다!

4 마무리

From then on, I carry a small umbrella all the time .
그때부터 저는 항상 작은 우산 하나를 들고 다닙니다.

don't trust the weather forecast anymore
더 이상 일기 예보를 믿지 않는다

go riding with a raincoat all the time
항상 비옷을 입고 자전거를 타다

아이디어 & 추가 표현!

I had to cancel the beach trip because of a hurricane.
태풍 때문에 해변 여행을 취소해야 했습니다.

I couldn't take the bus because it was delayed by heavy snow.
폭설로 인해 버스가 지연되어서 탈 수 없었습니다.

02_13_03.mp3

IM 공략 답변

1 배경/상황 **2 경험** **3 결말** **4 마무리**	[1] I guess it was just a few weeks ago, actually. I wanted to ride a bike in the morning since I started to care about my health. So, I checked the weather, and it said it was going to be a sunny day. And that's why I went to a big park, Han River Park, to enjoy my ride. [2] After riding for about an hour, I was taking a break on a bench. All of a sudden, I felt some raindrops on my face, and it started pouring like crazy. [3] Since I didn't have an umbrella at the time, I was soaking wet from head to toe. And as you can imagine, it was so frustrating! [4] From then on, I carry a small umbrella all the time. 사실, 바로 몇 주 전에 있었던 일입니다. 저는 건강 관리를 시작해서 아침에 자전거를 타고 싶었습니다. 그래서 날씨를 확인했는데, 화창할 것이라고 했습니다. 그래서 자전거를 타러 한강 공원이라는 큰 공원에 갔습니다. 1시간 정도 타고 나서 벤치에 앉아서 쉬고 있었습니다. 갑자기 얼굴에 비가 몇 방울 떨어지더니, 마구 쏟아지기 시작했습니다. 그 당시에 우산이 없었기 때문에 머리부터 발끝까지 젖었습니다. 그리고 상상할 수 있다시피, 너무 짜증났습니다! 그때부터 저는 항상 작은 우산 하나를 들고 다닙니다.

나만의 답변

1 배경/상황	
2 경험	
3 결말	
4 마무리	

TIP!

★ '야외 활동'(돌발 Unit 14) 주제에서도 쓸 수 있는 스토리입니다. 실제로 겪은 일을 말한다면 그 당시의 감정을 풍부하게 표현해 보세요.

자기평가

자신의 OPIc 레벨을 확인하세요! 질문에 대한 답변을 녹음한 후 어떤 답변과 가장 비슷한지 판단하고 약점을 보완하세요.

Q: Tell me about the weather in your country.

In korea, four seasons. Uhh… spring, summer… fall, winter. Spring is warm and summer very hot. Uh… Fall is… wind and winter very, very cold and snow.

완벽한 문장을 만들지 못하고 말투도 딱딱하게 느껴져요. 문장을 만드는 속도가 느리네요.

There are four seasons in Korea. First, spring is warm. And then… summer is very, very hot and humid. But in the fall, it's cool and windy. Last, winter is cold. In korea, there's snowy weather.

문장 구조가 단순하고 자잘한 오류가 많아요.

We have four distinct seasons. They are spring, summer, fall and winter. In the spring, it's warm. There are many flowers. Then… summer is really hot! I don't like summer. The fall is cool and the sky is very clear, blue, beautiful. Last but not least, winter is really cold. And sometimes, it snows a lot.

IM보다 조금 더 세세한 묘사가 가능해요.

In Korea, there are four distinct seasons. The first is spring and the weather is beautiful. It's mostly warm and sunny. Next, it gets super hot and humid in Korea in summer. It's sticky and stuffy so it's very unpleasant. Then, the fall is cool, which is why it's my favorite. Last one is winter when it gets super cold. It snows a lot from time to time.

말을 이어 가려고 노력하고 있고 답변에 시작, 중간, 끝이 있어요!

※ 답변 샘플들은 간소화한 버전이며, 실제 시험에서는 더 많은 발화량이 요구됩니다.

Unit

14

지리/야외 활동

Geography/ Outdoor Activity

주제만 봐도 어려워 보이는 항목입니다. 하지만 '공원 가기', '해변 가기' 그리고 '자전거 타기' 주제들에 익숙해졌다면 쉽게 해결할 수 있으니 반드시 연습해 두세요.

Chapter 2 돌발 주제

브레인스토밍

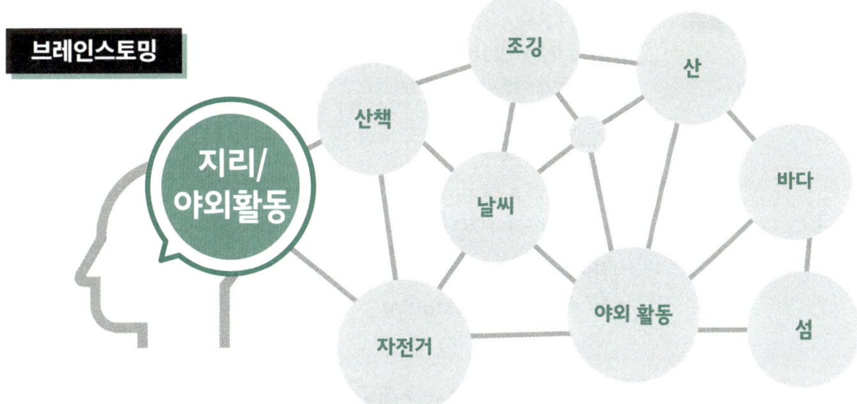

빈출 문제

Q1 **Tell me about the geographical features of your country.**

Q2 **What kind of outdoor activities do people enjoy in your country?**

Q3 **What was your most memorable experience at a place with geographical features?**

Q1

Tell me about the geographical features of your country.

당신 나라의 지리적인 특징에 대해서 말해 주세요.

스토리라인

1 서론 **2** 지리적 특징① **3** 지리적 특징② **4** 마무리

답변 순서

1 서론

My country is located in East Asia.
우리나라는 동아시아에 있습니다.

2 지리적 특징①

Korea is a peninsula, so it is mostly surrounded by ocean.
한국은 반도라서 대부분이 바다로 둘러싸여 있습니다.

There are beautiful beaches along the coastlines, and the ones on the east side are quite popular.
해안가를 따라 아름다운 해변들이 있는데, 동쪽에 있는 해변들은 꽤 인기가 많습니다.

3 지리적 특징②

In the eastern area, we have some famous mountains, too.
동쪽에는 유명한 산들도 있습니다.

The one called Seorak is well known for its spectacular scenery during the fall, when all the leaves turn red and yellow.
설악산은 온통 단풍이 드는 가을의 절경으로 유명합니다.

4 마무리

I think Korea is one of the most beautiful countries in the world.
한국은 세계에서 가장 아름다운 국가들 중 하나인 것 같습니다.

아이디어 & 추가 표현!

There's a big island called Jeju, which is located to the south.
제주라고 불리는 큰 섬이 남쪽에 있습니다.

It has pretty beaches covered with pebbles and a huge mountain named Halla.
자갈로 덮인 예쁜 해변과 한라라는 이름의 큰 산이 있습니다.

It's one of the most popular vacation spots in my country.
우리나라에서 가장 인기 있는 휴양지 중 하나입니다.

02_14_01.mp3

IM 공략 답변

1 서론 **2 지리적 특징①** [바다] **3 지리적 특징②** [산] **4 마무리**	[1] My country is located in East Asia. [2] Korea is a peninsula, so it is mostly surrounded by ocean. There are beautiful beaches along the coastlines, and the ones on the east side are quite popular. [3] In the eastern area, we have some famous mountains, too. The one called Seorak is well known for its spectacular scenery during the fall, when all the leaves turn red and yellow. [4] I think Korea is one of the most beautiful countries in the world. 우리나라는 동아시아에 있습니다. 한국은 반도라서 대부분이 바다로 둘러싸여 있습니다. 해안가를 따라 아름다운 해변들이 있는데, 동쪽에 있는 해변들은 꽤 인기가 많습니다. 동쪽에는 유명한 산들도 있습니다. 설악산은 온통 단풍이 드는 가을의 절경으로 유명합니다. 한국은 세계에서 가장 아름다운 국가들 중 하나인 것 같습니다.

나만의 답변

1 서론	
2 지리적 특징①	
3 지리적 특징②	
4 마무리	

TIP!

★ 질문이 한국에 대한 내용이라면, 다른 나라 사람들도 이해할 수 있는 내용으로 답변하세요. '동고서저'나 '지도가 호랑이처럼 생겼다' 등의 내용은 공감되지 않을 수 있어 전달력이 떨어져요.

Q2

What kind of outdoor activities do people enjoy in your country?
당신 나라의 사람들은 어떤 야외 활동을 즐기나요?

스토리라인

1 서론 2 활동① 3 활동② 4 마무리

답변 순서

1 서론

People enjoy lots of outdoor activities in my country.
우리나라 사람들은 다양한 야외 활동을 즐깁니다.

2 활동①

First of all, they get some exercise at the local parks.
일단, 동네 공원에서 운동을 합니다.

They go for a bike ride, go jogging, or take a walk .
자전거를 타고, 조깅하거나 산책합니다.

go hiking, play catch, or take their dog for a walk 등산하고 캐치볼을 하거나 개를 산책시키다
play badminton, or jump rope 배드민턴을 치거나 줄넘기를 하다

It's the best way to stay in shape.
건강을 유지하기 위한 가장 좋은 방법입니다.

3 활동②

And then, when they want to relax a little, they go to the beach.
그리고, 조금 쉬고 싶을 때는 해변에 갑니다.

They not only wind down on the beach, but also enjoy all kinds of water sports .
해변에서 쉴 뿐만 아니라 다양한 수상 스포츠도 즐깁니다.

water skiing 수상 스키 windsurfing 윈드서핑 snorkeling 스노클링
scuba diving 스쿠버 다이빙 beach volleyball 비치 발리볼

4 마무리

In my case, I enjoy these outdoor activities as well.
제 경우에도 이런 야외 활동을 즐깁니다.

And it feels great to get some fresh air while getting rid of my stress at the same time.
그리고 바람 쐬는 일은 스트레스를 해소시키는 동시에 기분을 아주 좋게 합니다.

02_14_02.mp3

IM 공략 답변

1 서론 **2 활동① [공원]** **3 활동② [해변]** **4 마무리**	[1] People enjoy lots of outdoor activities in my country. [2] First of all, they get some exercise at the local parks. They go for a bike ride, go jogging, or take a walk. It's the best way to stay in shape. [3] And then, when they want to relax a little, they go to the beach. They not only wind down on the beach, but also enjoy all kinds of water sports. [4] In my case, I enjoy these outdoor activities as well. And it feels great to get some fresh air while getting rid of my stress at the same time. 우리나라 사람들은 다양한 야외 활동을 즐깁니다. 일단, 동네 공원에서 운동을 합니다. 자전거를 타고, 조깅하거나 산책합니다. 건강을 유지하기 위한 가장 좋은 방법입니다. 그리고, 조금 쉬고 싶을 때는 해변에 갑니다. 해변에서 쉴 뿐만 아니라 다양한 수상 스포츠도 즐깁니다. 제 경우에도 이런 야외 활동을 즐깁니다. 그리고 바람 쐬는 일은 스트레스를 해소시키는 동시에 기분을 아주 좋게 합니다.

나만의 답변

1 서론	
2 활동①	
3 활동②	
4 마무리	

Chapter 2 돌발 주제

Q3

What was your most memorable experience at a place with geographical features?

지리적 특징이 있는 장소에서 겪은 가장 기억에 남는 경험은 무엇인가요?

스토리라인

1 배경/상황 2 경험 3 결말 4 마무리

답변 순서

1 배경/상황

I guess it was a few years ago.
몇 년 전이었던 것 같습니다.

I went to the beach with my friends.
저는 친구들과 해변에 갔습니다.

the biggest park in our country 우리나라에서 제일 큰 공원

2 경험

There was a huge music festival there, and I enjoyed all my favorite tunes.
그곳에서는 아주 큰 뮤직 페스티벌이 있었고, 저는 가장 좋아하는 노래들을 즐겼습니다.

It was so much fun to sing along with the songs.
노래를 따라 부르는 것은 정말 재미있었습니다.

But, the next day, when I woke up, my voice was gone.
그런데, 다음 날 일어났을 때 목소리가 나오지 않았습니다.

3 결말

I had to whisper all day long, but I didn't mind at all.
하루 종일 속삭이듯 말해야 했지만 전혀 신경 쓰지 않았습니다.

4 마무리

I had a lot of fun at the festival.
저는 페스티벌에서 아주 재미있었습니다.

아이디어 & 추가 표현!

I dropped my phone in the water. 휴대폰을 물 속으로 떨어트렸습니다.

It rained all day long at the beach. 해변에 하루 종일 비가 왔습니다.

I had fun riding a bike around the park with my friends.
친구들과 공원에서 자전거 타며 재밌는 시간을 보냈습니다.

IM 공략 답변

1 배경/상황 **2 경험** **3 결말** **4 마무리**	[1] I guess it was a few years ago. I went to the beach with my friends. [2] There was a huge music festival there, and I enjoyed all my favorite tunes. It was so much fun to sing along with the songs. But, the next day, when I woke up, my voice was gone. [3] I had to whisper all day long, but I didn't mind at all. [4] I had a lot of fun at the festival. 몇 년 전이었던 것 같습니다. 저는 친구들과 해변에 갔습니다. 그곳에서는 아주 큰 뮤직 페스티벌이 있었고, 저는 가장 좋아하는 노래들을 즐겼습니다. 노래를 따라 부르는 것은 정말 재미있었습니다. 그런데, 다음 날 일어났을 때 목소리가 나오지 않았습니다. 하루 종일 속삭이듯 말해야 했지만 전혀 신경 쓰지 않았습니다. 저는 페스티벌에서 아주 재미있었습니다.

나만의 답변

1 배경/상황	
2 경험	
3 결말	
4 마무리	

TIP!

★ '공원이나 해변에서 겪었던 경험'(선택 Unit 7, 8)과 함께 준비하면 좋아요!

자기평가

자신의 OPIc 레벨을 확인하세요! 질문에 대한 답변을 녹음한 후 어떤 답변과 가장 비슷한지 판단하고 약점을 보완하세요.

Q: Tell me about the geography of your country.

Korea... mountain... ocean... very beautiful.

완벽한 문장을 만들지 못하고 말투도 딱딱하게 느껴져요. 문장을 만드는 속도가 느리네요.

Korea looks like a tiger. It's peninsula so... it's su... rrounded oceans. 70% mountain because east is high and west is low.

한국 사람만이 공감할 수 있는 내용으로 이루어진 경우, 영어 실력과 상관 없이 전달력이 떨어져요.

Well, there are lots of oceans in Korea. The most famous one is 해운대. It's located in 부산. It's a beautiful beach with lots of activities to enjoy.

응용하긴 했으나 내용이 잘 정리되지 않은 상태예요.

In Korea, there are a number of beautiful mountains and oceans. Actually, the most popular and famous oceans are on the east side. My personal favorite is 해운대. It's a perfect spot to enjoy sunsets. Anyway, I think Korea is one of the most beautiful countries in the world.

문장들이 결속력이 있고, 관용구나 숙어 표현들을 다양하게 활용하는 시도를 하네요!

※ 답변 샘플들은 간소화한 버전이며, 실제 시험에서는 더 많은 발화량이 요구됩니다.

Unit 15

재활용

Recycling

다수의 응시자들이 어려워하는 주제입니다. '환경'과 관련하여, 사회적으로 중요한 이슈이므로 철저히 대비해야 합니다. 스토리라인과 표현 위주로 학습하세요.

브레인스토밍

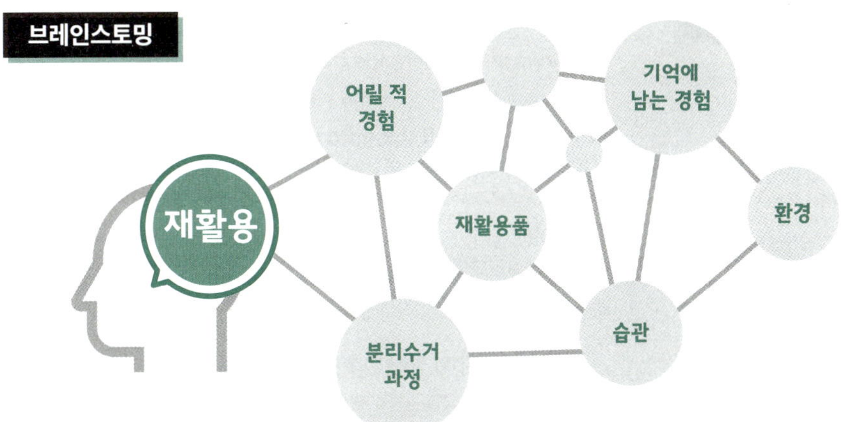

빈출 문제

Q1 Tell me about the recycling system in your country. How is it done?

Q2 Now, tell me how you personally recycle. When, where, and how often do you recycle?

Q3 What was your most memorable recycling experience as a child?

Q1

Tell me about the recycling system in your country. How is it done?

당신 나라의 재활용 시스템에 대해서 말해 주세요. 어떻게 재활용을 하나요?

스토리라인

1 한국의 재활용 **2** 재활용품 **3** 마무리

답변 순서

1 한국의 재활용

In Korea, all households have to help with recycling.

한국에서는 모든 가정들이 재활용을 도와야 합니다.

When we take out the garbage, we have to sort recyclables.

쓰레기를 내다 버릴 때 재활용 가능한 것들을 분류해야 합니다.

2 재활용품

We recycle plastic, glass bottles, paper, and cans.

플라스틱, 유리병, 종이, 그리고 캔을 재활용합니다.

For all the other trash, we have to buy garbage bags.

그 외 쓰레기를 버리려면 종량제 봉투를 따로 구입해야 합니다.

Some lids and containers used for foods should be washed before being put into the bags.

음식물을 담았던 뚜껑과 용기는 봉투에 버리기 전에 세척되어야 합니다.

If people don't recycle it, they have to pay a fine.

재활용하지 않으면 벌금을 내야 합니다.

Sharp things like a knife should be separately wrapped in waste paper.

칼 같이 날카로운 것들은 폐지에 따로 싸야 합니다.

We should dispose of the items in designated areas.

우리는 지정된 장소에 재활용품을 버려야 합니다.

Food waste is also collected in its own container.

음식물 쓰레기도 해당 통 안에 넣어야 합니다.

3 마무리

Sometimes it can be a pain, but since it's good for the environment, people are willing to help out without complaint.

가끔 귀찮을 때도 있지만, 환경에 좋기 때문에 사람들은 불평 없이 기꺼이 도와줍니다.

02_15_01.mp3

IM 공략 답변

1 한국의 재활용 **2 재활용품** **3 마무리**	[1] In Korea, all households have to help with recycling. When we take out the garbage, we have to sort recyclables. [2] We recycle plastic, glass bottles, paper, and cans. For all the other trash, we have to buy garbage bags. [3] Sometimes it can be a pain, but since it's good for the environment, people are willing to help out without complaint. 한국에서는 모든 가정들이 재활용을 도와야 합니다. 쓰레기를 내다 버릴 때 재활용 가능한 것들을 분류해야 합니다. 플라스틱, 유리병, 종이, 그리고 캔을 재활용합니다. 그 외 쓰레기를 버리려면 종량제 봉투를 따로 구입해야 합니다. 가끔 귀찮을 때도 있지만, 환경에 좋기 때문에 사람들은 불평 없이 기꺼이 도와줍니다.

나만의 답변

1 한국의 재활용	
2 재활용품	
3 마무리	

TIP!

★ 돌발 주제는 엄청난 발화량과 높은 수준의 내용을 고집하지 않아도 좋아요. 어떤 질문이 나와도 당황하지 않고 영어로 대응할 수 있다는 것만 보여 주면 돼요.

Q2

Now, tell me how you personally recycle. When, where, and how often do you recycle?

개인적으로 어떻게 재활용하는지 말해 주세요. 언제, 어디에서, 그리고 얼마나 자주 재활용하나요?

스토리라인

1 서론　2 세부 설명　3 마무리

답변 순서

1 서론

As I've already mentioned, all Koreans have to work together.
이미 언급했듯이 한국인들 모두 힘을 보태야 합니다.

So, of course, I'm not an exception.
그래서 당연히 저도 예외는 아닙니다.

2 세부 설명

My family and I have to take out the recyclables every Sunday.
우리 가족은 매주 일요일에 재활용품을 내다 버려야 합니다.

During the week, we collect plastics, paper, glass, and cans in different boxes.
주중에는 플라스틱, 종이, 유리 그리고 캔을 박스에 따로 모읍니다.

And then, when Sunday finally arrives, my parents and I gather all the garbage and go downstairs.
그런 다음, 마침내 일요일이 되면, 부모님과 저는 모든 쓰레기를 모아서 아래로 내려갑니다.

Since they pick up the garbage only once a week, it tends to pile up at home.
일주일에 한 번만 수거해 가기 때문에 집에 쓰레기가 쌓이는 편입니다.

So, we have to go up and down quite a few times until we throw out the whole amount.
그래서 모든 쓰레기를 버릴 때까지 꽤 여러 번 왔다 갔다 해야 합니다.

3 마무리

After sorting the garbage accordingly, we come back with clean boxes.
쓰레기를 그에 맞게 분리하면 우리는 비워진 박스들을 들고 집으로 옵니다.

Then, we collect the garbage again for another week.
그리고 다시 일주일 동안 쓰레기를 모읍니다.

02_15_02.mp3

IM 공략 답변

1 서론 2 세부 설명 3 마무리	[1] As I've already mentioned, all Koreans have to work together. So, of course, I'm not an exception. [2] My family and I have to take out the recyclables every Sunday. During the week, we collect plastics, paper, glass, and cans in different boxes. And then, when Sunday finally arrives, my parents and I gather all the garbage and go downstairs. Since they pick up the garbage only once a week, it tends to pile up at home. So, we have to go up and down quite a few times until we throw out the whole amount. [3] After sorting the garbage accordingly, we come back with clean boxes. Then, we collect the garbage again for another week. 이미 언급했듯이 한국인들 모두 힘을 보태야 합니다. 그래서 당연히 저도 예외는 아닙니다. 우리 가족은 매주 일요일에 재활용품을 내다 버려야 합니다. 주중에는 플라스틱, 종이, 유리 그리고 캔을 박스에 따로 모읍니다. 그런 다음, 마침내 일요일이 되면, 부모님과 저는 모든 쓰레기를 모아서 아래로 내려갑니다. 일주일에 한 번만 수거해 가기 때문에 집에 쓰레기가 쌓이는 편입니다. 그래서 모든 쓰레기를 버릴 때까지 꽤 여러 번 왔다 갔다 해야 합니다. 쓰레기를 그에 맞게 분리하면 우리는 비워진 박스들을 들고 집으로 옵니다. 그리고 다시 일주일 동안 쓰레기를 모읍니다.

나만의 답변

1 서론	
2 세부 설명	
3 마무리	

TIP!

★ 시간 순서대로 진행되는 내용을 말할 경우, 순서를 나타내는 접속 표현(first, and then, next, finally 등)을 반드시 사용하세요.

Q3

What was your most memorable recycling experience as a child?

어렸을 때 겪은 가장 기억에 남는 재활용에 관련된 경험은 무엇인가요?

스토리라인

1 배경/상황 2 경험 3 마무리

답변 순서

1 배경/상황

It's been a long time, so I don't remember much, but I do remember one thing — taking some recyclables to the school when I was in elementary school .

오래되어서 기억은 잘 안 나지만 한 가지 기억나는 것은 초등학생일 때 학교에 재활용품을 가지고 간 것입니다.

in middle school 중학교 때 young 어린 little 어린

2 경험

My teacher had told the class to collect some cans at home and bring them.

선생님께서 집에 있는 캔을 모아서 가지고 오라고 하셨습니다.

After gathering some cans and other recyclables, I took them to school.

저는 캔과 다른 재활용품을 모아서 학교에 가져갔습니다.

It was some kind of lesson on the environment. 환경 관련 수업이었습니다.

It was a lesson on learning how to recycle.

재활용하는 방법을 배우는 수업이었습니다.

I felt satisfied that I did a good thing for the environment.

환경을 위해 좋은 일을 한 것 같아서 만족했습니다.

3 마무리

Anyway, that's what I remember most from my childhood recycling experiences. 어쨌든, 이것이 어린 시절 재활용에 관련된 경험 중 가장 기억나는 것입니다.

아이디어 & 추가 표현!

The bag busted, and the garbage came out.

봉투가 터져서 쓰레기가 밖으로 나왔습니다.

I put out the recyclables at the wrong place.

재활용품을 잘못된 장소에 내놓았습니다.

I put the regular waste like egg shells into the food waste's bin.

저는 달걀 껍질 같은 일반 쓰레기를 음식물 쓰레기 통에 버렸습니다.

02_15_03.mp3

IM 공략 답변

1 배경/상황 **2 경험** **3 마무리**	[1] It's been a long time, so I don't remember much, but I do remember one thing — taking some recyclables to the school when I was in elementary school. [2] My teacher had told the class to collect some cans at home and bring them. After gathering some cans and other recyclables, I took them to school. It was some kind of lesson on the environment. [3] Anyway, that's what I remember most from my childhood recycling experiences. 오래되어서 기억은 잘 안 나지만 한 가지 기억나는 것은 초등학생일 때 학교에 재활용품을 가지고 간 것입니다. 선생님께서 집에 있는 캔을 모아서 가지고 오라고 하셨습니다. 저는 캔과 다른 재활용품을 모아서 학교에 가져갔습니다. 환경 관련 수업이었습니다. 어쨌든, 이것이 어린 시절 재활용에 관련된 경험 중 가장 기억나는 것입니다.

나만의 답변

1 배경/상황	
2 경험	
3 마무리	

Chapter 2 돌발 주제

자기평가

자신의 OPIc 레벨을 확인하세요! 질문에 대한 답변을 녹음한 후 어떤 답변과 가장 비슷한지 판단하고 약점을 보완하세요.

Q: What was your most memorable recycling experience as a child?

Sorry. I don't understand question.

질문을 한번에 이해하지 못한 것 같고, 대답을 즉흥적으로 만드는 것도 어려워 보이네요.

When I was a child... hmm... uh... When I was a child... I recycle with my family. We recycle paper, can, plastic, and so on.

문장을 만들 수는 있지만 질문에 약간 벗어나거나 단순하게 나열하는 방식으로 답변해요.

When I was a child, well... I didn't do recycling. I sometimes helped my parents. I remember I throw away... I throw away paper, cans, plastics once a week.

IM보다 조금 더 세세한 묘사가 가능해요.

Actually, I didn't have to recycle when I was a child. It was my dad's responsibility. But I sometimes helped him recycle. Once, I spilled the cans while throwing away so I got in a little trouble. Other than that, I don't think I have many memories of recycling as a child.

생소하거나 어려운 질문에 당황하지 않고 대답하고 즉흥적으로 스토리를 만들어 낼 수 있어요.

※ 답변 샘플들은 간소화한 버전이며, 실제 시험에서는 더 많은 발화량이 요구됩니다.

memo

3 Chapter

스파르타
OPIc
IM 공략

롤플레이

Unit 01 면접관에게 질문하기

Unit 02 주어진 상황에서 전화로 혹은 직접 질문하기

Unit 03 문제 해결하기: 대안 제시하기/요청하기

Unit 01

면접관에게 질문하기

Asking Ava

IM 등급을 목표로 한다면 필수로 익혀야 할 항목입니다. 상대방에게 간단하게 질문할 수 있는지 평가하는 문제로, 무엇보다 정확한 의사 전달력이 중요합니다.

브레인스토밍

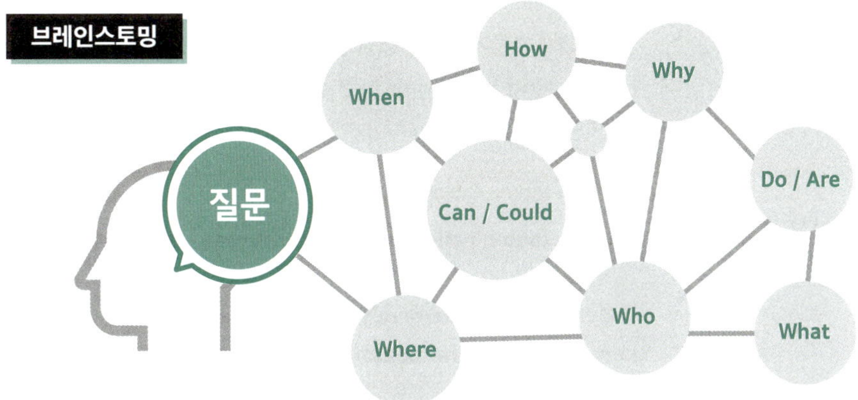

간단하게 질문하기

1 What 의문사

- **What** kind of 명사 do you 동사 ?
- **What** do you usually do at 장소 ?
- **What** does 명사 look like?

2 Where 의문사

- **Where** is your 장소 (located)?

3 When 의문사

- **When** do you usually 동사 ?

4 Who 의문사

- **Who** do you (usually) 동사 with?
- **Who**'s your favorite 직업 ?

5 How 의문사

- **How** often do you 동사 ?
- **How** long have you been 동사-ing ?

6 Why 의문사

- **Why** do you like to 동사 ?

Chapter 3 롤플레이

빈출 문제

Q1 면접관의 집에 대해 질문하기

I live in LA. Ask me three or four questions about my house.

Q2 면접관이 좋아하는 영화에 대해 질문하기

I also enjoy watching movies. Ask me three or four questions about the movies I like.

Q3 면접관에게 바이올린 연주에 대해 질문하기

I like to play the violin. Ask me three or four questions about playing the violin.

Q4 면접관에게 자전거 여행에 대해 질문하기

I like taking bike trips in the US. Ask me three or four questions about my bike trips.

Q5 면접관이 즐기는 산책에 대해 질문하기

I like to take a walk, too. Ask me three or four questions about it.

Q6 면접관이 좋아하는 해변에 대해 질문하기

I enjoy visiting the beach. Ask me three or four questions about my favorite beach.

Q7 면접관에게 쇼핑에 대해 질문하기

I like to go shopping. Ask me three or four questions about my shopping habits.

Q8 면접관에게 요리에 대해 질문하기

I love to cook. Ask me three or four questions about the food I like to cook.

Q9 면접관이 즐겨 보는 TV 프로그램에 대해 질문하기

I enjoy watching TV shows. Ask me three or four questions about my favorite TV shows.

Q10 면접관이 사는 나라의 교통수단에 대해 질문하기

I live in Canada. Ask me three or four questions about transportation in my country.

Q11 면접관이 사는 나라의 지리에 대해 질문하기

I live in Canada. Ask me three or four questions about the geography of my country.

Q12 면접관의 가족에 대해 질문하기

I live with my family, too. Ask me three or four questions about my family.

Q13 면접관이 자주 이용하는 은행에 대해 질문하기

I often go to ABC bank. Ask me three or four questions about the place.

Q14 면접관에게 재활용에 대해 질문하기

I'm responsible for recycling at home. Ask me three or four questions about what and how I recycle.

Q15 면접관이 자주 이용하는 호텔에 대해 질문하기

I like to stay at ABC hotel. Ask me three or four questions about the hotel.

Q1

면접관의 집에 대해 질문하기

I live in LA. Ask me three or four questions about my house.

저는 LA에 삽니다. 제 집에 대해 3~4가지 질문해 보세요.

스토리라인

1 리액션/대답 2 질문① + 질문② 3 내 이야기 4 질문③

답변 순서

1 리액션/대답

Okay, I've got a few questions. 네, 몇 가지 질문할게요.

2 질문① + 질문②

Where in LA do you live? LA 어디에 사나요?

What does your house look like? 집이 어떻게 생겼어요?

3 내 이야기

In my case, I live with my family. 제 경우에는 가족과 함께 살아요.

4 질문③

Who do you live with? 당신은 누구와 함께 사나요?

아이디어 & 추가 표현!

How long have you been living in LA? LA에서 얼마나 오랫동안 살고 있나요?

What's your favorite room in your house? 집에서 가장 좋아하는 방은 어디인가요?

Do you like your house? 집이 마음에 드나요?

Do you like living in LA? LA에서 사는 것이 좋나요?

What is your neighborhood like? 당신의 동네는 어떤가요?

What are some famous places in your neighborhood?
당신의 동네에 어떤 유명한 장소들이 있나요?

03_01_01.mp3

IM 공략 답변

1 리액션/대답 2 질문① + 질문② 3 내 이야기 4 질문③	[1] Okay, I've got a few questions. [2] Where in LA do you live? What does your house look like? [3] In my case, I live with my family. [4] Who do you live with? 네, 몇 가지 질문할게요. LA 어디에 사나요? 집이 어떻게 생겼어요? 제 경우에는 가족과 함께 살아요. 당신은 누구와 함께 사나요?

나만의 답변

1 리액션/대답	
2 질문① + 질문②	
3 내 이야기	
4 질문③	

TIP!

★ 문제에서 LA 외의 다른 장소에서 산다고 언급할 수도 있고, 새로운 집을 구입했거나 이사를 했다고 할 수도 있어요. 결론적으로, 모두 면접관의 집에 대해 묻는 것이므로 비슷한 내용이라고 생각하고 대비하면 돼요.

Q2

면접관이 좋아하는 영화에 대해 질문하기

I also enjoy watching movies. Ask me three or four questions about the movies I like.

저도 영화를 즐겨 봅니다. 제가 좋아하는 영화에 대해 3~4가지 질문해 보세요.

스토리라인

1 리액션/대답　2 질문① + 질문②　3 내 이야기 + 질문③　4 질문④

답변 순서

1 리액션/대답

Really? I didn't know that! Let me ask you some questions.
그래요? 몰랐어요! 몇 가지 질문할게요.

2 질문① + 질문②

What kind of movies do you like? 어떤 영화를 좋아하시나요?

How often do you go to the movies? 얼마나 자주 영화를 보러 가세요?

3 내 이야기 + 질문③

In my case, I think Tom Cruise is an amazing actor. What about you?
제 경우에는 톰 크루즈가 훌륭한 배우라고 생각하는데요. 당신은요?

Who's your favorite actor? 가장 좋아하는 배우가 누구인가요?

4 질문④

One more question. When was the last time you saw a movie?
하나만 더 물어볼게요. 마지막으로 영화를 본 것이 언제였나요?

What was it about?
무엇에 대한 영화였나요?

아이디어 & 추가 표현!

Where do you usually watch movies? 어디에서 주로 영화를 보시나요?

Who do you watch movies with? 누구와 함께 영화를 보시나요?

What's your favorite movie? 가장 좋아하는 영화는 무엇인가요?

Why do you enjoy watching movies? 왜 영화 보는 것을 좋아하시나요?

Have you ever seen Korean movies? 한국 영화를 보신 적이 있나요?

What kind of movies did you like when you were a child?
어렸을 때 어떤 영화를 좋아했나요?

03_01_02.mp3

IM 공략 답변

1 리액션/대답 2 질문① + 질문② 3 내 이야기 + 질문③ 4 질문④	[1] Really? I didn't know that! Let me ask you some questions. [2] What kind of movies do you like? How often do you go to the movies? [3] In my case, I think Tom Cruise is an amazing actor. What about you? Who's your favorite actor? [4] One more question. When was the last time you saw a movie? What was it about? 그래요? 몰랐어요! 몇 가지 질문할게요. 어떤 영화를 좋아하시나요? 얼마나 자주 영화를 보러 가세요? 제 경우에는 톰 크루즈가 훌륭한 배우라고 생각하는데요. 당신은요? 가장 좋아하는 배우가 누구인가요? 하나만 더 물어볼게요. 마지막으로 영화를 본 것이 언제였나요? 무엇에 대한 영화였나요?

나만의 답변

1 리액션/대답	
2 질문① + 질문②	
3 내 이야기 + 질문③	
4 질문④	

TIP!

★ **앞에서 언급한 내용을 다시 말할 때 it/this/that 등의 대명사를 활용해 보세요!**
Ex) What's your favorite movie? Why do you like it? (movie = it)
가장 좋아하는 영화는 무엇인가요? 그것을 왜 좋아하시나요?

Q3

면접관에게 바이올린 연주에 대해 질문하기

I like to play the violin. Ask me three or four questions about playing the violin.

저는 바이올린을 연주하는 것을 좋아합니다. 바이올린 연주에 대해 3~4가지 질문해 보세요.

스토리라인

1 리액션/대답 2 질문① + 질문② 3 내 이야기 + 질문③ 4 질문④

답변 순서

1 리액션/대답

Wow, that's impressive! Let me ask you some questions.
와, 대단하네요! 몇 가지 질문할게요.

2 질문① + 질문②

How often do you play the violin? 얼마나 자주 바이올린을 연주하세요?

When and where do you usually play? 언제, 어디서 주로 연주하시나요?

3 내 이야기 + 질문③

In my case, I've been playing the piano for ten years. What about you?
제 경우에는 10년 정도 피아노를 쳤는데요. 당신은요?

How long have you been playing the violin? 얼마나 오랫동안 바이올린을 연주하셨나요?

4 질문④

One more question. What was your most memorable experience while playing the violin?
하나만 더 물어볼게요. 바이올린을 연주하면서 가장 기억에 남는 경험은 무엇이었나요?

아이디어 & 추가 표현!

What kind of music do you like to play? 어떤 음악을 연주하는 것을 좋아하시나요?

Who taught you how to play the violin? 바이올린 연주하는 것을 누가 가르쳐 줬나요?

When did you start playing the violin? 언제 바이올린 연주를 시작했나요?

Why did you pick that instrument? 왜 그 악기를 선택했나요?

Have you ever played in front of other people? 다른 사람들 앞에서 연주한 적이 있나요?

03_01_03.mp3

IM 공략 답변

1 리액션/대답 2 질문① + 질문② 3 내 이야기 + 질문③ 4 질문④	[1] Wow, that's impressive! Let me ask you some questions. [2] How often do you play the violin? When and where do you usually play? [3] In my case, I've been playing the piano for ten years. What about you? How long have you been playing the violin? [4] One more question. What was your most memorable experience while playing the violin? 와, 대단하네요! 몇 가지 질문할게요. 얼마나 자주 바이올린을 연주하세요? 언제, 어디서 주로 연주하시나요? 제 경우에는 10년 정도 피아노를 쳤는데요. 당신은요? 얼마나 오랫동안 바이올린을 연주하셨나요? 하나만 더 물어볼게요. 바이올린을 연주하면서 가장 기억에 남는 경험은 무엇이었나요?

나만의 답변

1 리액션/대답	
2 질문① + 질문②	
3 내 이야기 + 질문③	
4 질문④	

TIP!

★ **악기 앞에는 항상 정관사 the를 붙여야 해요!**

Ex) play the cello 첼로를 연주하다

play the piano 피아노를 연주하다

play the violin 바이올린을 연주하다

면접관에게 자전거 여행에 대해 질문하기

Q4

I like taking bike trips in the US. Ask me three or four questions about my bike trips.

저는 미국에서 자전거 여행하는 것을 좋아합니다. 제 자전거 여행에 대해 3~4가지 질문해 보세요.

스토리라인

1 리액션/대답 2 질문① + 질문② 3 내 이야기 + 질문③ 4 질문④

답변 순서

1 리액션/대답

All right, I've got some questions for you. 좋아요, 몇 가지 질문할게요.

2 질문① + 질문②

How often do you ride a bike? 얼마나 자주 자전거를 타세요?

When and where do you like to bike? 언제, 어디서 주로 타세요?

3 내 이야기 + 질문③

In my case, I enjoy going for a ride alone. What about you?
제 경우에는 혼자 타는 것을 즐기는데요. 당신은요?

Who do you usually ride a bike with? 주로 누구와 자전거를 타세요?

4 질문④

One more question. What was your most memorable experience while riding a bike?
하나만 더 물어볼게요. 자전거를 타면서 가장 기억에 남는 경험은 무엇이었나요?

아이디어 & 추가 표현!

What kind of bike do you have? 어떤 종류의 자전거를 가지고 있나요?

What does your bicycle look like? 당신의 자전거는 어떻게 생겼나요?

What do you usually do before riding a bike? 자전거를 타기 전에 주로 무엇을 하시나요?

What kind of clothes do you wear when riding a bike? 자전거 탈 때 어떤 옷을 입나요?

How long have you been riding a bike? 얼마나 오랫동안 자전거를 탔나요?

Who taught you how to ride a bike? 자전거를 타는 법을 누가 알려 줬나요?

When was the last time you went for a ride? 마지막으로 자전거를 탄 것이 언제였나요?

Have you ever gone on a bike trip? 자전거 여행을 간 적이 있나요?

03_01_04.mp3

IM 공략 답변

1 리액션/대답 **2 질문① + 질문②** **3 내 이야기 + 질문③** **4 질문④**	[1] All right, I've got some questions for you. [2] How often do you ride a bike? When and where do you like to bike? [3] In my case, I enjoy going for a ride alone. What about you? Who do you usually ride a bike with? [4] One more question. What was your most memorable experience while riding a bike? 좋아요, 몇 가지 질문할게요. 얼마나 자주 자전거를 타세요? 언제, 어디서 주로 타세요? 제 경우에는 혼자 타는 것을 즐기는데요. 당신은요? 주로 누구와 자전거를 타세요? 하나만 더 물어볼게요. 자전거를 타면서 가장 기억에 남는 경험은 무엇이었나요?

나만의 답변

1 리액션/대답	
2 질문① + 질문②	
3 내 이야기 + 질문③	
4 질문④	

TIP!

★ **'자전거를 타다'라는 뜻을 가진 영어 표현은 다양해요. 모든 질문에 한 가지 표현만 반복하지 않도록 어휘량을 늘리고 연습해 두세요.**

ride a bike / cycle / go for a bike ride / bike 자전거를 타다

Q5

면접관이 즐기는 산책에 대해 질문하기

I like to take a walk, too. Ask me three or four questions about it.

저도 산책하는 것을 좋아합니다. 산책에 대해 3~4가지 질문해 보세요.

스토리라인

1 리액션/대답 **2** 질문① + 질문② **3** 내 이야기 + 질문③ **4** 질문④

답변 순서

1 리액션/대답

All right, I've got some questions for you. 좋아요, 몇 가지 질문할게요.

2 질문① + 질문②

How often do you take a walk? 얼마나 자주 산책하세요?

When and where do you usually go for a walk? 언제, 어디서 주로 산책하시나요?

3 내 이야기 + 질문③

In my case, I enjoy taking a stroll alone. What about you?
제 경우에는 혼자 걷는 것을 즐기는데요. 당신은요?

Who do you usually take a walk with? 주로 누구와 산책하시나요?

4 질문④

One more question. What was your most memorable experience while walking?
하나만 더 물어볼게요. 산책하면서 가장 기억에 남는 경험은 무엇이었나요?

아이디어 & 추가 표현!

What do you usually do before walking? 산책하기 전에 주로 무엇을 하시나요?

How long do you spend walking? 얼마나 오랫동안 걷나요?

Why do you enjoy walking? 왜 산책하는 것을 좋아하시나요?

When did you become interested in walking? 언제 산책에 관심을 갖게 되었나요?

What kind of things do you need when you go for a walk?
산책하러 갈 때 어떤 것들이 필요한가요?

03_01_05.mp3

IM 공략 답변

1 리액션/대답 2 질문① + 질문② 3 내 이야기 + 질문③ 4 질문④	[1] All right, I've got some questions for you. [2] How often do you take a walk? When and where do you usually go for a walk? [3] In my case, I enjoy taking a stroll alone. What about you? Who do you usually take a walk with? [4] One more question. What was your most memorable experience while walking?
	좋아요, 몇 가지 질문할게요. 얼마나 자주 산책하세요? 언제, 어디서 주로 산책하시나요? 제 경우에는 혼자 걷는 것을 즐기는데요. 당신은요? 주로 누구와 산책하시나요? 하나만 더 물어볼게요. 산책하면서 가장 기억에 남는 경험은 무엇이었나요?

나만의 답변

1 리액션/대답	
2 질문① + 질문②	
3 내 이야기 + 질문③	
4 질문④	

TIP!

★ 'walk'는 발음에 오류가 날 수 있으니 주의하세요. [우억]처럼 발음해서, 'work'와 구분되도록 연습해야 해요.

Q6

면접관이 좋아하는 해변에 대해 질문하기

I enjoy visiting the beach. Ask me three or four questions about my favorite beach.

저는 해변에 가는 것을 좋아합니다. 제가 가장 좋아하는 해변에 대해 3~4가지 질문해 보세요.

스토리라인

1 리액션/대답 2 질문① + 질문② 3 내 이야기 + 질문③ 4 질문④

답변 순서

1 리액션/대답

All right, I've got some questions for you. 좋아요, 몇 가지 질문할게요.

2 질문① + 질문②

What is your favorite beach? 가장 좋아하는 해변은 무엇인가요?

Where is it located? 그것은 어디에 있나요?

3 내 이야기 + 질문③

In my case, I enjoy swimming when I visit the beach. What about you?
제 경우에는 해변에 가면 수영을 즐기는데요. 당신은요?

What kind of activities do you enjoy? 어떤 활동을 즐기시나요?

4 질문④

One more question. What was your most memorable experience at the beach?
하나만 더 물어볼게요. 해변에서 겪은 가장 기억에 남는 경험은 무엇이었나요?

아이디어 & 추가 표현!

What was the last time you went to the beach? 마지막으로 해변에 간 것이 언제였나요?

Why do you like going to the beach? 왜 해변에 가는 것을 좋아하시나요?

Who do you usually go with? 주로 누구와 함께 가나요?

How often do you visit the beach? 얼마나 자주 해변을 방문하나요?

03_01_06.mp3

IM 공략 답변

1 리액션/대답 2 질문① + 질문② 3 내 이야기 + 질문③ 4 질문④	[1] All right, I've got some questions for you. [2] What is your favorite beach? Where is it located? [3] In my case, I enjoy swimming when I visit the beach. What about you? What kind of activities do you enjoy? [4] One more question. What was your most memorable experience at the beach? 좋아요, 몇 가지 질문할게요. 가장 좋아하는 해변은 무엇인가요? 그것은 어디에 있나요? 제 경우에는 해변에 가면 수영을 즐기는데요. 당신은요? 어떤 활동을 즐기시나요? 하나만 더 물어볼게요. 해변에서 겪은 가장 기억에 남는 경험은 무엇이었나요?

나만의 답변

1 리액션/대답	
2 질문① + 질문②	
3 내 이야기 + 질문③	
4 질문④	

TIP!

★ 질문할 때 오류를 만들지 않기 위한 가장 좋은 방법은 같은 질문 패턴을 반복해서 연습하는 거예요! 어차피 시험에서 롤플레이 유형은 한 번만 나오기 때문에 크게 문제되지 않아요.

Q7

면접관에게 쇼핑에 대해 질문하기

I like to go shopping. Ask me three or four questions about my shopping habits.

저는 쇼핑하는 것을 좋아합니다. 제 쇼핑 습관에 대해 3~4가지 질문해 보세요.

스토리라인

1 리액션/대답 2 질문① + 질문② 3 내 이야기 + 질문③ 4 질문④

답변 순서

1 리액션/대답

All right, I've got some questions for you. 좋아요, 몇 가지 질문할게요.

2 질문① + 질문②

How often do you go shopping? 얼마나 자주 쇼핑하시나요?

When and where do you like to shop? 언제, 어디서 주로 쇼핑하시나요?

3 내 이야기 + 질문③

In my case, I enjoy shopping alone. What about you?
제 경우에는 혼자 쇼핑하는 것을 즐기는데요. 당신은요?

Who do you usually go shopping with? 누구와 주로 쇼핑하세요?

4 질문④

One more question. What was your most memorable experience while shopping?
하나만 더 물어볼게요. 쇼핑하면서 가장 기억에 남는 경험은 무엇이었나요?

아이디어 & 추가 표현!

What kind of shops do you like? 어떤 종류의 가게를 좋아하시나요?

Where's your favorite place to shop? 제일 좋아하는 쇼핑 장소가 어디인가요?

How long do you spend shopping? 얼마나 오랫동안 쇼핑하시나요?

When was the last time you went shopping? 마지막으로 쇼핑한 것이 언제였나요?

Have you ever had any problems while shopping? 쇼핑하다가 문제를 겪은 적이 있나요?

Do you make a list of things to buy before shopping?
쇼핑하기 전에 무엇을 살지 목록을 만드나요?

03_01_07.mp3

IM 공략 답변

1 리액션/대답 2 질문① + 질문② 3 내 이야기 + 질문③ 4 질문④	[1] All right, I've got some questions for you. [2] How often do you go shopping? When and where do you like to shop? [3] In my case, I enjoy shopping alone. What about you? Who do you usually go shopping with? [4] One more question. What was your most memorable experience while shopping? 좋아요, 몇 가지 질문할게요. 얼마나 자주 쇼핑하시나요? 언제, 어디서 주로 쇼핑하시나요? 제 경우에는 혼자 쇼핑하는 것을 즐기는데요. 당신은요? 누구와 주로 쇼핑하세요? 하나만 더 물어볼게요. 쇼핑하면서 가장 기억에 남는 경험은 무엇이었나요?

나만의 답변

1 리액션/대답	
2 질문① + 질문②	
3 내 이야기 + 질문③	
4 질문④	

TIP!

★ '쇼핑하다'라는 우리말 표현을 영어로 쓸 때는 go shopping 또는 shop이라는 동사를 써서 I go shopping~, I shop~으로 표현하세요.

Chapter 3 롤플레이

면접관에게 요리에 대해 질문하기

Q8

I love to cook. Ask me three or four questions about the food I like to cook.

저는 요리하는 것을 좋아합니다. 제가 주로 요리하는 음식에 대해 3~4가지 질문해 보세요.

스토리라인

1 리액션/대답　2 질문① + 질문②　3 내 이야기 + 질문③　4 질문④

답변 순서

1 리액션/대답

All right, I've got some questions for you. 좋아요, 몇 가지 질문할게요.

2 질문① + 질문②

How often do you cook? 얼마나 자주 요리하세요?

When and where do you like to cook? 언제, 어디서 주로 요리하시나요?

3 내 이야기 + 질문③

In my case, I enjoy making Korean food. What about you?
제 경우에는 한국 음식을 만드는 것을 좋아하는데요. 당신은요?

What kind of food do you usually make? 어떤 음식을 주로 만드시나요?

4 질문④

One more question. What was your most memorable experience while cooking?
하나만 더 물어볼게요. 요리하면서 가장 기억에 남는 경험은 무엇이었나요?

아이디어 & 추가 표현!

What's your favorite dish to make? 가장 즐겨 하는 요리는 무엇인가요?

Why do you enjoy cooking? 왜 요리하는 것을 좋아하시나요?

How long have you been cooking? 얼마나 오랫동안 요리를 했나요?

Who taught you how to cook? 요리하는 것을 누가 알려 줬나요?

When was the first time you cooked? 처음으로 요리한 것이 언제였나요?

Have you ever cooked for someone? 누군가에게 요리해 준 적이 있나요?

03_01_08.mp3

IM 공략 답변

1 리액션/대답 2 질문① + 질문② 3 내 이야기 + 질문③ 4 질문④	[1] All right, I've got some questions for you. [2] How often do you cook? When and where do you like to cook? [3] In my case, I enjoy making Korean food. What about you? What kind of food do you usually make? [4] One more question. What was your most memorable experience while cooking? 좋아요, 몇 가지 질문할게요. 얼마나 자주 요리하세요? 언제, 어디서 주로 요리하시나요? 제 경우에는 한국 음식을 만드는 것을 좋아하는데요. 당신은요? 어떤 음식을 주로 만드시나요? 하나만 더 물어볼게요. 요리하면서 가장 기억에 남는 경험은 무엇이었나요?

나만의 답변

1 리액션/대답	
2 질문① + 질문②	
3 내 이야기 + 질문③	
4 질문④	

Chapter 3 롤플레이

면접관이 즐겨 보는 TV 프로그램에 대해 질문하기

Q9

I enjoy watching TV shows. Ask me three or four questions about my favorite TV shows.

저는 TV를 즐겨 봅니다. 제가 가장 좋아하는 TV 프로그램에 대해 3~4가지 질문해 보세요.

스토리라인

1 리액션/대답 2 질문① + 질문② 3 내 이야기 + 질문③ 4 질문④

답변 순서

1 리액션/대답

All right, I've got some questions for you. 좋아요, 몇 가지 질문할게요.

2 질문① + 질문②

How often do you watch TV? 얼마나 자주 TV를 보세요?

When and where do you like to watch TV? 언제, 어디서 주로 TV를 보시나요?

3 내 이야기 + 질문③

In my case, I've been watching reality TV shows recently. What about you?
제 경우에는 최근에 리얼리티 쇼를 보고 있는데요. 당신은요?

What kind of TV programs do you like? 어떤 TV 프로그램을 좋아하시나요?

Why do you like them? 왜 좋아하시나요?

4 질문④

One more question. What was your most memorable program?
하나만 더 물어볼게요. 가장 기억에 남는 TV 프로그램은 무엇이었나요?

아이디어 & 추가 표현!

Who do you watch TV with? 누구와 TV를 보나요?

Have you ever seen Korean TV shows? 한국의 TV프로그램을 본 적 있나요?

What was your favorite TV show when you were a child?
어렸을 때 가장 좋아했던 프로그램은 무엇이었나요?

Who's your favorite celebrity?
가장 좋아하는 연예인이 누구인가요?

03_01_09.mp3

IM 공략 답변

1 리액션/대답 2 질문① + 질문② 3 내 이야기 + 질문③ 4 질문④	[1] All right, I've got some questions for you. [2] How often do you watch TV? When and where do you like to watch TV? [3] In my case, I've been watching reality TV shows recently. What about you? What kind of TV programs do you like? Why do you like them? [4] One more question. What was your most memorable program? 좋아요, 몇 가지 질문할게요. 얼마나 자주 TV를 보세요? 언제, 어디서 주로 TV를 보시나요? 제 경우에는 최근에 리얼리티 쇼를 보고 있는데요. 당신은요? 어떤 TV 프로그램을 좋아하시나요? 왜 좋아하시나요? 하나만 더 물어볼게요. 가장 기억에 남는 TV 프로그램은 무엇이었나요?

나만의 답변

1 리액션/대답	
2 질문① + 질문②	
3 내 이야기 + 질문③	
4 질문④	

TIP!

★ TV 대신 television이라는 단어도 자주 쓰이는 표현이에요. 앞에서 TV를 썼다면 뒤에서는 television을 써서 답변하세요.

Chapter 3 롤플레이

면접관이 사는 나라의 교통수단에 대해 질문하기

Q10

I live in Canada. Ask me three or four questions about transportation in my country.

저는 캐나다에 삽니다. 제 나라의 교통수단에 대해 3~4가지 질문해 보세요.

스토리라인

1 리액션/대답 2 질문① + 질문② 3 내 이야기 + 질문③ 4 질문④

답변 순서

1 리액션/대답

All right, I've got some questions for you. 좋아요, 몇 가지 질문할게요.

2 질문① + 질문②

What kind of transportation modes are there in your country?
당신 나라에는 어떤 교통수단이 있나요?

When and where do you usually use transportation? 언제, 어디서 주로 이용하시나요?

3 내 이야기 + 질문③

In my case, I prefer to take the subway. What about you?
제 경우에는 지하철을 선호하는데요. 당신은요?

Which mode of transportation do you prefer? 어떤 교통수단을 선호하세요?

4 질문④

One more question. What was your most memorable experience while taking public transportation?
하나만 더 물어볼게요. 대중교통을 이용하면서 가장 기억에 남는 경험은 무엇이었나요?

아이디어 & 추가 표현!

How often do you use transportation? 교통수단을 얼마나 자주 이용하세요?

How much is the bus fare in your country? 당신 나라에서 버스 요금은 얼마인가요?

03_01_10.mp3

IM 공략 답변

1 리액션/대답 2 질문① + 질문② 3 내 이야기 + 질문③ 4 질문④	[1] All right, I've got some questions for you. [2] What kind of transportation modes are there in your country? When and where do you usually use transportation? [3] In my case, I prefer to take the subway. What about you? Which mode of transportation do you prefer? [4] One more question. What was your most memorable experience while taking public transportation? 좋아요, 몇 가지 질문할게요. 당신 나라에는 어떤 교통수단이 있나요? 언제, 어디서 주로 이용하시나요? 제 경우에는 지하철을 선호하는데요. 당신은요? 어떤 교통수단을 선호하세요? 하나만 더 물어볼게요. 대중교통을 이용하면서 가장 기억에 남는 경험은 무엇이었나요?

나만의 답변

1 리액션/대답	
2 질문① + 질문②	
3 내 이야기 + 질문③	
4 질문④	

Chapter 3 롤플레이

Q11

면접관이 사는 나라의 지리에 대해 질문하기

I live in Canada. Ask me three or four questions about the geography of my country.

저는 캐나다에 삽니다. 제 나라의 지리에 대해 3~4가지 질문해 보세요.

스토리라인

1 리액션/대답 **2** 질문① + 질문② **3** 내 이야기 + 질문③ **4** 질문④

답변 순서

1 리액션/대답

All right, I've got some questions for you. 좋아요, 몇 가지 질문할게요.

2 질문① + 질문②

What are some famous mountains in your country?
당신 나라에서 유명한 산은 무엇인가요?

Can you tell me about your favorite beaches as well?
가장 좋아하는 해변에 대해서도 말해 줄 수 있나요?

3 내 이야기 + 질문③

In my country, there are lots of beautiful islands with vacation spots. What about your country?
우리나라에는 휴양지가 있는 아름다운 섬들이 많은데요. 당신 나라는요?

Does your country have popular islands? Which one is the biggest?
당신 나라에 인기 있는 섬들이 있나요? 가장 큰 섬은 무엇인가요?

4 질문④

One more question. What is your favorite geographical feature of your country?
하나만 더 물어볼게요. 당신 나라에서 가장 마음에 드는 지리적 특징은 무엇인가요?

아이디어 & 추가 표현!

What's the highest mountain in your country? 당신 나라에서 가장 높은 산은 무엇인가요?

What's the biggest lake in your country? 당신 나라에서 가장 큰 호수는 무엇인가요?

Are there any deserts in your country? 당신 나라에 사막이 있나요?

What's the weather like in your country? 당신 나라의 날씨는 어떤가요?

03_01_11.mp3

IM 공략 답변

1 리액션/대답 2 질문① + 질문② 3 내 이야기 + 질문③ 4 질문④	[1] All right, I've got some questions for you. [2] What are some famous mountains in your country? Can you tell me about your favorite beaches as well? [3] In my country, there are lots of beautiful islands with vacation spots. What about your country? Does your country have popular islands? Which one is the biggest? [4] One more question. What is your favorite geographical feature of your country?
	좋아요, 몇 가지 질문할게요. 당신 나라에서 유명한 산은 무엇인가요? 가장 좋아하는 해변에 대해서도 말해 줄 수 있나요? 우리나라에는 휴양지가 있는 아름다운 섬들이 많은데요. 당신 나라는요? 당신 나라에 인기 있는 섬들이 있나요? 가장 큰 섬은 무엇인가요? 하나만 더 물어볼게요. 당신 나라에서 가장 마음에 드는 지리적 특징은 무엇인가요?

나만의 답변

1 리액션/대답	
2 질문① + 질문②	
3 내 이야기 + 질문③	
4 질문④	

TIP!

★ 질문에서 나라명이 바뀔 수도 있지만 묻는 내용은 유사해요.

Q12

면접관의 가족에 대해 질문하기

I live with my family, too. Ask me three or four questions about my family.

저도 가족과 함께 삽니다. 제 가족에 대해 3~4가지 질문해 보세요.

스토리라인

1 리액션/대답 2 질문① + 질문② 3 내 이야기 + 질문③ 4 질문④

답변 순서

1 리액션/대답

All right, I've got some questions for you. 좋아요, 몇 가지 질문할게요.

2 질문① + 질문②

How many people are there in your family? 가족은 몇 명인가요?

Who do you take after? 당신은 누구를 닮았나요?

3 내 이야기 + 질문③

In my case, I usually watch movies with my family. What about you?
제 경우에는 주로 가족과 함께 영화를 보는데요. 당신은요?

What kind of activities do you enjoy with your family?
가족들과 무엇을 하는 것을 좋아하세요?

4 질문④

One more question. What was your most memorable experience with your family?
하나만 더 물어볼게요. 가족과 함께 한 가장 기억에 남는 경험은 무엇이었나요?

아이디어 & 추가 표현!

What does your father/mother/brother/sister do?
아버지/어머니/형/오빠/누나/언니/동생은 무슨 일을 하나요?

What does your father/mother/brother/sister look like?
아버지/어머니/형/오빠/누나/언니/동생은 어떻게 생겼나요?

What is your father/mother/brother/sister like?
아버지/어머니/형/오빠/누나/언니/동생의 성격은 어떤가요?

What does your father/mother/brother/sister like to do?
아버지/어머니/형/오빠/누나/언니/동생은 무엇을 하는 것을 좋아하나요?

Do you have siblings? 형제 자매가 있나요?

Who's the oldest one in your family? 가족 중에 가장 나이가 많은 사람은 누구인가요?

Who's the youngest one in your family? 가족 중에 가장 나이가 어린 사람은 누구인가요?

03_01_12.mp3

IM 공략 답변

1 리액션/대답 2 질문① + 질문② 3 내 이야기 + 질문③ 4 질문④	[1] All right, I've got some questions for you. [2] How many people are there in your family? Who do you take after? [3] In my case, I usually watch movies with my family. What about you? What kind of activities do you enjoy with your family? [4] One more question. What was your most memorable experience with your family? 좋아요, 몇 가지 질문할게요. 가족은 몇 명인가요? 당신은 누구를 닮았나요? 제 경우에는 주로 가족과 함께 영화를 보는데요. 당신은요? 가족들과 무엇을 하는 것을 좋아하세요? 하나만 더 물어볼게요. 가족과 함께 한 가장 기억에 남는 경험은 무엇이었나요?

나만의 답변

1 리액션/대답	
2 질문① + 질문②	
3 내 이야기 + 질문③	
4 질문④	

TIP!

★ **아래 표현은 헷갈려서 오류를 범하기 쉬우니 주의하세요!**

외모를 묻는 질문: What does he look like? 그는 어떻게 생겼나요?

성격을 묻는 질문: What is he like? 그의 성격은 어떤가요?

Chapter 3 롤플레이

Q13

면접관이 자주 이용하는 은행에 대해 질문하기

I often go to ABC bank. Ask me three or four questions about the place.

저는 ABC 은행을 자주 이용합니다. 그곳에 대해 3~4가지 질문해 보세요.

스토리라인

1 리액션/대답 2 질문① + 질문② 3 내 이야기 + 질문③ 4 질문④

답변 순서

1 리액션/대답

All right, I've got some questions for you. 좋아요, 몇 가지 질문할게요.

2 질문① + 질문②

How often do you go to the bank? 얼마나 자주 그 은행에 가세요?

Why do you use ABC bank? 왜 ABC 은행을 이용하시나요?

3 내 이야기 + 질문③

In my case, I go to the bank when I need to get a new credit card or exchange currency. What about you?
제 경우에는 신용 카드를 만들거나 환전해야 할 때 은행에 가는데요. 당신은요?

What kind of things do you do at the bank? 그 은행에서 무슨 일을 보세요?

4 질문④

One more question. What was your most memorable experience at the bank?
하나만 더 물어볼게요. 그 은행에서 겪은 가장 기억에 남는 경험은 무엇이었나요?

아이디어 & 추가 표현!

Where is your bank located? 당신이 이용하는 은행은 어디에 있나요?

What do the banks look like in your country? 당신 나라의 은행은 어떻게 생겼나요?

What kind of services do they offer? 그곳은 어떤 서비스를 제공하나요?

03_01_13.mp3

IM 공략 답변

1 리액션/대답 **2 질문① + 질문②** **3 내 이야기 + 질문③** **4 질문④**	[1] All right, I've got some questions for you. [2] How often do you go to the bank? Why do you use ABC bank? [3] In my case, I go to the bank when I need to get a new credit card or exchange currency. What about you? What kind of things do you do at the bank? [4] One more question. What was your most memorable experience at the bank? 좋아요, 몇 가지 질문할게요. 얼마나 자주 그 은행에 가세요? 왜 ABC 은행을 이용하시나요? 제 경우에는 신용 카드를 만들거나 환전해야 할 때 은행에 가는데요. 당신은요? 그 은행에서 무슨 일을 보세요? 하나만 더 물어볼게요. 그 은행에서 겪은 가장 기억에 남는 경험은 무엇이었나요?

나만의 답변

1 리액션/대답	
2 질문① + 질문②	
3 내 이야기 + 질문③	
4 질문④	

TIP!

★ **주제보다 정확한 내용의 질문을 만들어야 해요. 한국말을 영어로 그대로 바꿀 경우 오류가 생기는 경우가 많아요.**

Ex) 왜 ABC 은행을 이용하시나요?

→ ABC bank why use? (X)

→ Why ABC bank use? (X)

→ Why use ABC bank? (X)

Q14

면접관에게 재활용에 대해 질문하기

I'm responsible for recycling at home. Ask me three or four questions about what and how I recycle.

저는 집에서 재활용을 담당합니다. 제가 무엇을 어떻게 재활용하는지에 대해 3~4가지 질문해 보세요.

스토리라인

1 리액션/대답　2 질문① + 질문②　3 내 이야기 + 질문③　4 질문④

답변 순서

1 리액션/대답

All right, I've got some questions for you. 좋아요, 몇 가지 질문할게요.

2 질문① + 질문②

What do you recycle at home? 집에서 무엇을 재활용하세요?

When and how often do you recycle? 언제, 얼마나 자주 재활용하세요?

3 내 이야기 + 질문③

In my case, I always separate the recyclable items. What about you?
제 경우에는 항상 재활용품을 분리하는데요. 당신은요?

How do you recycle? 당신은 어떻게 재활용하세요?

4 질문④

One more question. What was your most memorable experience while recycling?
하나만 더 물어볼게요. 재활용하면서 가장 기억에 남는 경험은 무엇이었나요?

아이디어 & 추가 표현!

What kind of things do you recycle? 어떤 것들을 재활용하시나요?

Why do you think recycling is important? 재활용이 왜 중요하다고 생각하시나요?

Do you recycle all by yourself? 모든 것을 혼자 재활용하시나요?

03_01_14.mp3

IM 공략 답변

1 리액션/대답 2 질문① + 질문② 3 내 이야기 + 질문③ 4 질문④	[1] All right, I've got some questions for you. [2] What do you recycle at home? When and how often do you recycle? [3] In my case, I always separate the recyclable items. What about you? How do you recycle? [4] One more question. What was your most memorable experience while recycling? 좋아요, 몇 가지 질문할게요. 집에서 무엇을 재활용하세요? 언제, 얼마나 자주 재활용하세요? 제 경우에는, 항상 재활용품을 분리하는데요. 당신은요? 당신은 어떻게 재활용하세요? 하나만 더 물어볼게요. 재활용하면서 가장 기억에 남는 경험은 무엇이었나요?

나만의 답변

1 리액션/대답	
2 질문① + 질문②	
3 내 이야기 + 질문③	
4 질문④	

TIP!

★ 미국은 지역에 따라 분리수거를 하지 않기도 해요. 따라서 '분리수거하다'라는 우리말 표현은 영어로 정확히 옮기기 힘든 표현이에요.

Q15

면접관이 자주 이용하는 호텔에 대해 질문하기

I like to stay at ABC hotel. Ask me three or four questions about the hotel.

저는 ABC 호텔을 주로 이용합니다. 그 호텔에 대해 3~4가지 질문해 보세요.

스토리라인

1 리액션/대답 2 질문① + 질문② 3 내 이야기 + 질문③ 4 질문④

답변 순서

1 리액션/대답

All right, I've got some questions for you. 좋아요, 몇 가지 질문할게요.

2 질문① + 질문②

How often do you stay at the hotel? 얼마나 자주 그 호텔에 묵나요?

Where is the hotel located? 그 호텔은 어디에 있나요?

3 내 이야기 + 질문③

In my case, I visit the gym when I stay at a hotel. What about you?
제 경우에는 호텔에 머물 때 헬스장에 가는데요. 당신은요?

What do you usually do at the hotel? 그 호텔에서 주로 무엇을 하시나요?

4 질문④

One more question. What was your most memorable experience while staying at the hotel?
하나만 더 물어볼게요. 그 호텔에 머물면서 가장 기억에 남는 경험은 무엇이었나요?

아이디어 & 추가 표현!

What does the hotel look like? 그 호텔은 어떻게 생겼나요?

Why do you like the hotel? 왜 그 호텔을 좋아하시나요?

How big is the hotel? 그 호텔은 얼마나 큰가요?

How much is it per night? 하룻밤 묵는 데 요금이 얼마인가요?

03_01_15.mp3

IM 공략 답변

1 리액션/대답 2 질문① + 질문② 3 내 이야기 + 질문③ 4 질문④	[1] All right, I've got some questions for you. [2] How often do you stay at the hotel? Where is the hotel located? [3] In my case, I visit the gym when I stay at a hotel. What about you? What do you usually do at the hotel? [4] One more question. What was your most memorable experience while staying at the hotel? 좋아요, 몇 가지 질문할게요. 얼마나 자주 그 호텔에 묵나요? 그 호텔은 어디에 있나요? 제 경우에는 호텔에 머물 때 헬스장에 가는데요. 당신은요? 그 호텔에서 주로 무엇을 하시나요? 하나만 더 물어볼게요. 그 호텔에 머물면서 가장 기억에 남는 경험은 무엇이었나요?

나만의 답변

1 리액션/대답	
2 질문① + 질문②	
3 내 이야기 + 질문③	
4 질문④	

TIP!

★ 시험에서 Ava가 '~hotel'이라고 특정 호텔 이름을 언급하기도 합니다. 호텔 이름이 고유 명사이기 때문에 간혹 발음하기 힘들 수 있어요. 그런 경우 hotel 앞에 정관사 the를 붙여서 '그 호텔'이라고 답변하면 호텔 이름을 따로 말할 필요 없어요.

Unit 02

주어진 상황에서 전화로 혹은 직접 질문하기

Asking Questions

IM, IH를 목표로 한다면 필수로 익혀야 할 항목입니다. 주어진 상황에서 질문에 답할 수 있는지 평가하는 문제로, 발화량보다 정확한 전달력이 중요합니다.

브레인스토밍

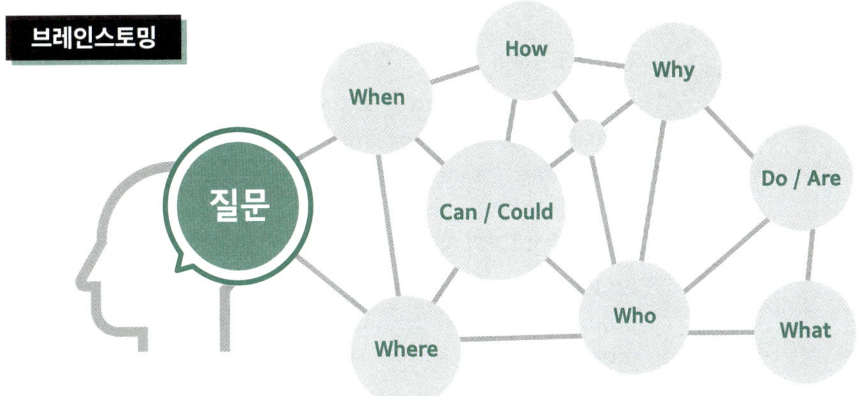

답변 형식

1 인사 및 용건

- Hello, I have some questions.
- Hi, there. I've got some things to ask.
- Hey, it's me. What's up? I need to ask you something.
- I'd like to 동사 . / I want to 동사 .

2 질문하기

- 예약: Can I make a reservation? / Can I book 명사 for 사람 수 ?
- 약속: Are you free on 요일 ? / What time should we meet?
- 가격: How much is it (for 사람 수 / 기간)? / How much does it cost?
- 할인: Can I get a discount? / Do you offer a discount for 명사 ?
- 방법: Could you tell me how to 동사 ?
- 시간: What time do you open?
- 물건: What kind of 명사 do you have?/ Do you have 명사 ? / Are there 복수 명사 ?

3 중간 반응

Okay. / All right. / I see. / Sure. / Great!

4 마무리

Thank you! / See you then!

빈출 문제

Q1 영화관에 전화해서 표 예매하기

I'd like to give you a situation to act out. You are planning to watch a movie with your friend. Call the theater and ask three or four questions about the movie and getting tickets.

Q2 여행사에 전화해서 문의하기

I'd like to give you a situation and ask you to act it out. You are planning to travel in your country. Call the travel agency and ask three or four questions to get some information about your trip.

Q3 친구와 조깅하기 위해 약속 잡기

I'd like to give you a situation to act out. You want to go jogging with your friend. Call your friend and ask three or four questions about going together.

Q4 친구와 해변에 가기 위해 약속 잡기

I'd like to give you a situation to act out. You are planning to go to the beach. Call your friend and ask three or four questions about going together.

Q5 친구에게 자전거 빌려주기 위해 전화하기

I'd like to give you a situation to act out. Your friend wants to borrow your bike. Call your friend and ask three or four questions.

Q6 사고 싶은 휴대폰에 대해 문의하기

I'd like to give you a situation to act out. You are planning to buy a smartphone. Call the shop and ask three or four questions about it.

Q7 가구점에 전화해서 문의하기

I'd like to give you a situation to act out. You want to buy a piece of furniture. Call the furniture shop and ask three or four questions to find out the information you need.

Q8 은행에 가서 계좌 발급 받기

I'd like to give you a situation to act out. You're at a bank, and you want to open a new bank account. You also want to get a new credit card. Ask the bank teller three or four questions about opening a new account and getting a new credit card.

Q9 헬스장에 전화해서 문의하기

I'd like to give you a situation to act out. There is a new gym that opened in your neighborhood. Call the gym and ask three or four questions to find out more information about the place.

Q10 식당에 전화해서 예약하기

I'd like to give you a situation to act out. There is a new restaurant that just opened in your neighborhood. Call the restaurant and ask three or four questions to find out more information about the place.

Q11 호텔에 전화해서 문의하기

I'd like to give you a situation to act out. You are planning a trip. Call the hotel and ask three or four questions about the weather conditions of the country.

Q12 관리인에게 재활용에 대해 문의하기

I'd like to give you a situation to act out. You have moved to a new house, so you do not know how to recycle. Call the janitor and ask three or four questions to find out how to recycle.

Q13 병원에 전화해서 예약하기

I'd like to give you a situation to act out. You need to go see a doctor. Call the clinic and ask three or four questions to make a doctor's appointment.

Q14 친구에게 MP3 플레이어에 대해 질문하기

I'd like to give you a situation to act out. You'd like to buy an MP3 player. Call your friend who knows a lot about it and ask three or four questions about buying it.

Q15 친구를 집에 초대하기 위해 가족에게 질문하기

I'd like to give you a situation to act out. You want to invite a couple of friends over to your house. Ask your family members three or four questions to find out the best day for them.

영화관에 전화해서 표 예매하기

Q1

I'd like to give you a situation to act out. You are planning to watch a movie with your friend. Call the theater and ask three or four questions about the movie and getting tickets.

당신에게 연기할 상황을 드리겠습니다. 당신은 친구와 함께 영화를 볼 예정입니다. 극장에 전화해서 영화와 티켓 예매에 대해서 3~4가지 질문해 보세요.

스토리라인

1 인사 및 용건 2 질문① 3 반응 + 질문② 4 반응 + 질문③ 5 (반응 + 질문④) 6 마무리

답변 순서

1 인사 및 용건

Hello, I have some questions. 안녕하세요, 물어볼 것이 있는데요.

I'd like to watch *Spiderman* today. 저는 오늘 <스파이더맨>을 보려고 해요.

2 질문①

Could you tell me the show times? 상영 시간을 알 수 있을까요?

3 반응 + 질문②

Ah, I see. I'm going to watch it with my friend, so are there any seats for the movie at seven?

아, 네. 친구와 볼 건데 7시 영화에 자리가 있나요?

4 반응 + 질문③

Great! Then, how much is it for two people? 잘됐네요! 그럼 2명에 얼마인가요?

5 (반응 + 질문④)

All right. It's all set, right? 네, 알겠습니다. 다 예매된 것 맞죠?

6 마무리

Okay, thank you! 네, 감사합니다!

아이디어 & 추가 표현!

Where is it located? 어디에 있나요?

Could you tell me how to get there by subway? 지하철로 거기에 어떻게 가는지 알려 주실 수 있나요?

How long is the movie? 영화 상영 시간이 얼마나 되나요?

What movies are showing today? 오늘 어떤 영화를 상영하나요?

Do you offer any discount for students? 학생 할인이 있나요?

🎧 03_02_01.mp3

IM 공략 답변

구성	답변
1 인사 및 용건 **2 질문①** **3 반응 + 질문②** **4 반응 + 질문③** **5 (반응 + 질문④)** **6 마무리**	[1] Hello, I have some questions. I'd like to watch *Spiderman* today. [2] Could you tell me the show times? [3] Ah, I see. I'm going to watch it with my friend, so are there any seats for the movie at seven? [4] Great! Then, how much is it for two people? [5] All right. It's all set, right? [6] Okay, thank you! 안녕하세요, 물어볼 것이 있는데요. 저는 오늘 <스파이더맨>을 보려고 해요. 상영 시간을 알 수 있을까요? 아, 네. 친구와 볼 건데 7시 영화에 자리가 있나요? 잘됐네요! 그럼 2명에 얼마인가요? 네, 알겠습니다. 다 예매된 것 맞죠? 네, 감사합니다!

나만의 답변

구성	답변
1 인사 및 용건	
2 질문①	
3 반응 + 질문②	
4 반응 + 질문③	
5 (반응 + 질문④)	
6 마무리	

TIP!

★ '공연/콘서트 보기'(선택 Unit 6) 주제에서도 이와 같이 예매에 관한 롤플레이가 출제될 수 있으니 활용해서 연습해 두세요.

여행사에 전화해서 문의하기

Q2

I'd like to give you a situation and ask you to act it out. You are planning to travel in your country. Call the travel agency and ask three or four questions to get some information about your trip.

당신에게 연기할 상황을 드리겠습니다. 당신은 국내 여행을 할 예정입니다. 여행사에 전화해서 여행에 대한 정보를 얻기 위해 3~4가지 질문해 보세요.

스토리라인

1 인사 및 용건 **2** 질문① **3** 반응 + 질문② **4** 반응 + 질문③ **5** (반응 + 질문④) **6** 마무리

답변 순서

1 인사 및 용건

Hello, I have some questions. 안녕하세요, 물어볼 것이 있는데요.

I'd like to travel somewhere in Korea. 국내 여행을 하고 싶어서요.

2 질문①

What is the most popular place these days? 요즘에 가장 인기 있는 곳이 어딘가요?

3 반응 + 질문②

Great! Jeju Island sounds nice. 좋네요! 제주도가 괜찮을 것 같아요.

What kind of travel packages or group tours do you have?
어떤 여행 패키지나 단체 투어 프로그램이 있나요?

4 반응 + 질문③

Sounds good. How much is it per person? 그거 좋네요. 한 명당 얼마인가요?

5 (반응 + 질문④)

All right, I have one more thing to ask. 네, 알겠습니다. 하나만 더 물어볼게요.

Is tax included? 세금이 포함된 건가요?

6 마무리

Okay, thank you! 네, 감사합니다!

아이디어 & 추가 표현!

Could you tell me the detailed itinerary? 상세 일정을 알려 주실 수 있나요?

Could you recommend a good place to eat? 좋은 음식점을 추천해 주실 수 있나요?

What's the best time of the year to travel to Busan? 부산을 여행하기 제일 좋은 시기는 언제인가요?

How long is the flight? 비행 시간이 얼마나 되나요?

03_02_02.mp3

IM 공략 답변

1 인사 및 용건 2 질문① 3 반응 + 질문② 4 반응 + 질문③ 5 (반응 + 질문④) 6 마무리	[1] Hello, I have some questions. I'd like to travel somewhere in Korea. [2] What is the most popular place these days? [3] Great! Jeju Island sounds nice. What kind of travel packages or group tours do you have? [4] Sounds good. How much is it per person? [5] All right, I have one more thing to ask. Is tax included? [6] Okay, thank you! 안녕하세요, 물어볼 것이 있는데요. 국내 여행을 하고 싶어서요. 요즘에 가장 인기 있는 곳이 어딘가요? 좋네요! 제주도가 괜찮을 것 같아요. 어떤 여행 패키지나 단체 투어 프로그램이 있나요? 그거 좋네요. 한 명당 얼마인가요? 네, 알겠습니다. 하나만 더 물어볼게요. 세금이 포함된 건가요? 네, 감사합니다!

나만의 답변

1 인사 및 용건	
2 질문①	
3 반응 + 질문②	
4 반응 + 질문③	
5 (반응 + 질문④)	
6 마무리	

TIP!

★ '해외 여행'(선택 Unit 15) 주제에 대해 묻는 질문이 나올 수 있으니 활용해서 연습해 두세요!

Q3

친구와 조깅하기 위해 약속 잡기

I'd like to give you a situation to act out. You want to go jogging with your friend. Call your friend and ask three or four questions about going together.

당신에게 연기할 상황을 드리겠습니다. 당신은 친구와 조깅을 하고 싶어 합니다. 친구에게 전화해서 같이 가는 것에 대해서 3~4가지 질문해 보세요.

스토리라인

1 인사 및 용건 2 질문① 3 반응 + 질문② 4 반응 + 질문③ 5 (반응 + 질문④) 6 마무리

답변 순서

1 인사 및 용건

Hey, it's me. What's up? 안녕, 나야. 뭐 해?

I want to go jogging. 나 조깅하러 가고 싶어.

2 질문①

Do you want to go? 너도 갈래?

Are you free today? 오늘 시간 돼?

3 반응 + 질문②

Great. What time should we meet? 좋아. 우리 몇 시에 만날까?

4 반응 + 질문③

Sure, 2 p.m. sounds good. 그래, 오후 2시 괜찮아.

Where do you want to go jogging? 조깅하러 어디로 가고 싶어?

5 (반응 + 질문④)

All right. Do you want to do something after jogging? 그래. 조깅 다하고 뭐 할까?

6 마무리

Okay, I'll see you soon! 그래, 그럼 이따가 봐!

아이디어 & 추가 표현!

What should we take? 우리가 뭘 가져가야 하지?

Which park do you want to go to? 어떤 공원에 가고 싶어?

Do you want to grab a bite afterwards? 끝나고 뭐 좀 먹을까?

Do you want to catch a movie afterwards? 끝나고 영화 보러 갈까?

Can I invite some other friends? 다른 친구들을 불러도 될까?

03_02_03.mp3

IM 공략 답변

1 인사 및 용건 **2 질문①** **3 반응 + 질문②** **4 반응 + 질문③** **5 (반응 + 질문④)** **6 마무리**	[1] Hey, it's me. What's up? I want to go jogging. [2] Do you want to go? Are you free today? [3] Great. What time should we meet? [4] Sure, 2 p.m. sounds good. Where do you want to go jogging? [5] All right. Do you want to do something after jogging? [6] Okay, I'll see you soon! 안녕, 나야. 뭐 해? 나 조깅하러 가고 싶어. 너도 갈래? 오늘 시간 돼? 좋아. 우리 몇 시에 만날까? 그래, 오후 2시 괜찮아. 조깅하러 어디로 가고 싶어? 그래. 조깅 다하고 뭐 할까? 그래, 그럼 이따가 봐!

나만의 답변

1 인사 및 용건	
2 질문①	
3 반응 + 질문②	
4 반응 + 질문③	
5 (반응 + 질문④)	
6 마무리	

TIP!

★ 친구와 자연스럽게 대화하는 것처럼 특별히 신경 써서 말하세요. 공손한 말투보다 편안한 말투로 말해야 자연스러워요.

친구와 해변에 가기 위해 약속 잡기

Q4

I'd like to give you a situation to act out. You are planning to go to the beach. Call your friend and ask three or four questions about going together.

당신에게 연기할 상황을 드리겠습니다. 당신은 해변에 갈 예정입니다. 친구에게 전화해서 같이 가는 것에 대해서 3~4가지 질문해 보세요.

스토리라인

1 인사 및 용건 **2** 질문① **3** 반응 + 질문② **4** 반응 + 질문③ **5** 마무리

답변 순서

1 인사 및 용건

Hey, it's me. What's up? 안녕, 나야. 뭐 해?

I was thinking about going to the beach before it gets too crowded.
사람들로 너무 붐비기 전에 해변에 갈까 생각 중이었어.

2 질문①

Do you want to go? 너도 갈래?

3 반응 + 질문②

Great! Now, we have to decide where to go. 좋아! 이제 어디로 갈지 결정해야 해.

What's your favorite beach? 제일 마음에 드는 해변이 어디니?

4 반응 + 질문③

Sure, Busan sounds good! 그래, 부산 괜찮아!

Then, when should we go? 그럼, 언제 갈까?

Would this weekend work for you? 이번 주말 괜찮니?

5 마무리

All right, then. That sounds like a plan. 알았어, 그럼. 그렇게 하는 걸로 하자.

I'll see you then! 그때 보자!

아이디어 & 추가 표현!

Do we need to take anything? 우리가 뭐 가져가야 할 것이 있을까?

What do you want to do there? 거기서 뭐 하고 싶어?

How should we get there? 우리가 거기에 어떻게 가야 할까?

Can you give me a ride there? 나를 거기까지 태워 줄 수 있어?

03_02_04.mp3

IM 공략 답변

1 인사 및 용건 **2 질문①** **3 반응 + 질문②** **4 반응 + 질문③** **5 마무리**	[1] Hey, it's me. What's up? I was thinking about going to the beach before it gets too crowded. [2] Do you want to go? [3] Great! Now, we have to decide where to go. What's your favorite beach? [4] Sure, Busan sounds good! Then, when should we go? Would this weekend work for you? [5] All right, then. That sounds like a plan. I'll see you then! 안녕, 나야. 뭐 해? 사람들로 너무 붐비기 전에 해변에 갈까 생각 중이었어. 너도 갈래? 좋아! 이제 어디로 갈지 결정해야 해. 제일 마음에 드는 해변이 어디니? 그래, 부산 괜찮아! 그럼, 언제 갈까? 이번 주말 괜찮니? 알았어, 그럼. 그렇게 하는 걸로 하자. 그때 보자!

나만의 답변

1 인사 및 용건	
2 질문①	
3 반응 + 질문②	
4 반응 + 질문③	
5 마무리	

TIP!

★ '공원 가기'(선택 Unit 7) 주제에서도 유사한 롤플레이가 있을 수 있으니 활용해서 연습해 두세요.

친구에게 자전거 빌려주기 위해 전화하기

Q5

I'd like to give you a situation to act out. Your friend wants to borrow your bike. Call your friend and ask three or four questions.

당신에게 연기할 상황을 드리겠습니다. 친구가 당신의 자전거를 빌리고 싶어 합니다. 친구에게 전화해서 3~4가지 질문해 보세요.

스토리라인

1 인사 및 용건 **2** 질문① **3** 반응 + 질문② **4** 반응 + 질문③ **5** 마무리

답변 순서

1 인사 및 용건

Hey, it's me. What's up? 안녕, 나야. 뭐 해?

You wanted to borrow my bike, right? 내 자전거 빌리고 싶어 했지?

2 질문①

So, when do you need it? 그래서, 언제 필요해?

And for how long are you going to use it? 그리고 얼마나 오랫동안 사용할 거니?

3 반응 + 질문②

One week? Oh, what do you need it for anyway?
일주일? 아, 근데 무슨 일로 필요한 거니?

Are you going somewhere? 어디 가는 거니?

4 반응 + 질문③

Wow, that sounds fun! All right, you can use my bike.
와, 재밌겠다! 그래, 내 자전거 써도 돼.

Do you want to pick it up tonight? 오늘 밤에 가지러 올래?

I'll be home after 7 p.m. How does that sound? 난 저녁 7시 이후에는 집에 있을 거야. 어때?

5 마무리

Great! Then, I'll see you tonight! 좋아! 그럼, 오늘 밤에 보자!

아이디어 & 추가 표현!

Who's going to use my bike? 누가 내 자전거를 쓸 거니?

What happened to your bike? 네 자전거는 어떻게 됐어?

03_02_05.mp3

IM 공략 답변

1 인사 및 용건 2 질문① 3 반응 + 질문② 4 반응 + 질문③ 5 마무리	[1] Hey, it's me. What's up? You wanted to borrow my bike, right? [2] So, when do you need it? And for how long are you going to use it? [3] One week? Oh, what do you need it for anyway? Are you going somewhere? [4] Wow, that sounds fun! All right, you can use my bike. Do you want to pick it up tonight? I'll be home after 7 p.m. How does that sound? [5] Great! Then, I'll see you tonight! 안녕, 나야. 뭐 해? 내 자전거 빌리고 싶어 했지? 그래서, 언제 필요해? 그리고 얼마나 오랫동안 사용할 거니? 일주일? 아, 근데 무슨 일로 필요한 거니? 어디 가는 거니? 와, 재밌겠다! 그래, 내 자전거 써도 돼. 오늘 밤에 가지러 올래? 난 저녁 7시 이후에는 집에 있을 거야. 어때? 좋아! 그럼, 오늘 밤에 보자!

나만의 답변

1 인사 및 용건	
2 질문①	
3 반응 + 질문②	
4 반응 + 질문③	
5 마무리	

TIP!

★ **내가 빌리는 것이 아니라 친구가 내 자전거를 빌리는 내용임을 주의하세요. borrow는 오류가 잦은 단어이므로 확실하게 연습해 두세요.**

borrow 빌리다 vs. lend 빌려 주다

Q6

사고 싶은 휴대폰에 대해 문의하기

I'd like to give you a situation to act out. You are planning to buy a smartphone. Call the shop and ask three or four questions about it.

당신에게 연기할 상황을 드리겠습니다. 당신은 휴대폰을 구입할 예정입니다. 가게에 전화해서 스마트폰에 대해서 3~4가지 질문해 보세요.

스토리라인

1 인사 및 용건　2 질문①　3 반응 + 질문②　4 반응 + 질문③
5 (반응 + 질문④)　6 마무리

답변 순서

1 인사 및 용건

Hello, I have some questions. 안녕하세요, 물어볼 것이 있는데요.

I'd like to get a new smartphone, and I need some information about it.
새로운 스마트폰을 사려고 하는데 정보가 좀 필요해요.

2 질문①

So, what is the most popular one these days?
그래서 요즘에 가장 인기 있는 것이 무엇인가요?

3 반응 + 질문②

Ah, I see. How much do I have to pay? 아, 알겠습니다. 얼마를 내야 하나요?

What kind of plans do you offer? 어떤 요금제가 있어요?

4 반응 + 질문③

Wow, that's pricey! Can I get a discount? 와, 비싸네요! 할인 받을 수 있나요?

5 (반응 + 질문④)

Awesome! Just one more thing. 좋네요! 하나만 더 물어볼게요.

What colors does it come in? 어떤 색상이 있나요?

6 마무리

All right, thank you. I'll be there in ten minutes. 네, 감사합니다. 10분 뒤에 갈게요.

아이디어 & 추가 표현!

Which one would you recommend? 어떤 것을 추천하시겠어요?

What kind of features does it have? 어떤 기능들이 있나요?

03_02_06.mp3

IM 공략 답변

1 인사 및 용건 **2 질문①** **3 반응 + 질문②** **4 반응 + 질문③** **5 (반응 + 질문④)** **6 마무리**	[1] Hello, I have some questions. I'd like to get a new smartphone, and I need some information about it. [2] So, what is the most popular one these days? [3] Ah, I see. How much do I have to pay? What kind of plans do you offer? [4] Wow, that's pricey! Can I get a discount? [5] Awesome! Just one more thing. What colors does it come in? [6] All right, thank you. I'll be there in ten minutes. 안녕하세요, 물어볼 것이 있는데요. 새로운 스마트폰을 사려고 하는데 정보가 좀 필요해요. 그래서 요즘에 가장 인기 있는 것이 무엇인가요? 아, 알겠습니다. 얼마를 내야 하나요? 어떤 요금제가 있어요? 와, 비싸네요! 할인 받을 수 있나요? 좋네요! 하나만 더 물어볼게요. 어떤 색상이 있나요? 네, 감사합니다. 10분 뒤에 갈게요.

나만의 답변

1 인사 및 용건	
2 질문①	
3 반응 + 질문②	
4 반응 + 질문③	
5 (반응 + 질문④)	
6 마무리	

TIP!

★ "Wow!", "Awesome!" 같은 리액션으로 평소보다 더 과장해서 말하면 높은 점수를 받는 데 유리해요!

Q7

가구점에 전화해서 문의하기

I'd like to give you a situation to act out. You want to buy a piece of furniture. Call the furniture shop and ask three or four questions to find out the information you need.

당신에게 연기할 상황을 드리겠습니다. 당신은 가구를 구입하고 싶어 합니다. 가구점에 전화해서 당신이 필요한 정보에 대해서 3~4가지 질문해 보세요.

스토리라인

1 인사 및 용건 2 질문① 3 반응 + 질문② 4 반응 + 질문③ 5 마무리

답변 순서

1 인사 및 용건

Hello, I've got some questions. 안녕하세요, 물어볼 것이 있는데요.

I'd like to buy a new sofa. 새 소파를 하나 사려고요.

2 질문①

What kind of sofa do you have? 어떤 종류의 소파가 있나요?

Leather would be better. 가죽이 더 나을 것 같아요.

3 반응 + 질문②

Sounds good. What colors does it come in? 좋네요. 어떤 색상이 있나요?

4 반응 + 질문③

Ah, I would prefer black. 아, 저는 검은색을 선호해요.

I'll check it out on the Web site. 웹 사이트에서 확인해 볼게요.

It looks good! How much do you charge for shipping?
괜찮네요! 배송료는 얼마인가요?

5 마무리

That doesn't sound bad. 나쁘지 않네요.

Okay, I'll be at the store to take a look. Thank you!
네, 가게에 들러서 한번 볼게요. 감사합니다!

아이디어 & 추가 표현!

Do you offer any discount? 할인되나요?

Does it come with anything? 포함되어 있는 게 있나요?

Where is your shop located? 가게가 어디에 있나요?

What are your hours? 영업 시간이 어떻게 되나요?

03_02_07.mp3

IM 공략 답변

1 인사 및 용건 2 질문① 3 반응 + 질문② 4 반응 + 질문③ 5 마무리	[1] Hello, I've got some questions. I'd like to buy a new sofa. [2] What kind of sofa do you have? Leather would be better. [3] Sounds good. What colors does it come in? [4] Ah, I would prefer black. I'll check it out on the Web site. It looks good! How much do you charge for shipping? [5] That doesn't sound bad. Okay, I'll be at the store to take a look. Thank you! 안녕하세요, 물어볼 것이 있는데요. 새 소파를 하나 사려고요. 어떤 종류의 소파가 있나요? 가죽이 더 나을 것 같아요. 좋네요. 어떤 색상이 있나요? 아, 저는 검은색을 선호해요. 웹 사이트에서 확인해 볼게요. 괜찮네요! 배송료는 얼마인가요? 나쁘지 않네요. 네, 가게에 들러서 한번 볼게요. 감사합니다!

나만의 답변

1 인사 및 용건	
2 질문①	
3 반응 + 질문②	
4 반응 + 질문③	
5 마무리	

TIP!

★ 가구를 묘사할 때는 다양한 형용사를 활용해서 구체적으로 묘사하면 고득점에 유리해요.

Q8

은행에 가서 계좌 발급 받기

I'd like to give you a situation to act out. You're at a bank, and you want to open a new bank account. You also want to get a new credit card. Ask the bank teller three or four questions about opening a new account and getting a new credit card.

당신에게 연기할 상황을 드리겠습니다. 당신은 은행에서 계좌를 만드려고 합니다. 신용 카드도 새로 만들고 싶습니다. 은행 창구 직원에게 계좌 개설과 신용 카드 발급에 대해서 3~4가지 질문해 보세요.

스토리라인

1 인사 및 용건　2 질문①　3 반응 + 질문②　4 반응 + 질문③　5 마무리

답변 순서

1 인사 및 용건

Hello, I have some questions. 안녕하세요, 물어볼 것이 있는데요.

I'd like to open a new account and also get a credit card.
계좌를 개설하고 신용 카드도 만들려고요.

2 질문①

What kind of documents do you need? 어떤 서류가 필요한가요?

3 반응 + 질문②

Sure, I've got my photo ID right here. 네, 신분증은 여기 있어요.

Could you give me some recommendations for the credit card?
신용 카드를 추천해 주실 수 있나요?

4 반응 + 질문③

Ah, I see. That one sounds good. 아, 네. 그것 괜찮아 보이네요.

Where can I find the details of benefits?
혜택에 대한 자세한 내용은 어디서 확인할 수 있나요?

Do you have them on your Web site? 웹 사이트에 있나요?

5 마무리

Got it. I'll take that! Thank you so much. 알겠습니다. 그걸로 할게요! 정말 감사합니다.

아이디어 & 추가 표현!

Do I have to make a deposit? 입금해야 하나요?

How much is the annual fee? 연회비는 얼마인가요?

Do you offer an online banking service? 온라인 뱅킹 서비스가 있나요?

03_02_08.mp3

IM 공략 답변

1 인사 및 용건 2 질문① 3 반응 + 질문② 4 반응 + 질문③ 5 마무리	[1] Hello, I have some questions. I'd like to open a new account and also get a credit card. [2] What kind of documents do you need? [3] Sure, I've got my photo ID right here. Could you give me some recommendations for the credit card? [4] Ah, I see. That one sounds good. Where can I find the details of benefits? Do you have them on your Web site? [5] Got it. I'll take that! Thank you so much. 안녕하세요, 물어볼 것이 있는데요. 계좌를 개설하고 신용 카드도 만들려고요. 어떤 서류가 필요한가요? 네, 신분증은 여기 있어요. 신용 카드를 추천해 주실 수 있나요? 아, 네. 그것 괜찮아 보이네요. 혜택에 대한 자세한 내용은 어디서 확인할 수 있나요? 웹 사이트에 있나요? 알겠습니다. 그걸로 할게요! 정말 감사합니다.

나만의 답변

1 인사 및 용건	
2 질문①	
3 반응 + 질문②	
4 반응 + 질문③	
5 마무리	

TIP!

★ 상대방에게 '전화하기'와 '직접 대화하기' 혹은 '메시지 남기기'를 해야 할 경우가 있어요. 이때, 직접 대화하는 것처럼 통화 내용을 준비하면 실제 시험에서 더 편하게 말할 수 있어요.

Q9

헬스장에 전화해서 문의하기

I'd like to give you a situation to act out. There is a new gym that opened in your neighborhood. Call the gym and ask three or four questions to find out more information about the place.

당신에게 연기할 상황을 드리겠습니다. 당신의 동네에 새로운 헬스장이 개업했습니다. 헬스장에 전화해서 그곳에 대한 정보를 더 얻기 위해 3~4가지 질문해 보세요.

스토리라인

1 인사 및 용건 **2** 질문① **3** 반응 + 질문② **4** 반응 + 질문③ **5** (반응 + 질문④) **6** 마무리

답변 순서

1 인사 및 용건

Hello, I have some questions. 안녕하세요, 물어볼 것이 있는데요.

I heard you just opened near where I live. 저희 집 근처에 헬스장을 막 개업하셨다고 들었어요.

2 질문①

Where exactly are you located? 정확히 어디에 있나요?

3 반응 + 질문②

Ah, I see. I know that place. 아, 네. 거기 알아요.

Then, what kind of facilities do you have? 그럼, 어떤 시설들이 있나요?

Do you have lockers and shower facilities? 라커룸과 샤워 시설이 따로 있나요?

4 반응 + 질문③

Sounds good. I want to work out in the evening, so when do you open and close?
괜찮네요. 저는 저녁에 운동을 하고 싶은데요. 몇 시에 열고 닫나요?

5 (반응 + 질문④)

All right, I have one more question. 네, 하나만 더 물어볼게요.

How much is the monthly membership? 한 달 회원권은 얼마인가요?

6 마무리

Perfect! I'll visit you soon. Thanks. 완벽해요! 조만간 방문할게요. 감사합니다.

아이디어 & 추가 표현!

Could you tell me about the membership fees? 회원권 요금에 대해서 말해 줄 수 있나요?

Do you offer personal training sessions? 개인 트레이닝 레슨이 있나요?

Do you have parking space? 주차 공간이 있나요?

03_02_09.mp3

IM 공략 답변

1 인사 및 용건 2 질문① 3 반응 + 질문② 4 반응 + 질문③ 5 (반응 + 질문④) 6 마무리	[1] Hello, I have some questions. I heard you just opened near where I live. [2] Where exactly are you located? [3] Ah, I see. I know that place. Then, what kind of facilities do you have? Do you have lockers and shower facilities? [4] Sounds good. I want to work out in the evening, so when do you open and close? [5] All right, I have one more question. How much is the monthly membership? [6] Perfect! I'll visit you soon. Thanks. 안녕하세요, 물어볼 것이 있는데요. 저희 집 근처에 헬스장을 막 개업하셨다고 들었어요. 정확히 어디에 있나요? 아, 네. 거기 알아요. 그럼, 어떤 시설들이 있나요? 라커룸과 샤워 시설이 따로 있나요? 괜찮네요. 저는 저녁에 운동을 하고 싶은데요. 몇 시에 열고 닫나요? 네, 하나만 더 물어볼게요. 한 달 회원권은 얼마인가요? 완벽해요! 조만간 방문할게요. 감사합니다.

나만의 답변

1 인사 및 용건	
2 질문①	
3 반응 + 질문②	
4 반응 + 질문③	
5 (반응 + 질문④)	
6 마무리	

식당에 전화해서 예약하기

I'd like to give you a situation to act out. There is a new restaurant that just opened in your neighborhood. Call the restaurant and ask three or four questions to find out more information about the place.

당신에게 연기할 상황을 드리겠습니다. 당신의 동네에 새로운 식당이 막 개업했습니다. 식당에 전화해서 그곳에 대한 정보를 더 얻기 위해 3~4가지 질문해 보세요.

스토리라인

1 인사 및 용건 2 질문① 3 반응 + 질문② 4 반응 + 질문③ 5 (반응 + 질문④) 6 마무리

답변 순서

1 인사 및 용건

Hello, I have some questions. 안녕하세요, 물어볼 것이 있는데요.

Actually, I was passing by and saw that you opened!
사실, 지나가다가 개업하신 것을 봤어요!

2 질문①

What kind of food do you serve? 어떤 종류의 음식을 파시나요?

3 반응 + 질문②

Ah, I see. Then how much is it per person? 아, 네. 그럼 한 명당 얼마인가요?

4 반응 + 질문③

Wow, that's expensive. 와, 비싸네요.

Do you have some kind of opening events? 오픈 이벤트 같은 것이 있나요?

5 (반응 + 질문④)

That sounds good. Just one more thing. 괜찮네요. 하나만 더 물어볼게요.

Do you take reservations? 예약을 받으시나요?

How many days in advance do I have to book a table? 며칠 전에 예약하면 되나요?

6 마무리

Got it! Then, I guess I'll visit your place soon.
알겠습니다! 그럼, 조만간 방문할게요.

Thanks for the information. Bye. 알려 주셔서 감사합니다. 안녕히 계세요.

아이디어 & 추가 표현!

Is there a parking lot? 주차장이 있나요?

What are the opening hours? 영업 시간이 어떻게 되나요?

03_02_10.mp3

IM 공략 답변

1 인사 및 용건 **2 질문①** **3 반응 + 질문②** **4 반응 + 질문③** **5 (반응 + 질문④)** **6 마무리**	[1] Hello, I have some questions. Actually, I was passing by and saw that you opened! [2] What kind of food do you serve? [3] Ah, I see. Then how much is it per person? [4] Wow, that's expensive. Do you have some kind of opening events? [5] That sounds good. Just one more thing. Do you take reservations? How many days in advance do I have to book a table? [6] Got it! Then, I guess I'll visit your place soon. Thanks for the information. Bye. 안녕하세요, 물어볼 것이 있는데요. 사실, 지나가다가 개업하신 것을 봤어요! 어떤 종류의 음식을 파시나요? 아, 네. 그럼 한 명당 얼마인가요? 와, 비싸네요. 오픈 이벤트 같은 것이 있나요? 괜찮네요. 하나만 더 물어볼게요. 예약을 받으시나요? 며칠 전에 예약하면 되나요? 알겠습니다! 그럼, 조만간 방문할게요. 알려 주셔서 감사합니다. 안녕히 계세요.

나만의 답변

1 인사 및 용건	
2 질문①	
3 반응 + 질문②	
4 반응 + 질문③	
5 (반응 + 질문④)	
6 마무리	

TIP!

★ **아래와 같이, 얼핏 보면 비슷해 보이지만 의미가 다른 표현들이 있어요. 헷갈리지 않도록 여러 번 반복해서 말하는 연습을 해 두세요.**
make a reservation 예약하다 vs. take reservations 예약을 받다

Chapter 3 롤플레이

호텔에 전화해서 문의하기

Q11

I'd like to give you a situation to act out. You are planning a trip. Call the hotel and ask three or four questions about the weather conditions of the country.

당신에게 연기할 상황을 드리겠습니다. 당신은 여행할 예정입니다. 호텔에 전화해서 그 나라의 날씨에 대해 3~4가지 질문해 보세요.

스토리라인

1 인사 및 용건　2 질문①　3 반응 + 질문②　4 반응 + 질문③　5 마무리

답변 순서

1 인사 및 용건

Hello, I have some questions. 안녕하세요, 물어볼 것이 있는데요.

I'll be staying there for the whole next week, and I was wondering about the weather.
다음 주 내내 그곳에 머물 예정인데, 날씨가 궁금하네요.

2 질문①

Could you give me detailed information about the weather?
날씨에 대한 자세한 정보를 주실 수 있나요?

I don't really trust the forecast. 일기 예보가 믿을 만하지 않아서요.

3 반응 + 질문②

Ah, I see. So, it's a bit hot. 아, 네. 조금 더운가 봐요.

Does it get chilly in the evening, though? 그래도 저녁에는 쌀쌀해지나요?

4 반응 + 질문③

Got it. Just one more thing.
알겠습니다. 하나만 더 물어볼게요.

Is there any sign of rain next week?
다음 주에 혹시 비 예보가 있나요?

I don't want to take an umbrella if I don't need to. 필요 없다면 우산을 안 가져가려고요.

5 마무리

Great! Then I'll see you next week. Thanks. 좋네요! 그럼 다음 주에 뵐게요. 감사합니다.

아이디어 & 추가 표현!

Can I confirm my reservation? 예약을 확인할 수 있을까요?

How much do I have to pay for breakfast? 조식은 얼마인가요?

03_02_11.mp3

IM 공략 답변

1 인사 및 용건 2 질문① 3 반응 + 질문② 4 반응 + 질문③ 5 마무리	[1] Hello, I have some questions. I'll be staying there for the whole next week, and I was wondering about the weather. [2] Could you give me detailed information about the weather? I don't really trust the forecast. [3] Ah, I see. So, it's a bit hot. Does it get chilly in the evening, though? [4] Got it. Just one more thing. Is there any sign of rain next week? I don't want to take an umbrella if I don't need to. [5] Great! Then I'll see you next week. Thanks. 안녕하세요, 물어볼 것이 있는데요. 다음 주 내내 그곳에 머물 예정인데, 날씨가 궁금하네요. 날씨에 대한 자세한 정보를 주실 수 있나요? 일기 예보가 만하지 않아서요. 아, 네. 조금 더운가 봐요. 그래도 저녁에는 쌀쌀해지나요? 알겠습니다. 하나만 더 물어볼게요. 다음 주에 혹시 비 예보가 있나요? 필요 없다면 우산을 안 가져가려고요. 좋네요! 그럼 다음 주에 뵐게요. 감사합니다.

나만의 답변

1 인사 및 용건	
2 질문①	
3 반응 + 질문②	
4 반응 + 질문③	
5 마무리	

TIP!

★ **호텔에 전화하는 목적으로, 흔히 생각하는 '예약'이 아니라 다소 생소한 '날씨'에 대한 내용도 출제되기 때문에 반드시 미리 대비해야 해요.**

Q12

관리인에게 재활용에 대해 문의하기

I'd like to give you a situation to act out. You have moved to a new house, so you do not know how to recycle. Call the janitor and ask three or four questions to find out how to recycle.

당신에게 연기할 상황을 드리겠습니다. 당신은 새집으로 이사 가서 재활용 방법을 모릅니다. 관리실에 전화해서 재활용 방법에 대해 3~4가지 질문해 보세요.

스토리라인

1 인사 및 용건 **2** 질문① **3** 반응 + 질문② **4** 반응 + 질문③ **5** 마무리

답변 순서

1 인사 및 용건

Hello, I've got some questions. 안녕하세요, 물어볼 것이 있는데요.

I just moved here a few days ago, and I have to dispose of some trash I've got.
여기에 며칠 전에 이사 왔는데, 쓰레기를 버려야 해서요.

2 질문①

When is the recycling collection day? 분리수거 날이 언제인가요?

And could you tell me the time as well? 그리고 시간도 알려 주시겠어요?

3 반응 + 질문②

Ah, I see. Then, where should I put them? 아, 네. 그럼 어디에 두면 될까요?

Do we have a pickup area? 수거 장소가 있나요?

4 반응 + 질문③

Yes, I know where it is. Just one more thing. 네, 어딘지 알아요. 하나만 더 물어볼게요.

I've got some furniture I want to get rid of. What should I do with it?
버릴 가구가 있는데 그건 어떻게 하면 될까요?

5 마무리

Got it! Thanks, and I'll see you around. Bye!
알겠습니다! 감사합니다, 또 뵐게요. 안녕히 계세요!

아이디어 & 추가 표현!

Could you tell me how to recycle? 재활용 방법을 알려 주실 수 있나요?

Do I have to throw away food waste separately? 음식물 쓰레기를 따로 버려야 하나요?

03_02_12.mp3

IM 공략 답변

1 인사 및 용건 **2 질문①** **3 반응 + 질문②** **4 반응 + 질문③** **5 마무리**	[1] Hello, I've got some questions. I just moved here a few days ago, and I have to dispose of some trash I've got. [2] When is the recycling collection day? And could you tell me the time as well? [3] Ah, I see. Then, where should I put them? Do we have a pickup area? [4] Yes, I know where it is. Just one more thing. I've got some furniture I want to get rid of. What should I do with it? [5] Got it! Thanks, and I'll see you around. Bye! 안녕하세요, 물어볼 것이 있는데요. 여기에 며칠 전에 이사 왔는데, 쓰레기를 버려야 해서요. 분리수거 날이 언제인가요? 그리고 시간도 알려 주시겠어요? 아, 네. 그럼 어디에 두면 될까요? 수거 장소가 있나요? 네, 어딘지 알아요. 하나만 더 물어볼게요. 버릴 가구가 있는데 그건 어떻게 하면 될까요? 알겠습니다! 감사합니다, 또 뵐게요. 안녕히 계세요!

나만의 답변

1 인사 및 용건	
2 질문①	
3 반응 + 질문②	
4 반응 + 질문③	
5 마무리	

TIP!

★ '재활용'이라는 주제 자체가 어렵게 느껴질 수 있으니 시험장에서 당황하지 않도록 철저히 준비해 두세요!

병원에 전화해서 예약하기

Q13

I'd like to give you a situation to act out. You need to go see a doctor. Call the clinic and ask three or four questions to make a doctor's appointment.

당신에게 연기할 상황을 드리겠습니다. 당신은 병원에 진료를 받으러 가야 합니다. 병원에 전화해서 진료 예약에 대해 3~4가지 질문해 보세요.

스토리라인

1 인사 및 용건 2 질문① 3 반응 + 질문② 4 반응 + 질문③
5 (반응 + 질문④) 6 마무리

답변 순서

1 인사 및 용건

Hello, I'd like to ask you some questions. 안녕하세요, 물어볼 것이 있는데요.

I need to see Dr. Kim for my regular checkup.
저는 김 선생님께 정기검진을 받아야 해요.

2 질문①

So, can I make an appointment for Monday? 그래서, 혹시 월요일에 예약될까요?

3 반응 + 질문②

Okay, then what time is he available? 네, 그럼 의사 선생님이 몇 시에 시간이 되나요?

I'm free after 1 p.m. 저는 오후 1시 이후에 괜찮습니다.

4 반응 + 질문③

Ah, I see. How long will it take? 아, 네. 검진이 얼마나 걸릴까요?

5 (반응 + 질문④)

One hour? 한 시간이요?

All right, just one more thing. Would my insurance cover the cost?
네, 하나만 더 물어볼게요. 혹시 제 보험이 적용되나요?

6 마무리

Great! Thanks, and I'll see you later. 좋아요! 감사합니다, 나중에 뵐게요.

아이디어 & 추가 표현!

Could you tell me where the clinic is located? 병원이 어디 있는지 말해 주실 수 있나요?

When is the least busy time? 가장 덜 붐비는 시간은 언제인가요?

03_02_13.mp3

IM 공략 답변

1 인사 및 용건 2 질문① 3 반응 + 질문② 4 반응 + 질문③ 5 (반응 + 질문④) 6 마무리	[1] Hello, I'd like to ask you some questions. I need to see Dr. Kim for my regular checkup. [2] So, can I make an appointment for Monday? [3] Okay, then what time is he available? I'm free after 1 p.m. [4] Ah, I see. How long will it take? [5] One hour? All right, just one more thing. Would my insurance cover the cost? [6] Great! Thanks, and I'll see you later. 안녕하세요, 물어볼 것이 있는데요. 저는 김 선생님께 정기검진을 받아야 해요. 그래서, 혹시 월요일에 예약될까요? 네, 그럼 의사 선생님이 몇 시에 시간이 되나요? 저는 오후 1시 이후에 괜찮습니다. 아, 네. 검진이 얼마나 걸릴까요? 한 시간이요? 네, 하나만 더 물어볼게요. 혹시 제 보험이 적용되나요? 좋아요! 감사합니다, 나중에 뵐게요.

나만의 답변

1 인사 및 용건	
2 질문①	
3 반응 + 질문②	
4 반응 + 질문③	
5 (반응 + 질문④)	
6 마무리	

TIP!

★ '병원 진료' 상황에서는 증상을 상세하게 설명하는 것보다 검진 받는 내용으로 답변을 준비하는 것이 훨씬 쉬워요.

친구에게 MP3 플레이어에 대해 질문하기

Q14

I'd like to give you a situation to act out. You'd like to buy an MP3 player. Call your friend who knows a lot about it and ask three or four questions about buying it.

당신에게 연기할 상황을 드리겠습니다. 당신은 MP3 플레이어를 사고 싶습니다. 그것에 대해 잘 아는 친구에게 전화해서 MP3 플레이어 구입에 대해 3~4가지 질문해 보세요.

스토리라인

1 인사 및 용건 2 질문① 3 반응 + 질문② 4 반응 + 질문③ 5 마무리

답변 순서

1 인사 및 용건

Hey, it's me. What's up? 안녕, 나야. 뭐 해?

I was thinking of buying an MP3 player, and I heard you just bought one, so I've got some things to ask.
MP3 플레이어를 하나 사려고 하는데 네가 최근에 샀다고 들었어. 그래서 뭐 좀 물어볼게.

2 질문①

Which one did you get? 어떤 것을 샀어?

Do you like it? 마음에 들어?

3 반응 + 질문②

Ah, I see. What kind of features does it have? 아, 그렇구나. 어떤 기능들이 있어?

Can I record something as well? 녹음도 할 수 있어?

4 반응 + 질문③

Sounds great! Just one more thing. 괜찮네! 하나만 더 물어볼게.

How much did you pay for it? 얼마 주고 샀어?

Did you get any kind of discount? 할인 같은 거 받았어?

5 마무리

All right, I'll check it out and let you know how it goes.
그래, 내가 알아 보고 어떻게 되어 가는지 말해 줄게.

Thanks, and see you later! 고마워, 다음에 보자!

아이디어 & 추가 표현!

Where did you get it? 어디서 샀어?

What do you like most about it? 어떤 점이 가장 마음에 들어?

Can you make some recommendations? 추천해 줄 수 있어?

03_02_14.mp3

IM 공략 답변

1 인사 및 용건 2 질문① 3 반응 + 질문② 4 반응 + 질문③ 5 마무리	[1] Hey, it's me. What's up? I was thinking of buying an MP3 player, and I heard you just bought one, so I've got some things to ask. [2] Which one did you get? Do you like it? [3] Ah, I see. What kind of features does it have? Can I record something as well? [4] Sounds great! Just one more thing. How much did you pay for it? Did you get any kind of discount? [5] All right, I'll check it out and let you know how it goes. Thanks, and see you later! 안녕, 나야. 뭐 해? MP3 플레이어를 하나 사려고 하는데 네가 최근에 샀다고 들었어. 그래서 뭐 좀 물어볼게. 어떤 것을 샀어? 마음에 들어? 아, 그렇구나. 어떤 기능들이 있어? 녹음도 할 수 있어? 괜찮네! 하나만 더 물어볼게. 얼마 주고 샀어? 할인 같은 거 받았어? 그래, 내가 알아 보고 어떻게 되어 가는지 말해 줄게. 고마워, 다음에 보자!

나만의 답변

1 인사 및 용건	
2 질문①	
3 반응 + 질문②	
4 반응 + 질문③	
5 마무리	

TIP!

★ 친구가 최근에 MP3 플레이어를 샀다고 설정하는 것이 답변 내용을 구성하는 데 도움이 돼요.

★ 빈출 주제이니 다른 주제보다 더 신경 써서 연습해 두세요.

Q15

친구를 집에 초대하기 위해 가족에게 질문하기

I'd like to give you a situation to act out. You want to invite a couple of friends over to your house. Ask your family members three or four questions to find out the best day for them.

당신에게 연기할 상황을 드리겠습니다. 당신은 친구들을 집에 초대하려고 합니다. 가족에게 언제가 가장 좋을지 3~4가지 질문해 보세요.

스토리라인

1 인사 및 용건 2 질문① 3 반응 + 질문② 4 반응 + 질문③ 5 마무리

답변 순서

1 인사 및 용건

Mom! I've got something to ask you. 엄마! 여쭤볼 게 있어요.

I'd like to invite some of my friends over. 친구들을 집에 초대하고 싶어요.

2 질문①

So, what day is the best for you? 그래서, 언제가 제일 좋으세요?

What about this Sunday? 이번 주 일요일은 어때요?

3 반응 + 질문②

Great! Then, would lunch work for you? 좋아요! 그럼, 점심에 괜찮을까요?

I'd like to ask them to come over around noon. 정오쯤에 오라고 하려고요.

4 반응 + 질문③

Okay, just one more thing. Could you help me prepare some food, or if that's too much, then should we just order something?
네, 하나만 더 여쭤볼게요. 혹시 음식 준비를 도와주실 수 있어요? 어렵다면 그냥 음식을 배달시킬까요?

5 마무리

Awesome! That sounds good.
좋아요! 그게 좋을 것 같아요.

Thanks, Mom, and I'll call them now.
고마워요, 엄마, 친구들에게 지금 연락할게요.

아이디어 & 추가 표현!

Can we watch a movie in the living room? 거실에서 영화를 봐도 될까요?

Should I tell them to bring some food? 먹을 것 좀 가져오라고 말할까요?

03_02_15.mp3

IM 공략 답변

1 인사 및 용건 2 질문① 3 반응 + 질문② 4 반응 + 질문③ 5 마무리	[1] Mom! I've got something to ask you. I'd like to invite some of my friends over. [2] So, what day is the best for you? What about this Sunday? [3] Great! Then, would lunch work for you? I'd like to ask them to come over around noon. [4] Okay, just one more thing. Could you help me prepare some food, or if that's too much, then should we just order something? [5] Awesome! That sounds good. Thanks, Mom, and I'll call them now. 엄마! 여쭤볼 게 있어요. 친구들을 집에 초대하고 싶어요. 그래서, 언제가 제일 좋으세요? 이번 주 일요일은 어때요? 좋아요! 그럼, 점심에 괜찮을까요? 정오쯤에 오라고 하려고요. 네, 하나만 더 여쭤볼게요. 혹시 음식 준비를 도와주실 수 있어요? 어렵다면 그냥 음식을 배달시킬까요? 좋아요! 그게 좋을 것 같아요. 고마워요, 엄마, 친구들에게 지금 연락할게요.

나만의 답변

1 인사 및 용건	
2 질문①	
3 반응 + 질문②	
4 반응 + 질문③	
5 마무리	

TIP!

★ 친구를 초대하는 상황은 대표적인 빈출 주제이니 여러 번 연습해 두세요.

Chapter 3 롤플레이

Unit 03

문제 해결하기: 대안 제시하기/요청하기

Resolving the problem

IM뿐만 아니라 IH, AL 즉, 고득점을 목표로 한다면 필수로 익혀야 할 항목입니다. 돌발 상황이 일어났을 때 당황하지 않고 상대방에게 정확한 설명과 의사를 전달하는 것이 중요합니다.

브레인스토밍

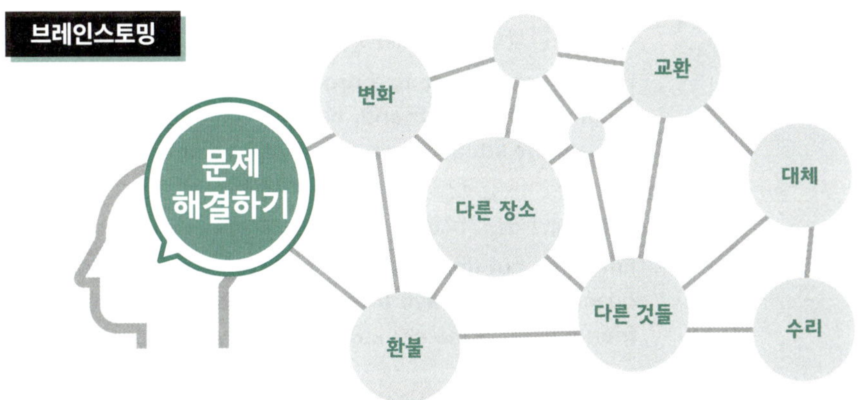

형식에 맞게 답변하기

1 인사

- Hello, I need to talk to you.
- Hey, it's me. What's up? I need to tell you something.

2 문제 발생: 상황 설명

- There's a problem.
- I'm sorry, but...
- The problem is that...

3 문제 해결: 대안 제시하기/요청하기

- 날짜 변경: Could we change the date?
- 사람 변경: You could go with someone else.
- 장소 변경: We could find another place instead.
- 수리 요청: Should I get it fixed?
- 교환 요청: Can I exchange this with a new one?
- 환불 요청: I'd like to get a refund.

4 마무리

- Okay. Sorry again, and I'll talk to you later.
- Please call me when you get this message.

빈출 문제

Q1 친구와 영화 약속을 취소해야 하는 상황에서 대안 제시하기

I'm sorry, but there is a problem you need to resolve. Something has happened, and you cannot go to the movies. Call your friend, explain the situation, and provide two or three alternatives.

Q2 여행사에 전화해서 문제 상황을 설명하고 대안 제시하기

I'm sorry, but there is a problem which you need to resolve. You booked a non-refundable airline ticket. However, something has happened that prevents you from traveling next week. Call the travel agent, explain what has happened, and offer two or three options to resolve the problem.

Q3 친구와 조깅 약속을 취소해야 하는 상황에서 대안 제시하기

I'm sorry, but there is a problem for you to resolve. You had planned to go jogging with your friend, but you have to cancel the plan. Call your friend, explain the situation, and provide two or three alternatives.

Q4 친구와 해변 가는 약속을 취소해야 하는 상황에서 대안 제시하기

I'm sorry, but there is a problem for you to resolve. You wanted to go to the beach, but you have to cancel the plan because of the weather. Call your friend, explain the situation, and provide two or three alternatives.

Q5 사고로 고장 난 자전거 수리 문제 해결하기

I'm sorry, but there is a problem you need to resolve. Your friend got into a small accident, and your bike was damaged. Call the repair shop to find out more about getting it fixed.

Q6 원하는 기능이 없는 휴대 전화 구매 후 교환 받기

I'm sorry, but there is a problem you have to resolve. You bought a smartphone, but you realize it's missing a feature that you need. Call the store, describe the problem, and suggest other alternatives.

Q7 가구점에 전화해서 물건 하자에 대해 대안 제시하기

I'm sorry, but there is a problem you need to resolve. You have received the furniture you have ordered, but there is something wrong with it. Call the furniture shop, explain the situation, and suggest two or three alternatives.

Q8 발급 받은 카드에 생긴 문제 해결하기

I'm sorry, but there is a problem you have to resolve. You tried using your new credit card, but it doesn't work. Call the bank, explain the situation, and provide two or three alternatives.

Q9 개인 트레이닝 예약 취소하기

I'm sorry, but there is a problem you have to resolve. You booked a personal training session at the gym, but you cannot go. Call your trainer, explain the situation, and provide two or three alternatives.

Q10 집에 지갑을 두고 온 상황 해결하기

I'm sorry, but there is a problem you have to resolve. You have just finished eating at a new restaurant, and you realize that you left your cash and credit card at home. Explain the situation to the manager and provide some alternatives.

Q11 여행 중 예상치 못한 날씨 상황 해결하기

I'm sorry, but there is a problem you have to resolve. You have arrived at the country you're traveling to. The weather is not what you expected it to be. So, you have to get some new clothing for the unexpected weather. Call a clothing store and find out some information to get some new clothing.

Q12 재활용에 대해 들어온 항의 해결하기

I'm sorry, but there is a problem you have to resolve. You've done recycling as you were told, but a neighbor complained about a mistake you have made. Call the janitor, explain the situation, and suggest two or three alternatives.

Q13 병원 예약 취소하기

I'm sorry, but there is a problem you need to resolve. You have a doctor's appointment, but something has come up and you have to cancel it. Call the clinic, explain the situation, and provide two or three alternatives.

Q14 빌린 MP3 플레이어를 망가뜨린 상황에서 대안 제시하기

I'm sorry, but there is a problem you need to resolve. You borrowed an MP3 player from your friend, but you broke it. Call your friend, explain the situation, and provide two or three alternatives.

Q15 친구 초대를 취소해야 하는 상황에서 대안 제시하기

I'm sorry, but there is a problem you need to resolve. You have to cancel a dinner party because one of your family members is sick. Call one of your friends, explain the situation, and suggest some alternatives.

Q1

친구와 영화 약속을 취소해야 하는 상황에서 대안 제시하기

I'm sorry, but there is a problem you need to resolve. Something has happened, and you cannot go to the movies. Call your friend, explain the situation, and provide two or three alternatives.

유감스럽게도 당신이 해결해야 할 문제가 있습니다. 일이 생겨서 영화를 볼 수 없게 되었습니다. 친구에게 전화해서 상황을 설명하고 2~3가지 대안을 제시하세요.

스토리라인

1 인사　2 문제　3 세부 설명　4 대안①　5 대안②　6 마무리

답변 순서

1 인사

Hey, it's me. I need to talk to you. 안녕, 나야. 나 할 말 있어.

2 문제

As you know, we were supposed to watch a movie today.
너도 알겠지만, 우리 오늘 영화 보기로 했잖아.

I'm sorry, but I don't think I can make it. 미안하지만 못 볼 것 같아.

3 세부 설명

The thing is, I caught a cold.
실은, 감기에 걸렸어.

I've got to go see a doctor. 병원에 가 봐야 해.

4 대안①

So, how about we go another day? 그래서 혹시 다른 날에 가는 것이 어때?

This Sunday, maybe? Would that work for you? 이번 주 일요일쯤? 괜찮겠어?

5 대안②

Or, you could take Jerry. I'll give you the ticket.
아니면 Jerry를 데리고 가도 돼. 내가 표를 줄게.

What do you want to do? 어떻게 할래?

6 마무리

Ah, all right, then. I'm sorry again, and I'll see you this Sunday.
아, 그래, 그럼. 다시 한번 미안하고 이번 주 일요일에 보자.

아이디어 & 추가 표현!

Should we just get a refund? 우리 그냥 환불 받아야 할까?

03_03_01.mp3

IM 공략 답변

1 인사 2 문제 3 세부 설명 4 대안① 5 대안② 6 마무리	[1] Hey, it's me. I need to talk to you. [2] As you know, we were supposed to watch a movie today. I'm sorry, but I don't think I can make it. [3] The thing is, I caught a cold. I've got to go see a doctor. [4] So, how about we go another day? This Sunday, maybe? Would that work for you? [5] Or, you could take Jerry. I'll give you the ticket. What do you want to do? [6] Ah, all right, then. I'm sorry again, and I'll see you this Sunday. 안녕, 나야. 나 할 말 있어. 너도 알겠지만, 우리 오늘 영화 보기로 했잖아. 미안하지만 못 볼 것 같아. 실은, 감기에 걸렸어. 병원에 가 봐야 해. 그래서 혹시 다른 날에 가는 것이 어때? 이번 주 일요일쯤? 괜찮겠어? 아니면 Jerry를 데리고 가도 돼. 내가 표를 줄게. 어떻게 할래? 아, 그래, 그럼. 다시 한번 미안하고 이번 주 일요일에 보자.

나만의 답변

1 인사	
2 문제	
3 세부 설명	
4 대안①	
5 대안②	
6 마무리	

TIP!

★ 약속을 취소하는 이유에 대해 상세하게 설명하는 것이 좋아요.

Chapter 3 롤플레이

Q2

여행사에 전화해서 문제 상황을 설명하고 대안 제시하기

I'm sorry, but there is a problem which you need to resolve. You booked a non-refundable airline ticket. However, something has happened that prevents you from traveling next week. Call the travel agent, explain what has happened, and offer two or three options to resolve the problem.

유감스럽게도 당신이 해결해야 할 문제가 있습니다. 당신은 환불이 안 되는 항공권을 예약했습니다. 그런데, 일이 생겨서 다음 주에 여행을 못 가게 되었습니다. 여행사에 전화해서 상황을 설명하고 문제를 해결하기 위한 2~3가지 대안을 제시하세요.

스토리라인

1 인사　2 문제　3 세부 설명　4 대안①　5 대안②　6 마무리

답변 순서

1 인사

Hello, I need to talk to you. 안녕하세요, 드릴 말씀이 있어요.

2 문제

I booked a flight to New York, but I don't think I can make it.
뉴욕으로 가는 항공권을 예약했는데 못 갈 것 같아요.

3 세부 설명

There's a job interview next week, and, unfortunately, it's on the same date.
다음 주에 면접이 있는데, 공교롭게도 같은 날짜에 있어요.

4 대안①

So, could I change the date? 그래서, 혹시 날짜 변경이 가능할까요?

5 대안②

Or, if it's impossible, would it be okay to give the ticket to someone else?
아니면, 만약 불가능하다면, 다른 사람에게 양도할 수 있나요?

6 마무리

Great! Then I'll check my schedule first and call you back.
잘됐네요! 그럼 일정을 먼저 확인하고 다시 전화 드릴게요.

아이디어 & 추가 표현!

There's an urgent meeting coming up. 급한 회의가 생겼어요.

Could I get a partial refund? 일부를 환불 받을 수 있을까요?

03_03_02.mp3

IM 공략 답변

1 인사 2 문제 3 세부 설명 4 대안① 5 대안② 6 마무리	[1] Hello, I need to talk to you. [2] I booked a flight to New York, but I don't think I can make it. [3] There's a job interview next week, and, unfortunately, it's on the same date. [4] So, could I change the date? [5] Or, if it's impossible, would it be okay to give the ticket to someone else? [6] Great! Then I'll check my schedule first and call you back. 안녕하세요, 드릴 말씀이 있어요. 뉴욕으로 가는 항공권을 예약했는데 못 갈 것 같아요. 다음 주에 면접이 있는데, 공교롭게도 같은 날짜에 있어요. 그래서, 혹시 날짜 변경이 가능할까요? 아니면, 만약 불가능하다면, 다른 사람에게 양도할 수 있나요? 잘됐네요! 그럼 일정을 먼저 확인하고 다시 전화 드릴게요.

나만의 답변

1 인사	
2 문제	
3 세부 설명	
4 대안①	
5 대안②	
6 마무리	

TIP!

★ 질문에 'non-refundable(환불이 안 되는)'처럼 조건이나 상세 상황을 덧붙인 문제가 나오는 경우가 있으니 답변에 반영해 주세요!

친구와 조깅 약속을 취소해야 하는 상황에서 대안 제시하기

Q3

I'm sorry, but there is a problem for you to resolve. You had planned to go jogging with your friend, but you have to cancel the plan. Call your friend, explain the situation, and provide two or three alternatives.

유감스럽게도 당신이 해결해야 할 문제가 있습니다. 친구와 함께 조깅하러 갈 계획이었지만 취소해야 합니다. 친구에게 전화해서 상황을 설명하고 2~3가지 대안을 제시하세요.

스토리라인

1 인사 **2** 문제 **3** 세부 설명 **4** 대안① **5** 대안② **6** 마무리

답변 순서

1 인사

Hey, it's me. I need to talk to you. 안녕, 나야. 나 할 말 있어.

2 문제

As you know, we were supposed to go jogging today.
너도 알겠지만, 우리 오늘 조깅하러 가기로 했잖아.

I'm sorry, but I don't think I can make it. 미안하지만 못 갈 것 같아.

3 세부 설명

The thing is, I caught a cold.
실은, 감기에 걸렸어.

I've got to go see a doctor. 병원에 가 봐야 해.

4 대안①

So, how about we go another day? 그래서, 혹시 다른 날 가는 것이 어때?

This Sunday, maybe? Would that work for you? 이번 주 일요일쯤? 괜찮겠어?

5 대안②

Or, you could go with Mike. 아니면 Mike를 데리고 가도 돼.

He wanted to get some exercise as well. 걔도 운동하고 싶어 했어.

What do you want to do? 어떻게 할래?

6 마무리

Ah, all right, then. I'm sorry again, and I'll see you this Sunday.
아, 그래, 그럼. 다시 한번 미안하고 이번 주 일요일에 보자.

아이디어 & 추가 표현!

I'll tell you what. 몇 가지 제안이 있어.

Which would you prefer? 어떤 것이 더 낫겠어?

03_03_03.mp3

IM 공략 답변

1 인사 2 문제 3 세부 설명 4 대안① 5 대안② 6 마무리	[1] Hey, it's me. I need to talk to you. [2] As you know, we were supposed to go jogging today. I'm sorry, but I don't think I can make it. [3] The thing is, I caught a cold. I've got to go see a doctor. [4] So, how about we go another day? This Sunday, maybe? Would that work for you? [5] Or, you could go with Mike. He wanted to get some exercise as well. What do you want to do? [6] Ah, all right, then. I'm sorry again, and I'll see you this Sunday. 안녕, 나야. 나 할 말 있어. 너도 알겠지만, 우리 오늘 조깅하러 가기로 했잖아. 미안하지만 못 갈 것 같아. 실은, 감기에 걸렸어. 병원에 가 봐야 해. 그래서, 혹시 다른 날 가는 것이 어때? 이번 주 일요일쯤? 괜찮겠어? 아니면 Mike를 데리고 가도 돼. 걔도 운동하고 싶어 했어. 어떻게 할래? 아, 그래, 그럼. 다시 한번 미안하고 이번 주 일요일에 보자.

나만의 답변

1 인사	
2 문제	
3 세부 설명	
4 대안①	
5 대안②	
6 마무리	

TIP!

★ Q1 답변과 유사한 내용이에요. '약속 취소하기'는 흔한 상황이기 때문에 앞서 배웠던 내용을 활용하면 쉽게 준비할 수 있어요.

친구와 해변 가는 약속을 취소해야 하는 상황에서 대안 제시하기

Q4

I'm sorry, but there is a problem for you to resolve. You wanted to go to the beach, but you have to cancel the plan because of the weather. Call your friend, explain the situation, and provide two or three alternatives.

유감스럽게도 당신이 해결해야 할 문제가 있습니다. 해변에 가고 싶었지만 날씨 때문에 계획을 취소해야 합니다. 친구에게 전화해서 상황을 설명하고 2~3가지 대안을 제시하세요.

스토리라인

1 인사　2 문제　3 세부 설명　4 대안①　5 대안②　6 마무리

답변 순서

1 인사

Hey, Tom, it's me! I need to talk to you. 안녕, 톰. 나야! 나 할 말 있어.

2 문제

There's a problem with our beach trip. 우리 해변 여행에 문제가 생겼어.

I don't think we can go there this weekend as we had planned.
우리가 계획한 대로 이번 주말에 거기 못 갈 것 같아.

3 세부 설명

The thing is, I just checked the weather forecast, and it says there will be something like a typhoon near the beach!
실은, 일기 예보를 방금 확인했는데 해변 근처에 태풍이 온대!

4 대안①

I have some other ideas.
나한테 다른 생각이 몇 가지 있어.

What do you say to catching a movie instead? 대신에 영화를 보는 건 어때?

There are some new ones that will be released this weekend.
이번 주말에 개봉하는 영화가 몇 편 있어.

5 대안②

Or, if you want, we could just change the date and go next week.
아니면, 괜찮다면 날짜를 변경해서 다음 주에 가도 돼.

What do you want to do? 어떻게 할래?

6 마무리

Okay, I guess I'll see you next week. Bye! 그래, 그럼 다음 주에 보자. 안녕!

아이디어 & 추가 표현!

It says there will be heavy rain. 폭우가 온다고 해.

Should we just cancel the trip? 우리 그냥 여행 취소해야 할까?

03_03_04.mp3

IM 공략 답변

1 인사 2 문제 3 세부 설명 4 대안① 5 대안② 6 마무리	[1] Hey, Tom, it's me! I need to talk to you. [2] There's a problem with our beach trip. I don't think we can go there this weekend as we had planned. [3] The thing is, I just checked the weather forecast, and it says there will be something like a typhoon near the beach! [4] I have some other ideas. What do you say to catching a movie instead? There are some new ones that will be released this weekend. [5] Or, if you want, we could just change the date and go next week. What do you want to do? [6] Okay, I guess I'll see you next week. Bye! 안녕, 톰. 나야! 나 할 말 있어. 우리 해변 여행에 문제가 생겼어. 우리가 계획한 대로 이번 주말에 거기 못 갈 것 같아. 실은, 일기 예보를 방금 확인했는데 해변 근처에 태풍이 온대! 나한테 다른 생각이 몇 가지 있어. 대신에 영화를 보는 건 어때? 이번 주말에 개봉하는 영화가 몇 편 있어. 아니면, 괜찮다면 날짜를 변경해서 다음 주에 가도 돼. 어떻게 할래? 그래, 그럼 다음 주에 보자. 안녕!

나만의 답변

1 인사	
2 문제	
3 세부 설명	
4 대안①	
5 대안②	
6 마무리	

TIP!

★ 취소하는 이유가 문제에 언급되어 있는 경우, 취소 이유를 임의로 지어내서 답변하지 않도록 유의하세요!

Chapter 3 롤플레이

Q5

사고로 고장 난 자전거 수리 문제 해결하기

I'm sorry, but there is a problem you need to resolve. Your friend got into a small accident, and your bike was damaged. Call the repair shop to find out more about getting it fixed.

유감스럽게도 당신이 해결해야 할 문제가 있습니다. 친구가 작은 사고를 당해서 당신의 자전거를 망가뜨렸습니다. 자전거 수리점에 전화해서 자전거 수리에 대해 알아보세요.

스토리라인

1 인사　2 문제　3 세부 설명　4 문의①　5 문의②　6 마무리

답변 순서

1 인사

Hello, I need to talk to you about my bike. 안녕하세요, 제 자전거에 대해서 문의 드리려고요.

2 문제

I just sent my friend to your shop with mine, and I heard there's a problem with it.
제 친구가 방금 수리점에 제 자전거를 들고 갔는데, 자전거에 문제가 있다고 들었어요.

3 세부 설명

My friend said that there's something wrong with the pedals and the brake.
제 친구가 그러는데, 페달이랑 브레이크에 문제가 있다네요.

4 문의①

Is it possible to fix it? 고칠 수 있을까요?

5 문의②

Okay, then, if I change the pedals and fix the brake, how much does it cost?
네, 그럼 제가 페달을 교체하고 브레이크를 수리한다면, 비용이 얼마나 들까요?

That's quite expensive. 꽤 비싸네요.

6 마무리

All right, I'll talk to my friend first and then call you back. Thanks!
네, 제가 친구와 먼저 이야기해 보고 다시 전화 드릴게요. 감사합니다!

아이디어 & 추가 표현!

The brake isn't working. 브레이크가 고장 났어요.

What happened to my bike? 제 자전거가 어떻게 된 건가요?

When can I get my bike back? 제 자전거를 언제 돌려받을 수 있을까요?

03_03_05.mp3

IM 공략 답변

1 인사 2 문제 3 세부 설명 4 문의① 5 문의② 6 마무리	[1] Hello, I need to talk to you about my bike. [2] I just sent my friend to your shop with mine, and I heard there's a problem with it. [3] My friend said that there's something wrong with the pedals and the brake. [4] Is it possible to fix it? [5] Okay, then, if I change the pedals and fix the brake, how much does it cost? That's quite expensive. [6] All right, I'll talk to my friend first and then call you back. Thanks! 안녕하세요, 제 자전거에 대해서 문의드리려고요. 제 친구가 방금 수리점에 제 자전거를 들고 갔는데, 자전거에 문제가 있다고 들어서요. 제 친구가 그러는데, 페달이랑 브레이크에 문제가 있다네요. 고칠 수 있을까요? 네, 그럼 제가 페달을 교체하고 브레이크를 수리한다면, 비용이 얼마나 들까요? 꽤 비싸네요. 네, 제가 친구와 먼저 이야기해 보고 다시 전화 드릴게요. 감사합니다!

나만의 답변

1 인사	
2 문제	
3 세부 설명	
4 문의①	
5 문의②	
6 마무리	

TIP!

★ '자전거 타기'(선택 Unit 12) 주제를 선택했을 때 나올 수 있는 롤플레이 문제입니다. 자전거가 망가진 것에 대해 상세히 묘사해 보세요.

Chapter 3 롤플레이

Q6

원하는 기능이 없는 휴대 전화 구매 후 교환 받기

I'm sorry, but there is a problem you have to resolve. You bought a smartphone, but you realize it's missing a feature that you need. Call the store, describe the problem, and suggest other alternatives.

유감스럽게도 당신이 해결해야 할 문제가 있습니다. 스마트폰을 샀는데 필요한 기능이 없다는 것을 알게 되었습니다. 가게에 전화해서 문제를 설명하고 대안을 제시하세요.

스토리라인

1 인사 2 문제 3 세부 설명 4 대안① 5 대안② 6 마무리

답변 순서

1 인사

Hi. I need to talk to you. 안녕하세요. 드릴 말씀이 있어요.

2 문제

I just received the phone I ordered from your online store, but when I tried to take some selfies, it didn't work.
온라인 매장에서 주문한 휴대폰을 방금 받았는데요, 셀프 카메라를 찍으려고 했는데 안 되더라고요.

3 세부 설명

I didn't know this model didn't have a camera in the front.
이 모델 전면부에 카메라가 없는지 몰랐어요.

And that's what I need.
그리고 그게 저한테 필요한 거라서요.

4 대안①

So, would it be possible to exchange this with another phone that has the feature I need? 그래서, 혹시 제게 필요한 기능이 있는 휴대폰으로 교환할 수 있을까요?

Do you have other models available in your store? 매장에 다른 모델들이 있나요?

5 대안②

If not, I'd like to get a full refund, please. 만약 안 된다면, 전액 환불 받고 싶어요.

6 마무리

Ah, all right, then. I'll actually visit the store to check it out. Thanks.
아, 네, 그럼 확인하러 매장에 들를게요. 감사합니다.

아이디어 & 추가 표현!

The phone doesn't have Bluetooth. 휴대폰에 블루투스 기능이 없어요.

This phone doesn't come with a pen. 이 휴대폰에는 펜이 없네요.

03_03_06.mp3

IM 공략 답변

1 인사 2 문제 3 세부 설명 4 대안① 5 대안② 6 마무리	[1] Hi. I need to talk to you. [2] I just received the phone I ordered from your online store, but when I tried to take some selfies, it didn't work. [3] I didn't know this model didn't have a camera in the front. And that's what I need. [4] So, would it be possible to exchange this with another phone that has the feature I need? Do you have other models available in your store? [5] If not, I'd like to get a full refund, please. [6] Ah, all right, then. I'll actually visit the store to check it out. Thanks. 안녕하세요. 드릴 말씀이 있어요. 온라인 매장에서 주문한 휴대폰을 방금 받았는데요, 셀프 카메라를 찍으려고 했는데 안 되더라고요. 이 모델 전면부에 카메라가 없는지 몰랐어요. 그리고 그게 저한테 필요한 거라서요. 그래서, 혹시 제게 필요한 기능이 있는 휴대폰으로 교환할 수 있을까요? 매장에 다른 모델들이 있나요? 만약 안 된다면, 전액 환불 받고 싶어요. 아, 네, 그럼 확인하러 매장에 들를게요. 감사합니다.

나만의 답변

1 인사	
2 문제	
3 세부 설명	
4 대안①	
5 대안②	
6 마무리	

TIP!

★ 휴대폰에 어떤 기능이 없는지 구체적으로 말해야 해요.

Chapter 3

롤플레이

Q7

가구점에 전화해서 물건 하자에 대해 대안 제시하기

I'm sorry, but there is a problem you need to resolve. You have received the furniture you have ordered, but there is something wrong with it. Call the furniture shop, explain the situation, and suggest two or three alternatives.

유감스럽게도 당신이 해결해야 할 문제가 있습니다. 당신이 주문한 가구를 받았는데, 물건에 하자가 있습니다. 가구점에 전화해서 상황을 설명하고 2~3가지 대안을 제시하세요.

스토리라인

1 인사 2 문제 3 세부 설명 4 대안① 5 대안② 6 마무리

답변 순서

1 인사

Hello, I need to talk to you. 안녕하세요, 드릴 말씀이 있어요.

2 문제

I've just had my sofa delivered, and there's a problem with it.
방금 소파를 배달 받았는데 문제가 있어요.

3 세부 설명

The thing is, I just found a big scratch on the back of it.
실은, 소파 뒤에 큰 흠집이 있네요.

I'm sure it came to my house like that. 그런 상태로 저희 집에 온 것이 확실해요.

4 대안①

So, could you exchange this with a new one? 혹시 새것으로 교환할 수 있을까요?

5 대안②

Or, if it was the last one in stock, I'd just like to get a refund.
아니면, 혹시 재고가 없다면 그냥 환불 받을게요.

6 마무리

All right, I'll be waiting. 네, 기다리고 있을게요.

아이디어 & 추가 표현!

One of the legs is missing. 다리 하나가 없어요.

There's a small hole in the front. 앞쪽에 작은 구멍이 하나 있어요.

03_03_07.mp3

IM 공략 답변

1 인사 2 문제 3 세부 설명 4 대안① 5 대안② 6 마무리	[1] Hello, I need to talk to you. [2] I've just had my sofa delivered, and there's a problem with it. [3] The thing is, I just found a big scratch on the back of it. I'm sure it came to my house like that. [4] So, could you exchange this with a new one? [5] Or, if it was the last one in stock, I'd just like to get a refund. [6] All right, I'll be waiting. 안녕하세요, 드릴 말씀이 있어요. 방금 소파를 배달 받았는데 문제가 있어요. 실은, 소파 뒤에 큰 흠집이 있네요. 그런 상태로 저희 집에 온 것이 확실해요. 혹시 새것으로 교환할 수 있을까요? 아니면, 혹시 재고가 없다면 그냥 환불 받을게요. 네, 기다리고 있을게요.

나만의 답변

1 인사	
2 문제	
3 세부 설명	
4 대안①	
5 대안②	
6 마무리	

TIP!

★ '나'로 인한 문제가 아니라면 문제 이유를 만들 필요가 없지만, 환불이나 교환 요청은 구체적으로 하는 것이 좋아요.

Chapter 3 롤플레이

Q8

발급 받은 카드에 생긴 문제 해결하기

I'm sorry, but there is a problem you have to resolve. You tried using your new credit card, but it doesn't work. Call the bank, explain the situation, and provide two or three alternatives.

유감스럽게도 당신이 해결해야 할 문제가 있습니다. 새로 받은 신용 카드를 사용하려고 하는데 작동이 안 됩니다. 은행에 전화해서 상황을 설명하고 2~3가지 대안을 제시하세요.

스토리라인

1 인사 2 문제 3 세부 설명 4 대안① 5 대안② 6 마무리

답변 순서

1 인사

Hello, I need to talk to you. 안녕하세요, 드릴 말씀이 있어요.

2 문제

I got my new card yesterday and tried to use it at an ATM, but it didn't work.
어제 새 신용 카드를 받았고, 오늘 ATM에서 사용하려고 했더니 안 되더라고요.

3 세부 설명

I pushed my card in, but the cash didn't come out.
카드를 넣었는데 현금이 안 나왔어요.

I'm sure I typed in my PIN correctly, but I've no idea what's wrong.
분명히 비밀번호를 제대로 입력했는데, 무엇이 문제인지 잘 모르겠어요.

4 대안①

So, should I bring the card to the bank and see if you can fix it?
그럼, 은행에 카드를 가져가면 해결해 주실 수 있나요?

5 대안②

Or, if it's possible, I'd just like to get a new card issued.
아니면, 가능하면 카드를 재발급 받고 싶어요.

6 마무리

Ah, sure. I'll be there as soon as possible. 아, 네. 가능한 한 빨리 갈게요.

아이디어 & 추가 표현!

I tried to use my credit card at a restaurant, but it didn't work.
음식점에서 제 신용카드를 사용하려고 했는데 안 됐어요.

03_03_08.mp3

IM 공략 답변

1 인사 2 문제 3 세부 설명 4 대안① 5 대안② 6 마무리	[1] Hello, I need to talk to you. [2] I got my new card yesterday and tried to use it at an ATM, but it didn't work. [3] I pushed my card in, but the cash didn't come out. I'm sure I typed in my PIN correctly, but I've no idea what's wrong. [4] So, should I bring the card to the bank and see if you can fix it? [5] Or, if it's possible, I'd just like to get a new card issued. [6] Ah, sure. I'll be there as soon as possible. 안녕하세요, 드릴 말씀이 있어요. 어제 새 신용 카드를 받았고, 오늘 ATM에서 사용하려고 했더니 안 되더라고요. 카드를 넣었는데 현금이 안 나왔어요. 분명히 비밀번호를 제대로 입력했는데, 무엇이 문제인지 잘 모르겠어요. 그럼, 은행에 카드를 가져가면 해결해 주실 수 있나요? 아니면, 가능하면 카드를 재발급 받고 싶어요. 아, 네. 가능한 한 빨리 갈게요.

나만의 답변

1 인사	
2 문제	
3 세부 설명	
4 대안①	
5 대안②	
6 마무리	

TIP!

★ "I have no idea." 등의 감정 표현들은 어감이 말투에 묻어나도록 연기해 주세요!

Chapter 3 롤플레이

Q9

개인 트레이닝 예약 취소하기

I'm sorry, but there is a problem you have to resolve. You booked a personal training session at the gym, but you cannot go. Call your trainer, explain the situation, and provide two or three alternatives.

유감스럽게도 당신이 해결해야 할 문제가 있습니다. 헬스장에서 개인 트레이닝을 예약했는데 갈 수 없습니다. 헬스 트레이너에게 전화해서 상황을 설명하고 2~3가지 대안을 제시하세요.

스토리라인

1 인사 **2** 문제 **3** 세부 설명 **4** 대안① **5** 대안② **6** 마무리

답변 순서

1 인사

Hello, I need to talk to you. 안녕하세요, 드릴 말씀이 있어요.

2 문제

I booked a personal training session at 2 p.m. today, but I can't make it.
제가 오늘 오후 2시에 개인 트레이닝을 예약했는데, 못 갈 것 같아요.

3 세부 설명

The thing is, I've got a bad cold. 실은, 감기에 심하게 걸렸어요.

I think I need to go see a doctor. 병원에 가 봐야 할 것 같아요.

4 대안①

So, if it's possible, can we change the date? 그래서 가능하다면 날짜를 변경해도 될까요?

This weekend would work for me, either Saturday or Sunday.
저는 이번 주말인 토요일이나 일요일도 괜찮아요.

5 대안②

Or, if you're fully booked, then I'd just like to get a refund for this session.
아니면, 혹시 예약이 다 찼다면 이번 트레이닝을 환불 받고 싶어요.

6 마무리

Great! I'll see you this Sunday at 2 p.m. Bye!
잘됐네요! 이번 주 일요일 오후 2시에 뵐게요. 안녕히 계세요!

아이디어 & 추가 표현!

I've got a family emergency. 가족에게 급한 일이 생겼어요.

I've got a job interview. 면접이 있어요.

Is it okay if one of my friends took the lesson today? 오늘 제 친구가 대신 수업을 들어도 될까요?

03_03_09.mp3

IM 공략 답변

1 인사 2 문제 3 세부 설명 4 대안① 5 대안② 6 마무리	[1] Hello, I need to talk to you. [2] I booked a personal training session at 2 p.m. today, but I can't make it. [3] The thing is, I've got a bad cold. I think I need to go see a doctor. [4] So, if it's possible, can we change the date? This weekend would work for me, either Saturday or Sunday. [5] Or, if you're fully booked, then I'd just like to get a refund for this session. [6] Great! I'll see you this Sunday at 2 p.m. Bye! 안녕하세요, 드릴 말씀이 있어요. 제가 오늘 오후 2시에 개인 트레이닝을 예약했는데, 못 갈 것 같아요. 실은, 감기에 심하게 걸렸어요. 병원에 가 봐야 할 것 같아요. 그래서 가능하다면 날짜를 변경해도 될까요? 저는 이번 주말인 토요일이나 일요일도 괜찮아요. 아니면, 혹시 예약이 다 찼다면 이번 트레이닝을 환불 받고 싶어요. 잘됐네요! 이번 주 일요일 오후 2시에 뵐게요. 안녕히 계세요!

나만의 답변

1 인사	
2 문제	
3 세부 설명	
4 대안①	
5 대안②	
6 마무리	

TIP!

★ 문제에서 직접적으로 약속이나 예약 취소의 이유를 제시하지 않을 경우를 대비해서 어떤 상황에서도 쓸 수 있는 답변을 준비해 두세요. 실제 시험에서 이 유형은 하나밖에 나오지 않아요!

Q10

집에 지갑을 두고 온 상황 해결하기

I'm sorry, but there is a problem you have to resolve. You have just finished eating at a new restaurant, and you realize that you left your cash and credit card at home. Explain the situation to the manager and provide some alternatives.

유감스럽게도 당신이 해결해야 할 문제가 있습니다. 새로 생긴 음식점에서 막 식사를 마쳤는데 집에 현금과 신용카드를 두고 왔다는 것을 알게 되었습니다. 식당 매니저에게 상황을 설명하고 몇 가지 대안을 제시하세요.

스토리라인

1 인사 2 문제 3 세부 설명 4 대안① 5 대안② 6 마무리

답변 순서

1 인사

Hi, I need to talk to you. 안녕하세요, 드릴 말씀이 있어요.

2 문제

I'm sorry, but there's a problem. 죄송하지만 문제가 생겼어요.

I don't think I'll be able to pay right now. 제가 지금 바로 결제를 못할 것 같아요.

3 세부 설명

The thing is, I left my wallet with my credit card, cash, and everything at home. 실은, 집에 신용 카드와 현금, 모든 것이 든 지갑을 두고 나왔어요.

4 대안①

So, can I go home quick and get my wallet?
그래서, 혹시 집에 빨리 가서 지갑을 가져와도 될까요?

I'll leave my ID here. 여기 신분증을 두고 갈게요.

5 대안②

Or, if you could tell me your account number, I could wire you the money right now.
아니면, 계좌 번호를 알려 주시면 지금 바로 돈을 이체해 드릴게요.

Which one is better for you? 어떤 것이 나을까요?

6 마무리

Ah, all right, then. I'll be back shortly! 네, 알겠습니다. 그럼 금방 갔다 올게요!

아이디어 & 추가 표현!

Could I call my brother and tell him to bring the money?
동생에게 전화해서 돈을 가져오라고 할까요?

03_03_10.mp3

IM 공략 답변

1 인사 2 문제 3 세부 설명 4 대안① 5 대안② 6 마무리	[1] Hi, I need to talk to you. [2] I'm sorry, but there's a problem. I don't think I'll be able to pay right now. [3] The thing is, I left my wallet with my credit card, cash, and everything at home. [4] So, can I go home quick and get my wallet? I'll leave my ID here. [5] Or, if you could tell me your account number, I could wire you the money right now. Which one is better for you? [6] Ah, all right, then. I'll be back shortly! 안녕하세요, 드릴 말씀이 있어요. 죄송하지만 문제가 생겼어요. 제가 지금 바로 결제를 못 할 것 같아요. 실은, 집에 신용 카드와 현금, 모든 것이 든 지갑을 두고 나왔어요. 그래서, 혹시 집에 빨리 가서 지갑을 가져와도 될까요? 여기 신분증을 두고 갈게요. 아니면, 계좌 번호를 알려 주시면 지금 바로 돈을 이체해 드릴게요. 어떤 것이 나을까요? 네, 알겠습니다. 그럼 금방 갔다 올게요!

나만의 답변

1 인사	
2 문제	
3 세부 설명	
4 대안①	
5 대안②	
6 마무리	

TIP!

★ 다소 일반적이지 않은 상황이 출제되는 경우가 많기 때문에 해결책에 들어갈 아이디어들을 미리 대비해야 해요.

Chapter 3 롤플레이

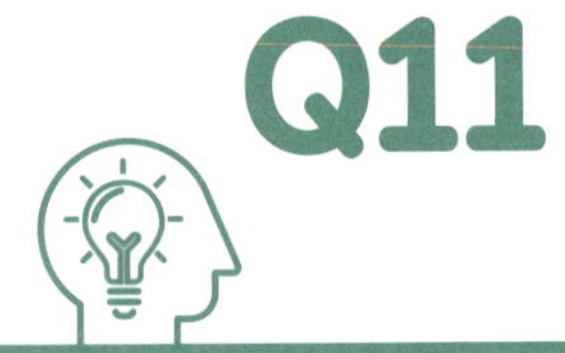

Q11

여행 중 예상치 못한 날씨 상황 해결하기

I'm sorry, but there is a problem you have to resolve. You have arrived at the country you're traveling to. The weather is not what you expected it to be. So, you have to get some new clothing for the unexpected weather. Call a clothing store and find out some information to get some new clothing.

유감스럽게도 당신이 해결해야 할 문제가 있습니다. 여행할 나라에 도착했는데 예상했던 날씨가 아닙니다. 그래서 예상치 못한 날씨 때문에 새 옷이 필요합니다. 옷 가게에 전화해서 새 옷을 구하기 위해 몇 가지 정보를 알아보세요.

스토리라인

1 인사　2 문제　3 세부 설명　4 문의①　5 문의②　6 마무리

답변 순서

1 인사

Hello, I need to talk to you. 안녕하세요, 드릴 말씀이 있어요.

2 문제

I'm traveling here now, and it's actually a lot colder than I thought it would be.
저는 여기서 여행 중인데, 생각했던 것보다 훨씬 춥네요.

3 세부 설명

So, I need to get something like a cardigan. 그래서, 가디건 같은 것이 필요해요.

4 문의①

Do you have any of those available in your shop? 혹시 가게에 입을 만한 것이 있나요?

5 문의②

Ah, I see. Then, what's your price range? 아, 네. 그럼, 가격대는 어떻게 되나요?

Got it. Could you text me the directions to your shop using this number?
네. 혹시 이 번호로 가게 가는 길을 문자로 보내 주실 수 있나요?

6 마무리

Great! I'll be there soon. 좋네요! 금방 갈게요.

아이디어 & 추가 표현!

Where is your shop located? 가게가 어디에 있나요?

What kind of clothes do you have in your store? 가게에 어떤 종류의 옷이 있나요?

What time do you close? 몇 시에 문을 닫나요?

03_03_11.mp3

IM 공략 답변

1 인사 2 문제 3 세부 설명 4 문의① 5 문의② 6 마무리	[1] Hello, I need to talk to you. [2] I'm traveling here now, and it's actually a lot colder than I thought it would be. [3] So, I need to get something like a cardigan. [4] Do you have any of those available in your shop? [5] Ah, I see. Then, what's your price range? Got it. Could you text me the directions to your shop using this number? [6] Great! I'll be there soon. 안녕하세요, 드릴 말씀이 있어요. 저는 여기서 여행 중인데, 생각했던 것보다 훨씬 춥네요. 그래서, 가디건 같은 것이 필요해요. 혹시 가게에 입을 만한 것이 있나요? 아, 네. 그럼, 가격대는 어떻게 되나요? 네. 혹시 이 번호로 가게 가는 길을 문자로 보내 주실 수 있나요? 좋네요! 금방 갈게요.

나만의 답변

1 인사	
2 문제	
3 세부 설명	
4 문의①	
5 문의②	
6 마무리	

TIP!

★ 여행 주제에서 일반적으로 나오는 '예약 취소'나 '호텔방 문제'에 관한 내용이 아니라 생소한 돌발 상황의 문제예요. 실제 시험에서 당황하지 않도록 미리 대비해 두세요.

Q12

재활용에 대해 들어온 항의 해결하기

I'm sorry, but there is a problem you have to resolve. You've done recycling as you were told, but a neighbor complained about a mistake you have made. Call the janitor, explain the situation, and suggest two or three alternatives.

유감스럽게도 당신이 해결해야 할 문제가 있습니다. 당신은 들은 대로 분리수거를 했는데, 한 주민이 이를 가지고 항의했습니다. 관리실에 전화해서 상황을 설명하고 2~3가지 대안을 제시하세요.

스토리라인

1 인사 2 문제 3 세부 설명 4 대안① 5 대안② 6 마무리

답변 순서

1 인사

Hello, I need to talk to you. 안녕하세요, 드릴 말씀이 있어요.

2 문제

I heard that someone complained about a mistake I made while recycling.
제가 분리수거하다가 한 실수로 누군가가 항의를 했다고 들었어요.

3 세부 설명

Well, I'm not sure what I've done. 음, 제가 무엇을 잘못했는지 잘 모르겠네요.

I thought I followed all the rules you've told me.
저는 당신이 말씀하신 규칙을 다 지킨 것 같은데요.

4 대안①

So, if it's not too much trouble, could you go over the details again?
그래서 혹시 번거롭지 않으시다면 다시 한번 상세하게 설명해 주실 수 있나요?

5 대안②

Or, I would appreciate it if you could help me out for this one time.
아니면, 이번 한 번만 도와주시면 정말 감사할 것 같네요.

6 마무리

Great! Thank you so much, and I'll be out in ten minutes.
잘됐네요! 정말 감사해요. 10분 후에 밖에서 뵐게요.

아이디어 & 추가 표현!

I'd like to personally apologize. 제가 직접 사과하고 싶어요.

Could you tell me the details of the complaint? 항의 내용을 자세히 알 수 있을까요?

03_03_12.mp3

IM 공략 답변

1 인사 2 문제 3 세부 설명 4 대안① 5 대안② 6 마무리	1 Hello, I need to talk to you. 2 I heard that someone complained about a mistake I made while recycling. 3 Well, I'm not sure what I've done. I thought I followed all the rules you've told me. 4 So, if it's not too much trouble, could you go over the details again? 5 Or, I would appreciate it if you could help me out for this one time. 6 Great! Thank you so much, and I'll be out in ten minutes. 안녕하세요, 드릴 말씀이 있어요. 제가 분리수거하다가 한 실수로 누군가가 항의를 했다고 들었어요. 음, 제가 무엇을 잘못했는지 잘 모르겠네요. 저는 당신이 말씀하신 규칙을 다 지킨 것 같은데요. 그래서 혹시 번거롭지 않으시다면 다시 한번 상세하게 설명해 주실 수 있나요? 아니면, 이번 한 번만 도와주시면 정말 감사할 것 같네요. 잘됐네요! 정말 감사해요. 10분 후에 밖에서 뵐게요.

나만의 답변

1 인사	
2 문제	
3 세부 설명	
4 대안①	
5 대안②	
6 마무리	

TIP!

★ '재활용'(돌발 Unit 15) 주제에서 나오는 어려운 롤플레이 문제예요. 어떤 실수를 했는지 모르는 상황으로 가정하고 답변을 구성하면, 실수 내용을 자세히 언급할 필요가 없어서 말하기가 더 수월해요.

Chapter 3 롤플레이

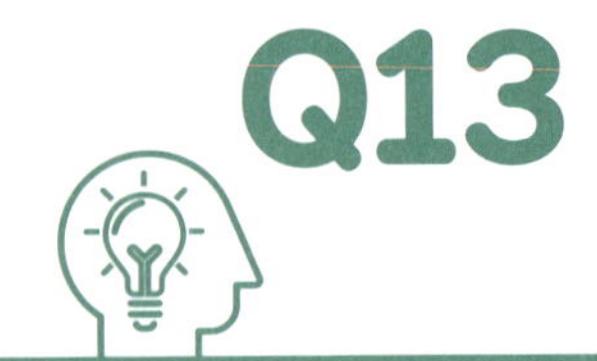

병원 예약 취소하기

I'm sorry, but there is a problem you need to resolve. You have a doctor's appointment, but something has come up and you have to cancel it. Call the clinic, explain the situation, and provide two or three alternatives.

유감스럽게도 당신이 해결해야 할 문제가 있습니다. 병원 예약을 했는데 일이 생겨서 취소해야 합니다. 병원에 전화해서 상황을 설명하고 2~3가지 대안을 제시하세요.

스토리라인

1 인사　2 문제　3 세부 설명　4 대안①　5 대안②　6 마무리

답변 순서

1 인사

Hello, I need to talk to you. 안녕하세요, 드릴 말씀이 있어요.

2 문제

My name is Dongjin Lee, and I have an appointment at 2 p.m. with Dr. Kim.
제 이름은 이동진이고 오후 2시에 김 선생님과 예약이 있어요.

I'm afraid I can't make it today. 죄송하지만 오늘 못 갈 것 같은데요.

3 세부 설명

I've just got a call from my relative, and I have to attend a funeral.
방금 친척에게서 전화가 왔는데, 장례식장에 가 봐야 합니다.

4 대안①

I'm sorry, but is it possible to postpone my checkup until next week?
죄송하지만, 혹시 검진을 다음 주로 미룰 수 있을까요?

5 대안②

Or, I'd like to cancel it this time. 아니면, 이번 검진을 취소하고 싶어요.

6 마무리

Great! Thanks, and I'll see you next Tuesday.
잘됐네요! 감사합니다. 다음 주 화요일에 뵐게요.

아이디어 & 추가 표현!

I've got an urgent errand. 급한 볼일이 생겼어요.

Could I just get my prescription? 처방전만 받을 수 있을까요?

03_03_13.mp3

IM 공략 답변

1 인사 **2 문제** **3 세부 설명** **4 대안①** **5 대안②** **6 마무리**	[1] Hello, I need to talk to you. [2] My name is Dongjin Lee, and I have an appointment at 2 p.m. with Dr. Kim. I'm afraid I can't make it today. [3] I've just got a call from my relative, and I have to attend a funeral. [4] I'm sorry, but is it possible to postpone my checkup until next week? [5] Or, I'd like to cancel it this time. [6] Great! Thanks, and I'll see you next Tuesday. 안녕하세요, 드릴 말씀이 있어요. 제 이름은 이동진이고 오후 2시에 김 선생님과 예약이 있어요. 죄송하지만 오늘 못 갈 것 같은데요. 방금 친척에게서 전화가 왔는데, 장례식장에 가 봐야 합니다. 죄송하지만, 혹시 검진을 다음 주로 미룰 수 있을까요? 아니면, 이번 검진을 취소하고 싶어요. 잘됐네요! 감사합니다. 다음 주 화요일에 뵐게요.

나만의 답변

1 인사	
2 문제	
3 세부 설명	
4 대안①	
5 대안②	
6 마무리	

TIP!

★ **발화량보다는 상황 파악 능력과 정확한 전달력이 중요한 파트예요.**

Chapter 3 롤플레이

Q14

빌린 MP3 플레이어를 망가뜨린 상황에서 대안 제시하기

I'm sorry, but there is a problem you need to resolve. You borrowed an MP3 player from your friend, but you broke it. Call your friend, explain the situation, and provide two or three alternatives.

유감스럽게도 당신이 해결해야 할 문제가 있습니다. 친구에게서 MP3 플레이어를 빌렸는데 망가뜨렸습니다. 친구에게 전화해서 상황을 설명하고 2~3가지 대안을 제시하세요.

스토리라인

1 인사　2 문제　3 세부 설명　4 대안①　5 대안②　6 마무리

답변 순서

1 인사

Hey, it's me. I need to talk to you. 안녕, 나야. 나 할 말 있어.

2 문제

There's a problem with your MP3 player I borrowed.
내가 빌린 MP3 플레이어에 문제가 생겼어.

There's a tiny crack on the screen.
화면에 작은 금이 갔어.

3 세부 설명

The thing is, I accidentally dropped it while jogging at the park, and I'm really sorry.
실은, 공원에서 조깅할 때 실수로 떨어뜨렸거든. 정말 미안해.

4 대안①

So, of course, I'll take care of this problem. 그러니까 당연히 내가 이 문제를 해결할게.

Should I get it fixed? 내가 수리할까?

5 대안②

Or, since it's my fault, I'm willing to buy you a new one.
아니면, 이건 내 잘못이니까 새것으로 사 줄 수도 있어.

6 마무리

Okay, I'll get you the same one. I'm sorry again, and I'll see you soon.
그래, 똑같은 것으로 사 줄게. 다시 한번 미안하고 조만간 보자.

아이디어 & 추가 표현!

The play button isn't working. 재생 버튼이 고장 났어.

It looks fine on the outside. 겉은 멀쩡해.

There's no sound coming out. 소리가 안 나.

It slipped out of my pocket while I was riding a bike. 자전거 타다가 주머니에서 떨어졌어.

03_03_14.mp3

IM 공략 답변

1 인사 2 문제 3 세부 설명 4 대안① 5 대안② 6 마무리	[1] Hey, it's me. I need to talk to you. [2] There's a problem with your MP3 player I borrowed. There's a tiny crack on the screen. [3] The thing is, I accidentally dropped it while jogging at the park, and I'm really sorry. [4] So, of course, I'll take care of this problem. Should I get it fixed? [5] Or, since it's my fault, I'm willing to buy you a new one. [6] Okay, I'll get you the same one. I'm sorry again, and I'll see you soon. 안녕, 나야. 나 할 말 있어. 내가 빌린 MP3 플레이어에 문제가 생겼어. 화면에 작은 금이 갔어. 실은, 공원에서 조깅할 때 실수로 떨어뜨렸거든. 정말 미안해. 그러니까 당연히 내가 이 문제를 해결할게. 내가 수리할까? 아니면, 이건 내 잘못이니까 새것으로 사 줄 수도 있어. 그래, 똑같은 것으로 사 줄게. 다시 한번 미안하고 조만간 보자.

나만의 답변

1 인사	
2 문제	
3 세부 설명	
4 대안①	
5 대안②	
6 마무리	

TIP!

★ 롤플레이 빈출 문제예요. 무언가 고장 난 상황에 대한 상세한 설명을 준비해 두세요.

Chapter 3 롤플레이

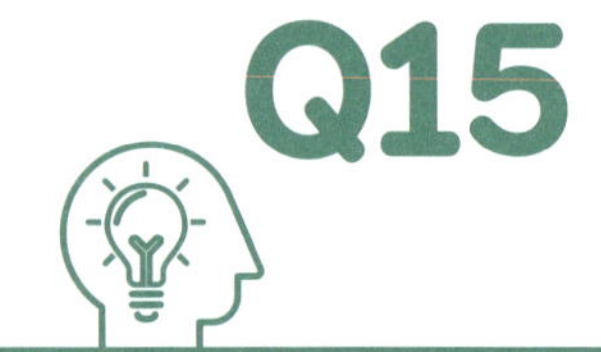

Q15

친구 초대를 취소해야 하는 상황에서 대안 제시하기

I'm sorry, but there is a problem you need to resolve. You have to cancel a dinner party because one of your family members is sick. Call one of your friends, explain the situation, and suggest some alternatives.

유감스럽게도 당신이 해결해야 할 문제가 있습니다. 가족 중 한 명이 아파서 저녁 파티를 취소해야 합니다. 친구 중 한 명에게 전화해서 상황을 설명하고 몇 가지 대안을 제시하세요.

스토리라인

1 인사 2 문제 3 세부 설명 4 대안① 5 대안② 6 마무리

답변 순서

1 인사

Hey, it's me. I've got to talk to you. 안녕, 나야. 나 할 말 있어.

2 문제

I'm sorry, but I have to call off the dinner party.
미안하지만 저녁 파티를 취소해야 할 것 같아.

3 세부 설명

The thing is, my mom is not well right now.
실은, 엄마가 지금 몸이 좀 안 좋으셔.

I think she has a cold, which means she needs to get some rest.
감기에 걸리셔서 쉬셔야 할 것 같아.

4 대안①

Tell you what. We could have the party next week instead!
그래서 제안하는 건데, 대신에 다음 주에 파티 하면 어떨까?

I mean, if you're free, of course. 당연히 네가 시간이 된다면 말야.

5 대안②

Or, if you don't mind, eating out is another option.
아니면, 네가 괜찮다면 밖에 나가서 먹는 것도 또 다른 방법이야.

It's my treat. What do you want to do? 내가 쏠게. 어떻게 할래?

6 마무리

Ah, okay, then. I'm sorry again, and I'll see you next week!
아, 그래, 그럼. 다시 한번 미안하고 다음 주에 보자!

아이디어 & 추가 표현!

Could you come over next weekend? 다음 주말에 올 수 있어?

03_03_15.mp3

IM 공략 답변

1 인사 2 문제 3 세부 설명 4 대안① 5 대안② 6 마무리	[1] Hey, it's me, I've got to talk to you. [2] I'm sorry, but I have to call off the dinner party. [3] The thing is, my mom is not well right now. I think she has a cold, which means she needs to get some rest. [4] Tell you what. We could have the party next week instead! I mean, if you're free, of course. [5] Or, if you don't mind, eating out is another option. It's my treat. What do you want to do? [6] Ah, okay, then. I'm sorry again, and I'll see you next week! 안녕, 나야. 나 할 말 있어. 미안하지만 저녁 파티를 취소해야 할 것 같아. 실은, 엄마가 지금 몸이 좀 안 좋으셔. 감기에 걸리셔서 쉬셔야 할 것 같아. 그래서 제안하는 건데, 대신에 다음 주에 파티 하면 어떨까? 당연히 네가 시간이 된다면 말야. 아니면, 네가 괜찮다면 밖에 나가서 먹는 것도 또 다른 방법이야. 내가 쏠게. 어떻게 할래? 아, 그래, 그럼. 다시 한번 미안하고 다음 주에 보자!

나만의 답변

1 인사	
2 문제	
3 세부 설명	
4 대안①	
5 대안②	
6 마무리	

TIP!

★ 회화에서 사용하는 you know / I mean / like 등의 의미 없는 추임새를 중간중간에 적절하게 사용하면 조금 더 자연스러워 보일 수 있어요.

위기 대처 표현

위기 1 답변을 떠올릴 시간이 필요한 경우

- **I haven't thought about it, so I think I need a minute to think about it.**
  생각해 본 적이 없어서 잠시 생각할 시간이 필요할 것 같습니다.
- **I'd appreciate it if you could give me a second to think about it.**
  잠시 생각할 시간을 주시면 감사하겠습니다.

위기 2 단어나 표현이 떠오르지 않는 경우

- **What's the word? Well, anyway…**
  그 단어가 뭐더라? 음, 아무튼… 혼잣말처럼 말해야 해요!
- **I can't think of the exact word for it, but I'll try to explain it to give you an idea.**
  정확한 단어는 떠오르지 않지만, 당신이 알 수 있게 설명해 보겠습니다.

위기 3 질문을 이해하지 못한 경우

- **I'm sorry, I didn't catch your question, Ava. But, I'll answer as best as I can with what I heard.**
  미안하지만 질문을 놓쳤어요, Ava. 하지만 제가 들은 것으로 최선을 다해 답해 보겠습니다.
- **I don't think I can remember all the questions you've asked, but I'll try to answer what I can.**
  당신이 물어본 모든 질문들을 기억할 수는 없을 것 같지만, 할 수 있는 것은 대답해 보겠습니다.

위기 4 이미 대답했던 내용을 반복해서 말해야 하는 경우

- **I've already mentioned it before, but let me explain it in more detail.**
  전에 이미 언급했지만, 더 상세하게 설명해 보겠습니다.

위기 5 질문과 관련된 경험이 없어서 할 말이 없는 경우

- **Actually, I've never had that experience.**
  사실 저는 그런 경험을 한 적이 없습니다.

위기 6 주제에 대해 아는 내용이 없는 경우

- **I don't know much about the topic, but I'll tell you what little I know.**
  그 주제에 대해 많이 알진 못하지만 조금이나마 아는 내용을 말해 보겠습니다.
- **I'm not an expert, but I heard…**
  전문적으로 알진 못하지만, 제가 들은 바로는…
- **That's a tough one!**
  어려운 질문이네요!

위기 7 시간이 부족한 경우

- **I have a lot to tell you, but I'm afraid I've run out of time.**
  할 말이 많지만 안타깝게도 시간이 다 되어 갑니다.
- **I've got to wrap things up now.**
  이제 마무리 지어야 합니다.

memo

memo